西夏紀事本末

〔清〕張鑑 撰
胡玉冰 點校

中華書局

圖書在版編目(CIP)數據

西夏紀事本末/(清)張鑑撰;胡玉冰點校. —北京:中華書局,2025. 7. —(歷代紀事本末). —ISBN 978-7-101-17218-8

Ⅰ. K246. 304. 4

中國國家版本館 CIP 數據核字第 2025BM9504 號

責任編輯:蔡鵬名
封面設計:劉　麗
責任印製:韓馨雨

歷代紀事本末
西夏紀事本末
〔清〕張　鑑 撰
胡玉冰 點校

*

中華書局出版發行
(北京市豐臺區太平橋西里 38 號　100073)
http://www.zhbc.com.cn
E-mail:zhbc@zhbc.com.cn
河北品睿印刷有限公司印刷

*

850×1168 毫米 1/32・16¾印張・2 插頁・324 千字
2025 年 7 月第 1 版　2025 年 7 月第 1 次印刷
印數:1-3000 册　定價:78.00 元

ISBN 978-7-101-17218-8

目録

前言

西夏是党項拓跋氏於十一世紀在中國西北建立的地方割據政權，國號「大夏」，自稱「大白高國」「白高大夏國」，漢文典籍一般稱「西夏」「夏國」或「夏臺」。研究西夏的政治、經濟、文化、語言文字及其治亂興衰的歷史，離不開漢文西夏史籍。形成於清代的漢文西夏史籍，爲今人研究西夏提供了諸多便利。據記載，清代編著西夏史籍的學者主要有洪亮吉、王曇、秦恩復、徐松、陳崑、周春、吴廣成、張鑑、張澍、王仁俊。關於清人編修西夏史籍的情況，近人王秉恩在一九二四年撰寫的西夏紀序中有較爲全面的概括，他說：「西夏載記，國朝人頗有撰述，刊行者僅張、吴二書。〔一〕餘如洪稚存西夏國志十六卷、王仲瞿西夏書四卷、秦敦夫西夏書二十卷、徐星伯西夏地理考，垂成而卒。韓小亭謂遠勝吴書，〔二〕惜均未刊行。周松靄西夏紀傳十卷，余訪得傳抄稿本，亦未完書。」〔三〕胡玉縉同年所寫西夏紀序進一步對這些西夏史籍的存佚情況進行了梳理，他說：「洪亮吉未有成書，秦恩復積稿早毁，王曇未知有無傳本。此外，周春西夏書雖分十卷，摭拾殊疏，張鑑紀事本末、吴廣成書事、陳崑事略，亦互有得失。」〔四〕王、胡二人基本上比較準確地概括了清代西夏史籍的存佚情況。另外，在清儒學案小傳中也有對清人著西夏文獻的記述，其卷九周廣業耕崖學案周春載，周春著有西夏書十卷；卷一一洪亮吉北江學案載，洪亮吉的未刊著作有西夏國志十六卷；卷一五徐松星伯學案載，徐松著有西夏地理考若干卷；卷一九黄彭年陶樓學案王仁俊載，王仁俊著有西夏文綴二卷，又藝文志一卷。

綜上，有清一代，是漢文西夏史籍成書最多的時代。據筆者統計，被目録書著録和文集述及的就有二十種左右，但留存至今的只有六種，三分之二的史籍都已亡佚。〔五〕清人從各種歷史文獻，尤其是宋元時期歷史文獻中輯録西夏史料，在各自編史思想指導下，編寫了一批西夏專史，周春的西夏書、吴廣成的西夏書事、張鑑的西夏紀事本末（下文簡稱本末）三部是其中的代表作。西夏書是唯一一部用紀傳體記述西夏歷史的漢文西夏史籍，西夏書事是清人傳世的漢文西夏史籍中卷帙最長、内容最豐富的綱目體史籍，而本末則是清朝流傳最廣的紀事本末體西夏史籍。

一　張鑑生平與著述

張鑑（一七六八至一八五〇）字春治，一字苟鶴，號秋水，晚號貞疾居士，學者尊稱三丈先生。關於其籍貫，過去有兩説。嘉定人徐郙稱「烏程張春治先生」，而清史列傳卷七三、清史稿卷四八六張鑑傳皆曰張鑑爲浙江歸安人。清人汪曰楨著南潯鎮志卷一三人物、卷一七選舉、卷三〇著述、卷三一集文中，録有張鑑生平事迹及其著述。在明朝潘爾夔、清朝董肇鐙及范來庚、民國周慶雲等人編修的南潯鎮志中，均載南潯屬烏程縣所轄。而張鑑亦自云與藏書家劉桐爲同鄉，劉桐是烏程有名的藏書家。故張鑑籍貫「烏程」説較爲可信。

張鑑一生遊歷甚廣，博覽群書，他自述生平所歷：「余自知有書癖，而所歷之地，天亦嘗不靳其求。計三十歲以前，我鄉劉氏疏雨，積書八九萬卷，大半出余所評置。及薄遊京洛，往來吴越，如諸城之劉、揚州之阮，收貯亦不少。又嘗東渡曹江，登鄞縣范氏之天一閣，撥寒灰，窮蠹穴，搜求放失，幾二十年。吾黨之士，若嚴氏久能、袁氏壽階、何氏夢華、江氏鄭堂，未嘗不握手訂交，宛轉商榷。」〔六〕張鑑提及的人物均爲清代藏書家，而范氏天一閣更是著名的藏書樓。在自己訪書和與藏書家的交往中，張鑑的學識不斷增長，於步算、樂律、音韵、六書、天文、地理、水利等無所不曉，且工於詩文。他一生著述宏富，清史列傳本傳所載多達五十餘種、三百餘卷，其中傳統小學類著述有説文補注一卷、六書寤言六卷、假借表通釋一卷、釋菜一卷、釋鳥一卷，輯佚類著述有喪服古注輯存二卷、傳子廣輯三卷、上林子虛賦郭注輯存二卷，經解類著述有十三經叢説五十卷，水利類著作有海運芻言四卷，詩文集有冬青館甲集六卷乙集八卷、秋水詞二卷、賞雨茅屋詞二卷、秋水文叢五十卷、畫媵詩三卷，史部書有本末三十六卷、東南半壁紀事三十卷。其他還有蠅須館叢話五十二卷、眉山詩案廣證六卷、墨妙亭碑目考三卷、曆統歲實消長表三卷，等等。其中傳世者有冬青館甲集、冬青館乙集、蠅須館叢話、眉山詩案廣證、墨妙亭碑目考、本末等多種。

二　西夏紀事本末基本内容及特點

本末三十六卷，全書包括嘉定徐郙序，卷首上西夏紀事年表，卷首下西夏堡寨（附陝西五路之圖、西夏地形圖）、歷代疆理節略、職方表，卷一得姓始末至卷三六夾攻覆亡。本末爲傳世西夏史籍中唯一一部紀事本末體西夏專史，清史稿卷一四六藝文志史部載記類、清朝續文獻通考卷二六二經籍考史紀事、販書偶記卷五史部紀事本末類、續修四庫全書提要卷五史部紀事本末類等目録中對本末均有著録。中國叢書綜録、寧夏地方文獻聯合目録二書著録了本末的版本情況。

張鑑叙西夏史，起自唐僖宗中和年間西夏遠祖拓跋思恭居夏州，迄宋理宗寶慶三年(一二二七)蒙古滅夏。該政權三百五十年間的歷史被裁并爲三十六個專題,縷析條分,基本具備了章學誠所説的紀事本末體史書「文省于紀傳,事豁于編年」的特徵,〔七〕爲後人研究西夏史提供了方便。卷首上西夏紀事年表,紀事起自宋太祖趙匡胤建隆元年(九六〇),迄於理宗趙昀寶慶三年。年表横列「紀年」「宋」「西夏」「遼金元」共四行,「紀年」一行以干支紀年,「西夏」一行以夏主改元事爲主綫,分年繫事,記西夏一朝大事。「宋」的年表中衹在仁宗寶元元年(一〇三八)至慶曆元年(一〇四一)記韓琦、范仲淹經略西夏及宋置陝西四路(即秦鳳、涇原、環慶、鄜延)事,餘皆以記宋改元事爲主。「遼金元」也是以記各自改元年代爲主。這樣安排目的就是要突出西夏之事,便於以簡馭繁,並易於檢索,使人在讀正文時查西夏某事當宋、遼、金、元何年,覽表即知。但要注意,張鑑以年繫事時,均以宋之紀年爲正統,這説明他仍然未能突破傳統史家對西夏史的看法。

本末卷首下輯有西夏堡寨,並附陝西五路之圖、西夏地形圖,所附地圖倍受學者關注。據研究,陝西五路之圖爲傳世漢文古地圖中唯一一幅金朝地圖,同時也是最早的金朝陝西地方政區圖,它對於研究金朝陝西地方政區沿革及金夏交界地帶堡寨、榷場的設置等都有重要的史料價值。〔八〕西夏地形圖最重要的傳世版本有三种,分別是明刻本宋兩名相集宋文正范先生文集本、清刊本末本和俄羅斯藏西夏地圖册手稿本。其中，宋兩名相集本成圖時代最早，俄藏手稿本直接轉繪自該本，而本末也源自宋兩名相集本，但有些地方略有改動。需要注意的是，清刊本的本末中附録的西夏地形圖由於出版時間的不同，有些圖形符號和字體寫法會略有不同，但圖中記載的地理信息完全一致，都本於江蘇書局光緒十年（一八八四）刊刻的本末中附録的西夏地形圖。

斷定西夏地形圖具體的成圖年代是非常困難的。如前所述，西夏地形圖有多種版本，但最需要考證清楚其成圖年代的是宋兩名相集中的那幅。張鑑在本末中注明他收録的西夏地形圖采自范文正公集，但常見的范文正公集中却難覓其蹤，有的學者就懷疑張鑑説法的可靠性，甚至認爲范文正公集中根本就没有過西夏地形圖，進而認爲，張鑑所附之圖並不是源自范仲淹文集，而是由清人繪製，托名宋人所作。〔九〕但也有學者經過考證後認爲，此圖不是清人所繪，而是宋代官吏於宋徽宗大觀二年（一一〇八）繪製的。〔一〇〕俄羅斯學者克恰諾夫則認爲此圖繪製於宋英宗治平三年（一〇六六）至神宗元豐四年（一〇八一）之間。〔一一〕筆者研究認爲，西夏地形圖成圖較爲合理的時間應該是在明朝萬曆三十六年（一六〇八）宋兩名相集問世之前的某個時間。〔一二〕

張鑑稱卷首下歷代疆理節略和職方表主要源自震澤沈華植增輯的馬端臨地理通

志，考歷代疆理節略部分内容見於文獻通考輿地考，而職方表内容不見於文獻通考，它極可能是輯自沈華植的職方表。歷代疆理節略以非常簡約的文字記宋、遼、金、元四朝與西夏間相鄰疆域的重大變革，其中尤以宋夏間疆域劃分、州城堡寨的建置爲重點。職方表主要以圖表的形式列舉陝西關内道、關西道、河西道、隴右道、西寧道和山西冀寧道六道的沿革、屬州、屬縣和衛所情況。由於這兩部分所録内容他史皆有載，故其利用價值不大。

三 西夏紀事本末版本情況

本末傳世版本均爲印本，主要以單行本和叢書本兩種形式傳世。單行本一種，爲江蘇書局本。叢書本有兩種，即半厂叢書初編本和歷朝紀事本末（重印本又稱九朝紀事本末）本。三本中，江蘇書局本刊刻時間最早，半厂叢書初編本編輯體例最完善，而歷朝紀事本末本則印刷次數最多，九朝紀事本末本直接脱胎於歷朝紀事本末本。以下選代表性的版本進行内容與版式方面的比對，各本内容據其出現的先後順序排序。

表一　本末版本内容與版式情況表

江蘇書局本	光緒十年（一八八四）	左右雙邊，白口，單黑魚尾。每半頁十二行，行二十五字	牌記：光緒甲申江蘇書局開雕		
半厂叢書初編本	光緒十一年（一八八五）	左右雙邊，上下粗黑口，無魚尾。每半頁十二行，行二十五字	牌記：光緒乙酉刻于金陵	徐郙序，版心題「序」	西夏紀事本末目，版心題「目」
歷朝紀事本末本	光緒十四年（一八八八）上洋書業公所排印本	四周雙邊，白口，單黑魚尾。每半頁十五行，行四十字	牌記：光緒戊子春月上洋書業公所崇德堂校鑄板[一三]	徐郙序，版心題「序」	西夏紀事本末目録，版心題「目録」
九朝紀事本末本	光緒二十八年（一九〇二）上海書局本	四周雙邊，白口，單黑魚尾。每半頁二十行，每行四十字	牌記：光緒壬寅秋月上海書局石印	徐郙序，版心題「序」	西夏紀事本末目録，版心題「目録」

續表

江蘇書局本	西夏紀事本末年表，卷端次行題「烏程張鑑春治甫著」，版心題「年表」	范文正公集附録西夏堡寨，版心題「堡寨」陝西五路西夏地形二圖，版心題「地圖」歷代疆理節略、職方表，版心題「疆理節略」
半厂叢書初編本	西夏紀事年表，卷端次行題「烏程張鑑春治甫著」，版心題「卷首上」	西夏堡寨、陝西五路之圖、西夏地形圖、歷代疆理節略、職方表，版心題「卷首下」
歷朝紀事本末本	西夏紀事年表，卷端次行題「烏程張鑑春治甫編輯華亭閔萃祥頤生點勘」，版心題「卷首上」	西夏堡寨、歷代疆理節略、職方表〔一四〕，版心題「卷首下」陝西五路之圖、西夏地形圖，版心題「卷首下圖」
九朝紀事本末本	西夏紀事年表，卷端次行題「烏程張鑑春治編輯華亭閔萃祥頤生點勘」，版心題「卷首上」	西夏堡寨、歷代疆理節略、職方表，版心題「卷首下」

續表

江蘇書局本	卷一至卷三十六。各卷卷端次行均題「烏程張鑑春治甫著」。版心題「西夏紀事本末卷×」字樣，卷末題「西夏紀事本末卷×」字樣，以示本卷内容結束
半厂叢書初編本	卷一至卷三十六。各卷卷端次行、版心、卷末題寫字樣内容同江蘇書局本。唯卷三十六卷末題「西夏紀事本末卷三十六終」
歷朝紀事本末本	卷一至卷三十六。僅卷一卷端次行題「烏程張鑑春治甫著，吴縣朱記榮槐廬校定」，其餘卷二至卷三十六各卷卷端次行均題「烏程張鑑春治甫編輯，華亭閔萃祥頤生校」。文字内容都有句讀符號。各卷版心題「卷×」，卷末最後一行題「西夏紀事本末卷之×終」字樣，以示本卷内容結束
九朝紀事本末本	卷一至卷三十六。僅卷一卷端次行題「烏程張鑑春治甫著，吴縣朱記榮槐廬校定」，卷一九卷端次行題「烏程張鑑春治編輯，華亭閔萃祥頤生校」，其餘諸卷未見。文字内容都有句讀符號。各卷版心題「卷×」，卷末最後一行題寫字樣未統一（詳後文）

由上表可見，從内容看，叢書本較單行本多了一篇序和目録，其他均相同。從分卷看，叢書本將卷一之前的内容歸併爲卷首上、卷首下共二卷。從版刻體例看，歷朝紀事本末、九朝紀事本末本顯然比前兩種版本行緊字密，且出現句讀符號。

（一）江蘇書局本

該本刊行於光緒十年。[二五]在内容的分卷編輯上，卷一之前依次爲「地圖」「年表」「堡寨」「歷代疆理節略」四大部分内容，包括了陝西五路西夏地形二圖，西夏紀事年表、西夏堡寨、歷代疆理節略和職方表。其中，西夏堡寨輯自范文正公集，其後原附陝西五路之圖、西夏地形圖。歷代疆理節略和職方表的史源相對複雜。二者源自不同的文獻，江蘇書局本版心題「疆理節略」，顯然混爲一談了。

（二）半厂叢書初編本

清人譚獻輯半厂叢書初編共收書十種，各書刊行時間不一。該本書名頁左半頁印「光緒乙酉刻于金陵」八字，[二六]則知該本於光緒十一年刻於金陵（今江蘇南京），時距江蘇書局本刊行僅一年。其正文行款與江蘇書局本相同，亦爲每半頁十二行，行二十五字。

從内容看，較江蘇書局本多了一篇安徽督學徐郙撰寫的序。徐郙序無時間落款，其序曰：「歲在旃蒙作噩，乃屬剞氏，俾有傳本。」〔二七〕則徐郙序當寫於光緒乙酉即光緒十一年。

半厂叢書初編本晚江蘇書局本一年出版，其在内容結構、排序及標題擬定等方面對江蘇書局本做了許多完善工作。首先，補充編寫了目録，甚便檢索。其次，將西夏紀事年表編輯爲卷首上，西夏堡寨和歷代疆理節略、職方表編輯爲卷首下，使内容分合更加合理。第三，半厂叢書初編本將江蘇書局本部分内容的篇題重新擬題，内容更爲貼合，更符合閱讀習慣。如將江蘇本西夏紀事本末年表重擬題爲西夏紀事年表，去掉「本末」二字。江蘇書局本原題「范文正公集附録西夏堡寨」，其後四個小字「并地圖二」；半厂叢書初編本重擬題爲「西夏堡寨」，其後十個小字「見范文正公集并地圖二」，史料出處和附録内容都交待得很清楚。江蘇書局本原題「馬端臨地理通志歷代疆理節略」，「地理通志」四字後有八個小字「震澤沈華植增輯本」；半厂叢書初編本重擬題爲歷代疆理節略，其後有十五個小字「馬端臨地理通志震澤沈華植增輯本」，將史料出處和版本都交待得很清楚。上述半厂叢書初編本在内容及體例上對江蘇書局本所進行的完善，被其後歷朝紀事本末本全部沿用。第四，半厂叢書初編本糾正了江蘇書局本的一些文字錯誤。如西夏堡寨「又定川寨、諸葛亮城皆在鎮戎界」句之「定川寨」，江蘇本誤作「定州寨」；職方表「文水」，江蘇本誤作「支水」；卷一得姓始末「并聞逆命」句之「聞」，江蘇本誤作「門」；卷五靈州失陷「止出四州」句之「四州」，江蘇本誤作「四川」；卷三世輔南還「河東諸將不可」之「河」，江蘇本脱此字，等等。

（三）歷朝紀事本末本

歷朝紀事本末本是清人著西夏史籍中印刷次數最多的一種。其館藏分布也最廣，國家圖書館、天津圖書館、南京圖書館、北京大學圖書館、復旦大學圖書館、山東大學圖書館等都有館藏，海外如日本東洋文庫、韓國奎章閣等也有館藏。叢書歷朝紀事本末由清人陳如升、朱記榮輯，共收書七種五百六十六卷，包括左傳紀事本末五十三卷、通鑑紀事本末二百三十九卷、宋史紀事本末一百零九卷、西夏紀事本末三十六卷、元史紀事本末二十七卷、明史紀事本末八十卷、三藩紀事本末二十二卷，記事始於春秋，訖於明代，附西夏、三藩，主要版本有光緒十四年（一八八八）上洋書業公所排印本、光緒二十一年（一八九五）上海積山書局本、光緒二十四年（一八九八）上海文瀾書局本。

清代捷記主人在此基礎上又增輯了兩種，即遼史紀事本末四十卷、金史紀事本末五十二卷，這樣歷朝紀事本末收書共九種六百五十八卷，故有的出版機構將叢書名又改稱九朝紀事本末，主要版本有光緒二十五年（一八九九）上海慎記書莊本、上海玉麟書局本、上海書局本，光緒二十八年（一九〇二）上海書局本和上海捷記書局本，光緒二十九年（一九〇三）文林書局本、宣統二年（一九一〇）上海文盛書局本、一九二五年上海校經山房成記書局本。

上洋書業公所印行於光緒十四年（戊子年）的本末牌記印「光緒戊子春月上洋書業公所崇德堂校鑄板」十八字，四周雙邊，白口，單黑魚尾。此本係鉛印本，每半頁十五行，每行四十字。上書口印「西夏紀事本末」六字，魚尾下印卷次、頁次。各卷内容全同半厂叢書初編本，版式則行緊字密。每卷各爲一個排版單元，同一頁版面上不會出現其他卷的内容，頁次各爲起訖。與半厂叢書初編本所不同的是，該本將西夏堡寨所附陝西五路之圖、西夏地形圖單印於卷首下最後，版心也題作「卷首下圖」。另外，卷一卷端次行題「烏程張鑑春治甫著吴縣朱記榮槐廬校定」，〔一八〕卷二至卷三十六卷端次行題「烏程張鑑春治甫編輯、華亭閔萃祥頤生校」。〔一九〕文字内容都加了句讀符號，方便閱讀。

上洋書業公所排印本歷朝紀事本末刊行後，上海多家印書機構陸續都採用石印方式出版該叢書。爲了與上洋書業公所本相區別，各家機構主要在行款、版式、版心内容方面進行改動，有的機構還將歷朝紀事本末改名爲九朝紀事本末，有的甚至還少印部分内容。自上海積山書局本開始，行款更密，捷記書局本有些内容甚至每半頁多至二十三行，每行多至四十八字。西夏堡寨均與所附二圖割裂開，排版位置不一：上洋書業公所本排在卷首下的最後面，慎記書莊本排在了卷首下的最前面，而上海書局本、成記書局本則未印此二圖。版式上，各本也一改上洋書業公所本每卷排版都爲獨立單元的特點，將各卷内容前後緊密相接，上卷結束句的次行徑直接排下卷，卷與卷之間内容不留空行，每個整版上幾無空行。

版式印刷體例也未整齊劃一，如上洋書業公所排印本各卷版心題「卷×」，卷末最後一行題「西夏紀事本末卷之×終」字樣以示本卷内容結束。慎記書莊本各卷版心也題寫「卷×」，但有二十二卷的卷末有題「西夏紀事本末卷之×終」字樣以示本卷内容結束，而卷二、卷五、卷八、卷一一、卷一七至卷一九、卷二三、卷二四、卷二七至卷三〇、卷三四共十四卷的卷末却未題。上海書局卷末字樣版式也不一，卷一八、卷一九未題；卷一七、卷二一至卷二四、卷二六、卷三〇共七卷卷末只題「終」字樣；卷一五、卷二八、卷二九共三卷卷末只題「卷之×終」字樣。其餘二十四卷卷末字樣統一，均爲「西夏紀事本末卷之×終」。卷三六卷末誤作「西夏紀事本末卷之三十七終」。成記書局本的卷五、卷六、卷八、卷九、卷一一、卷一五、卷一七、卷一九、卷三〇、卷三二共十卷末題字樣。上洋書業公所本卷一卷端次行題「烏程張鑑春治甫著吴縣朱記榮槐廬校定」，卷二至卷三六各卷卷端次行均題「烏程張鑑春治甫編輯華亭閔萃祥頤生校」。慎記書莊本僅卷一、卷一九兩卷有卷端次行題寫内容，其他各卷則無。其中卷一卷端次行題「烏程張鑑春治甫著吴縣朱記榮槐廬校定」，卷一九卷端次行題「烏程張鑑春治甫編輯華亭閔萃祥頤生校」。凡此，都顯示出不同的印刷機構對出版質量的要求參差不齊。下面以光緒十四年（一八八八）上洋書業公所排印本、光緒二十一年（一八九五）上海積山書局石印本、光緒二十五年（一八九九）上海慎記書莊石印本、光緒二十八年（一九〇二）上海書局石印本、宣統二年（一九一〇）上海文盛書局石印本、一九二五年上海成記書局本爲例進行版本内容比較。

表二 歷朝紀事本末（九朝紀事本末）之本末版本内容比較表

版本	牌記〔二〇〕	版式	版心	行款
上洋書業公所鉛字排印本（光緒十四年，一八八八）	光緒戊子春月上洋書業公所崇德堂校鑄板	四周雙邊，白口，單黑魚尾	上書口印「西夏紀事本末」，魚尾下印卷次、頁次	每半頁十五行，每行四十字

續表

版本	牌記	版式	版心	行款
上海積山書局石印本（光緒二十一年，一八九五）	光緒乙未季夏上海積山書局石印	四周單邊，白口，單黑魚尾	同上洋書業公所本	每半頁十八行，每行三十六字
上海慎記書莊石印本（光緒二十五年，一八九九）	光緒己亥季秋慎記書莊石印	同積山書局本	同上洋書業公所本	每半頁十八行，每行三十六字
上海玉麟書局、上海書局石印本（光緒二十八年，一九〇二）	光緒壬寅秋月上海書局石印	同上洋書業公所本	同上洋書業公所本	每半頁二十行，每行四十字
上海捷記書局石印本（光緒二十八年，一九〇二）	光緒壬寅冬十月上海捷記書局石印	同積山書局本	上書口、魚尾下所印內容同上洋書業公所本，下書口印「捷記書局石印」	每半頁二十二行，每行四十八字

續表

版本	牌記	版式	版心	行款
上海文盛書局石印本（宣統二年，一九一〇）	宣統庚戌夏五月上海文盛書局印	同上洋書業公所本	上書口、魚尾下所印内容同上洋書業公所本，下書口印「文盛書局石印」	每半頁二十二行，每行四十四字
上海校經山房成記書局石印本[三二]（一九二五）	中華民國十四年上海校經山房成記書局印行	同上洋書業公所本	上書口印「九朝紀事本末」，魚尾下印「西夏卷某」字樣	行款不一。每半頁二十一至二十三行，行四十四字至四十八字

綜上所述，本末在傳世過程中，自江蘇書局本始，先後衍生出兩個叢書本。其中半厂叢書初編本無論從内容上還是形式上，都對本末有很好的完善。此後印刷次數最多的歷朝紀事本末本完全承襲了半厂叢書初編本的改動。本末版本系統關係詳見本末版本系統圖。

本末版本系統圖

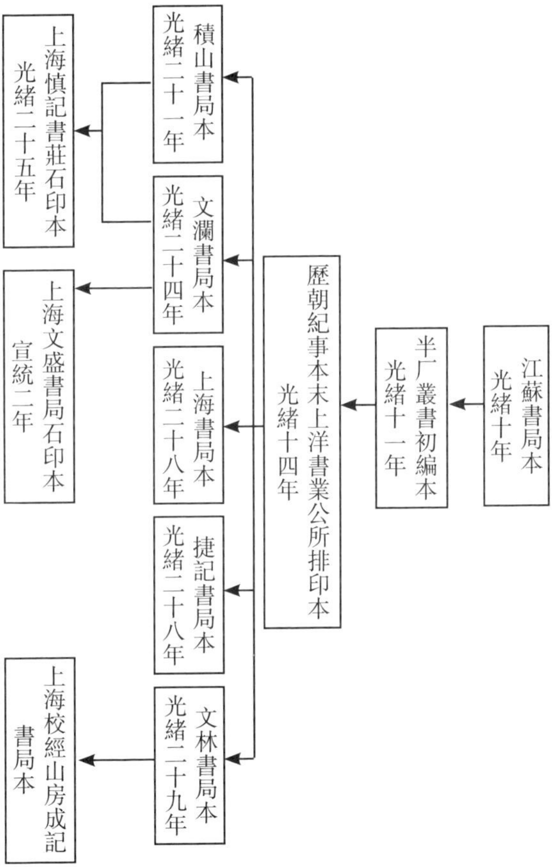
江蘇書局本
光緒十年
半广叢書初編本
光緒十一年
歷朝紀事本末上洋書業公所排印本
光緒十四年
積山書局本
光緒二十一年
文瀾書局本
光緒二十四年
上海書局本
光緒二十八年
捷記書局本
光緒二十八年
文林書局本
光緒二十九年
上海慎記書莊石印本
光緒二十五年
上海文盛書局石印本
宣統二年
上海校經山房成記
書局本

四　西夏紀事本末編纂體例與内容特點

西夏紀事本末是傳世最廣的一部漢文西夏史籍，其編纂體例與記載内容自具特點。首先，從編寫内容上看，三十六卷的内容，僅次於吴廣成編著的四十二卷西夏書事，記叙内容還是比較豐富的。其次，在編寫體裁上有突破。紀事本末體自南宋袁樞首創後，史家多用之，是一種以事件爲中心的史書體裁。它把要記載的内容分門别類，排比組合，條貫歸納爲若干歷史事件。每個歷史事件都獨立成篇，標以相應的題目，按年月順序記其始末。本末一事一題，一題一卷。與袁樞通鑑紀事本末相比，西夏紀事本末有兩點突破，一是取材不局限於一書。袁樞取材全部抄自資治通鑑一書，而張鑑取材所依據的史料，除宋史、遼史、金史、元史等紀傳體正史外，還參考了長編、宋元資治通鑑、續資治通鑑等編年體史書，另外，册府元龜、夢溪筆談、涑水記聞、容齋三筆、揮麈前録、范文正公文集等類書、筆記和文集中可資考證西夏史的史料，張鑑亦有採録。這樣，史書取材的範圍擴大了，豐富的資料就可供學人研究時比勘異同，決定取捨。另外一點突破是，張鑑將本末正文前内容整編爲卷首上、卷首下兩卷，卷首上爲西夏紀事年表，卷首下包括西夏堡寨、歷代疆理節略和職方表，專篇記載一朝大事和地理沿革，這在以往的紀事本末體史書中是没有的，所以張鑑此舉有發凡起例之功。

由於受傳統體裁的限制，張鑑選西夏事以政治、軍事方面的史事爲主，很少顧及典章制度、經濟、文化等方面的問題。好在他卷首附載的地理方面的材料彌補了這種缺憾。由於西夏一向無專門的地理志書傳世，張鑑的編排對全面研究西夏無疑意義重大，同時可能也影響了以後的史家。如清末李有棠編修金史紀事本末和遼史紀事本末時，就在正文前的卷首中附載紀年表，用圖表的形式反映金、遼時期各自朝代的改元及其他重大事件。

西夏政權割據於偏僻的西部，又擁有古奥難懂的西夏語，所以後世對西夏歷史大多通過宋元人的史書、文集或筆記中記叙的内容來瞭解。由於這些資料多散見於其他文獻中，很少有專書文獻可供查讀，張鑑有志於西夏專史的編寫，取得了較高的成就。正如徐鼒在西夏紀事本末序中稱贊的那樣：「先生是書，網羅舊聞，薈稡群説。端委詳明，同袁機仲之作；義例精密，過章茂深之編。文質一貫，不蹈于空疏；褒貶得中，不鄰于僭妄。此則知幾通識，未由吹索毛瘢；季緒軼才，不復掎摭利病者矣。」徐鼒把張鑑同宋代袁樞等人相比，言辭顯然有過譽之嫌。作爲史書，其記載史料的可信度是讀者最爲關心的。本末自光緒十年首次刊行於世，至民國十四年（一九二五）還有印本傳世，前後出現過十多種版本，各本出版質量有高低差異，影響了本末的利用價值。就史書刊行的一般問題而言，本末在文字上存在的誤、脱、衍、倒等現象較易發現，借助其他文獻給予校改即可。而由於各種原因導致内容上出現的誤輯史實現象，則需要綜合考辨方能給予糾偏。如卷五靈州失陷真宗咸平四年（一〇〇一）九月庚寅條載曹璨率蕃兵邀擊李繼遷、楊瓊流放崖州二事，據宋史卷六真宗本紀，前者實發生於該年冬十月，後者實發生於該年閏十二月丁丑而非九月庚寅。卷七西平就撫景德元年（一〇〇四）冬十月丁丑條載德明因城懷遠鎮爲興州一事，據宋史卷四八五夏國傳，實發生於天聖元年（一〇二三）。同卷大中祥符三年（一〇一〇）冬十二月條載德明上表乞糧一事，據續資治通鑑長編卷六八，實發生於大中祥符元年（一〇〇八）。卷八青堂搆怨熙寧六年（一〇七三）條載置熙河路一事，據宋史卷一五神宗本紀，實發生於熙寧五年（一〇七二）十月。

再如，本末記載的宋朝兩次賜夏國主詔書的繫年問題。卷二〇諒祚淫狡載，皇祐元年（一〇四九）春正月，夏國主進奉賀正馬、駝，宋仁宗賜夏國主詔書云云，此詔令見載於宋大詔令集卷二三四賜夏國主進奉賀正馬駝詔，原無繫年。據歐陽修撰文忠集卷八六載，詔令發佈於嘉祐二年（一〇五七）十二月。本末於本卷嘉祐二年冬十二月條後又重出此詔令，故皇祐元年春正月條疑當删。卷二九遼人救援載，元符二年（一〇九九）冬十二月庚子，夏國遣其臣令能、嵬名濟等來謝罪，且進誓表云云，所録誓表表文實乃本年九月庚子所進。於「冬十二月庚子」條後又輯録「丁未」宋賜夏國主詔，據宋大詔令集卷二三六，實爲九月丁未賜而非十二月丁未賜。凡此，若不將史實還原其實際發生時間，極易誤導讀者以訛傳訛。

儘管如此，徐鄜還是基本歸納出了張鑑本末在内容編寫上的特點。同時張鑑在編寫西夏專史時也難免有局限性，因而今人利用研究其本末時要注意以下幾個方面。第一，他編寫西夏史沿襲「正統」史觀，將西夏作爲一個藩屬國來寫，把西夏對宋的發難視爲僭逆，視之爲叛，視之爲反，尊宋貶夏。第二，受紀事本末體體裁特點所限，不能全面反映錯綜複雜的歷史事件之間的内在聯繫。第三，本末傳世的各種刊刻本中錯訛較多，不加整理糾謬，會使後人以訛傳訛。還要特别强調的是，除本末卷首和正文外，張鑑還用案語的方式對所採集的史料加以辨析，特别在卷一得姓始末中，多處引用册府元龜來辨明史料或補充説明，這些都反映了張鑑在取材上的慎重態度。但整部本末這樣的案語太少，再加上在選取材料時又極少注明史料出處，所以對史料真僞的辨明是我們利用本末時一定要做的工作。

五　整理緣起

學界有關本末的研究成果較少。楊志高在張鑑與西夏紀事本末（固原師專學報二〇〇〇年第一期）一文中，利用舊志對張鑑的籍貫進行考證，並對本末的史源、編纂方法、史料價值及其版本等問題進行了初步探究。任增霞在西夏紀事本末考略（寧夏社會科學二〇〇〇年第四期）一文中，對本末著者的生平事迹，史書的著録、收藏、版本流傳、史書的内容及其體裁特點等問題都進行了細致的考證。筆者在張鑑與西夏紀事本末（史學史研究二〇〇三年第三期）一文中，全面概述了本末的文獻特點，重點對西夏紀事本末的文獻價值進行了歸納，强調了該書在西夏學研究中的重要作用。

截至目前，本末共出版了四種點校類整理成果，包括甘肅文化出版社一九九八年版龔世俊等點校本，遼海出版社二〇〇六年版黄中業、田禾譯評白話精評西夏紀事本末，浙江古籍出版社二〇一五年版（收入浙江文叢）、二〇一八年版龔世俊、王偉偉點校本，這些成果都爲利用、研究、普及本末提供了閲讀便利。俄藏、英藏、法藏、中國藏黑水城西夏文獻及日藏西夏文獻等的陸續刊布，爲學界提供了前所未有的、豐富的西夏史料。西夏語言文字研究的一些最新成果，也爲解讀漢文西夏文獻提供了全新的學術視角。已有的整理及研究成果爲筆者整理本末提供了可資借鑒的學術條件，而筆者整理出版西夏書校補（中華書局二〇一四年版）、西夏書事校注（上海古籍出版社二〇二一年版），也爲深度整理「西夏三書」中的本末積累了學術經驗。非常感謝中華書局的信任，將整理本末的重任交給筆者。寧夏大學中國古典文獻學專業的研究生王婧哲、田清、丁卓源、宣莉、王海英、李正梅等同學參加了本書的校對及史料覆核工作，他山之助，裨益良多，謹致謝忱。出版社責任編輯精湛的業務水平，保證了本書的出版質量，亦一併致謝。

宋朝沈括在夢溪筆談卷二五雜志二記載：「宋宣獻博學，喜藏異書，皆手自校讎，常謂『校書如掃塵，一面掃，一面生。故有一書每三四校猶有脱謬』。」宋綬（謚宣獻）家藏萬卷，博校經史，猶有「校書如掃塵」的感慨，我輩於整理古文獻而言，正如詩經小雅小旻所咏：「戰戰兢兢，如臨深淵，如履薄冰。」因個人學識水平所限，本成果中訛誤之處肯定在所難免，敬請學界同仁批評指正。

胡玉冰

二〇二四年四月

注釋

〔一〕張、吴二書，即張鑑的西夏紀事本末、吴廣成的西夏書事。

〔二〕韓泰華，生卒年不詳，字小亭，清仁和（今浙江杭州）人，所撰無事爲福齋隨筆卷上載：「徐星伯太守松著西夏書，將次成就而殁。曾見一册，較吴氏西夏紀事遠勝。」（續修四庫全書影印清光緒潘氏刻功順堂叢書本，上海古籍出版社二〇〇二年版，第一一八一册第一一頁。）

〔三〕戴錫章撰：西夏紀，羅矛昆校點，寧夏人民出版社一九八八年版，第二頁。標點未盡從原本。

〔四〕戴錫章撰：西夏紀，第一〇頁至第一一頁。

〔五〕參見胡玉冰著：傳統典籍中漢文西夏文獻研究，中國社會科學出版社二〇〇七年版，第四章清代漢文西夏文獻，第二六〇頁至第三五四頁。

〔六〕張舜徽著：清人文集别録，中華書局一九六三年版，下册第四一一頁。

〔七〕清章學誠撰，葉瑛校注：文史通義校注，中華書局一九八五年版，第五一頁。

〔八〕參見黄盛璋、汪前進撰：唯一傳世的金朝地圖——陝西五路之圖初探，曹婉如等編著中國古代地圖集（戰國—元），文物出版社一九九〇年版，第六五頁至第六八頁。

〔九〕參見求實撰：論所謂複製宋本西夏地圖問題，白濱編西夏史論文集，寧夏人民出版社一九八四年版，第六五二頁至第六五九頁；陳炳應著：西夏文物研究第十一章西夏地形圖初探，寧夏人民出版社一九八五年版，第四三三頁至第四五七頁。

〔一〇〕參見黄盛璋、汪前進撰：最早一幅西夏地圖——西夏地形圖新探，自然科學史研究，一九九二年第二期，第一七六頁至第一八七頁。

〔一一〕參見〔俄〕克恰諾夫撰：蘇聯國家列寧圖書館藏漢文西夏唐古特國地圖册手稿，〔莫斯科〕東方國家和民族第一册，一九五九年，李步月譯，西北歷史資料，一九八〇年第一期。

〔一二〕參見胡玉冰著：傳統典籍中漢文西夏文獻研究，第三一五頁至第三二三頁。

〔一三〕上洋書業公所即上海書業公所。上洋，上海的别稱。

〔一四〕此三部分共七頁，第三頁左半頁最後一行印「西夏紀事本末卷首下終」字樣，第七頁左半頁最後一行印「西夏紀事本末卷首下」字樣，蓋屬排版失誤。

〔一五〕江蘇書局在同一年即光緒十年（一八八四）還刻印了張鑑的眉山詩案廣證、墨妙亭碑目考二書。參見張娟撰：江蘇官書局研究之附江蘇官書局刻書目録，河南大學歷史文獻學專業二〇一六届碩士學位論文，李景文研究員指導。

〔一六〕本末的半厂叢書初編本牌記因有「刻于金陵」四字，一直被以爲是金陵書局刻本，實誤。本末僅刻於金陵，而不是由金陵書局刊刻。

〔一七〕本前言引西夏紀事本末，均爲光緒十一年（一八八五）半厂叢書初編本，恕不一一注明。

〔一八〕朱記榮（一八三六至一九〇五），字懋之，號槐廬，江蘇吴縣人，晚清著名藏書家、刻書家，曾任掃葉山房總經理，主持刻印槐廬叢書、歷朝紀事本末等。

〔一九〕閔萃祥（一八四九至一九〇四），字頤生，江蘇華亭（今上海市松江縣）人，晚清著名古文家，著有式古訓齋文集等。

〔二〇〕歷朝紀事本末之本末的牌記均印在書名頁左半頁。

〔二一〕此本書名頁同上海捷記書局本題「西夏紀事本末壬寅小春鶴峰題」，疑即石印捷記書局本。

校注説明

本書以清光緒十一年（一八八五）半厂叢書初編本爲底本（簡稱半厂本），以光緒十年（一八八四）江蘇書局刻本（簡稱江蘇本）爲通校本，以光緒十四年（一八八八）上洋書業公所排印歷朝紀事本末本（簡稱歷朝本）等爲參校本。輔以新出西夏文獻及宋、遼、金、元、明、清等朝傳世文獻中之西夏史料，對原書文字及内容存在的問題加以校勘、辨明。具體作法如下：

一、校勘

（一）底本存在訛、脱、衍、倒等現象，於正文中改、補、删、乙後出校説明。雖有異文，但意可兩通者，不改正文，僅在校記中説明。

（二）若底本訛、脱、衍、倒等現象已有學者指明，一般直接採納其合理意見，不再重述其校勘理由，注明「參見××」字樣。學者的著作、論文只注明其作者姓名及書名、章節名、篇名等，學術刊物名稱、出版社名稱、發表時間等詳見參考文獻。

（三）因用字習慣不同，在人名、地名、族名、官名等用字中出現同名異寫現象，凡不影響研究利用者一般不强求一律，不一一改動。

（四）凡避諱字於首見處出校説明，其餘徑改，不一一出校。

（五）徵引文獻書名較長者一律用簡稱，如續資治通鑑長編簡稱長編，簡稱參見參考文獻。凡中華書局本簡稱中華本，文淵閣四庫全書本簡稱文淵閣四庫本。

二、注釋

（一）針對内容記載不同，出注辨明。强調無徵不信，未有堅實證據者一般不出注。確有價值之異説，詳注文獻出處，以便查驗。

（二）爲使内容更顯完整或方便行文，校注者所加文字均加（）標明。爲便於查對，在帝王年號紀年或干支紀年後括注公元年，如「寶元元年（一〇三八）」「庚申（九六〇）」。

（三）可資借鑑的現當代學者研究成果，一般直接採納其結論，不重述其論證過程，注明「參見××」字樣。

三、附録

因底本卷首下西夏堡寨所附陝西五路之圖及西夏地形圖字迹漫漶，今附江蘇書局本二圖作附録。

四、參考文獻

爲方便讀者核查，參考文獻區分古代文獻、現當代文獻，其中古代文獻按漢語拼音音節排序，現當代文獻按出版發表時間排序。

西夏紀事本末序

西夏紀事本末卅六卷，烏程張春治先生之所纂也。昔洪氏亮吉有西夏國志，世罕傳本。今先生是書，亦闇而不章，其何以光盛業、昭來許？蒙得見遺文，滋惜愛焉。歲在旃蒙作噩，乃屬剞氏，俾有傳本。客有諗于予曰：「西夏一隅，僻陋在戎，無與興衰治亂之故。綿歷五代，逮宋、遼、金，數服數叛，不衷于一，撰述之旨，又何取焉？」嗟乎！是説也，是丹非素，洞表遺裏，所謂知二五而不知一十也。

夫唐季不綱，移于藩鎮，鴟張魚爛所在，而有大者兼數圻，連列郡，小亦一成一旅，爲國蟊賊。楚子觀兵，因而問鼎；晉侯勤王，終以請隧。其甚者夜郎自大，帝號竊娱。趙佗越長，張黄屋以居尊；劉淵晋俘，下青衣而肆虐。西夏自殄逆巢，用光王室。李從曮之守岐隴，畺土本寬；高允韜之鎮鄜延，甲兵亦盛。而奉正朔，斥僞命，終唐之世，未嘗卷甲西來，稱戈東向。其當紀者一也。

十國鼎峙，非中夏有。瓜剖豆分，改元者七。永叔列之世家，任臣編之别史。雖閩之殘賊，南漢之荒淫，亦幾幾塵彼竹素，垢我戎筆。而一繼體之長，一通使之介，有舉必書，無徵不信。求之柱下，載同闕文之史；采之輶次，删異逸詩之篇。西夏擁地方二萬里，綿祚垂四百祀，比之知祥在蜀而得國自正，具美在越而傳世彌遠，而記載闕如，來者何徵？其當紀者二也。

平夏峨峨，天之西極。河出蒲類，山鎮葱嶺。方夏之盛，奄有二十二州。興、靈二渠，實沃饒之神皋；伊、凉一曲，亦形勝之天府。自淪荒朝，邈若異域，凡三受降城，五都護府，弦望仳離，矩步偭錯。其建置之沿革，開拓之廣陿，中土人士，罕能識之。譬之休文之志州郡，北治皆僑；道元之注水經，南流或紊。今疆戎索于瓜州，宏漢京于天水。氐落、羌落，别其部居之殊；河南、河西，稽其幅隕之大。上以正樂史太平之記，下以補王存元豐之志。其當紀者三也。

李唐既喪，趙宋甫興，頫印百年之間，四維不張，三綱攸斁，制度榛莽，禮樂灰燼。故一行之傳，六臣之書，一則繫名節于一髮，一則藉廉耻爲芻狗。馮道舊德，叙言張其長樂；陶穀名士，禪詔出于宿成。雖習尚之媮薄，亦學校之隤弛。西夏介在西陲，儒術是尚，帝我孔子，爲世權輿。養賢務孝，漢武博士之員；陳經立紀，文翁石室之教。且法文物于西京，潤辭命于東里。鼓吹厲世，得六義風刺之遺；擗算稽疑，衍五卜貞悔之忒。禮失而求諸野，西夏有焉。其當紀者四也。

元昊結髮用兵凡二十年，無能折其强者。雖以韓范之壯猶，狄种之武略，亦未拔其一舍，收其一乘。至是厥後，兵制益詳。兩鈔在外，合一人爲雜役；六班在内，分三番爲宿衛。撥喜立于左廂，撞令居于前幕。篝火測候，决兵交之善敗；擊弦審聲，識敵至之疏密。故耶律猋舉，完顔電發，皆與連横，莫爲控制。若其有釁，且以乘之。彼王都之貪上谷，結搆契丹；李賓之吝朔方，依憑党項。以斯方之，曾不足喻。其當紀者五也。

凡此五者，洵南董之别子，班范之支流，復何疑于客所云云乎？先生是書，網羅舊聞，薈稡群説。端委詳明，同袁機仲之作；義例精密，過章茂深之編。文質一貫，不蹈于空疏；褒貶得中，不鄰于僭妄。此則知幾通識，末由吹索毛瘢；季緒軼才，不復掎摭利病者矣。幕士蔣君孱守寫本，合肥譚尹力任校讎。于是舊學之劬書，乙庫之隊簡，足以垂輝蓺林，厠聲筆削。僕肄業及之，撮其大凡，綴諸末簡，以釋客難，并眎後賢。有司掌録，願坿五代纂誤之餘；竝世編摩，竊比三史拾遺之末云爾。

賜進士及第，經筵講官、禮部左侍郎，南書房翰林、安徽督學、使者嘉定徐郙叙。

西夏紀事本末卷首上[1]

烏程張鑑春治甫著

西夏紀事年表

紀年	宋	西夏	遼金元
庚申（九六〇）[2]	太祖建隆元年		遼穆宗應曆十年
辛酉（九六一）			
壬戌（九六二）			
癸亥（九六三）	改元乾德		
甲子（九六四）			
乙丑（九六五）			

續表

紀年	宋	西夏	遼金元
丙寅（九六六）			
丁卯（九六七）		九月，定難節度使李彝興卒。十二月，以子克叡嗣	
戊辰（九六八）	改元開寶		
己巳（九六九）			遼景宗保寧元年
庚午（九七〇）			
辛未（九七一）			
壬申（九七二）			
癸酉（九七三）			
甲戌（九七四）			
乙亥（九七五）			

續表

紀年	宋	西夏	遼金元
丙子(九七六)	太宗太平興國元年。十二月改		
丁丑(九七七)			
戊寅(九七八)		五月，定難節度李克叡卒，子繼筠嗣	
己卯(九七九)		七月，定難留後李繼筠卒，③弟繼捧嗣	遼改元乾亨
庚辰(九八〇)			
辛巳(九八一)			
壬午(九八二)		六月，夏州李繼捧入朝，獻銀、夏、綏、宥四州，④其弟繼遷叛走入地斤澤，〔一〕西夏之禍始	

續表

紀年	宋	西夏	遼金元
癸未（九八三）			遼聖宗統和元年，復稱契丹
甲申（九八四）	改元雍熙		
乙酉（九八五）		李繼遷襲據銀州○王侁擊走李繼遷，銀、夏、麟州蕃内附〔二〕	
丙戌（九八六）			契丹以女歸李繼遷
丁亥（九八七）			
戊子（九八八）	改元端拱	命李繼捧鎮夏州，賜姓名趙保忠	
己丑（九八九）			
庚寅（九九〇）	改元淳化		契丹封李繼遷爲夏王

紀年	宋	西夏	遼金元
辛卯（九九一）		李繼遷請降，以爲銀州觀察使，賜姓名趙保吉 ○保吉叛降契丹	
壬辰（九九二）			
癸巳（九九三）			
甲午（九九四）			
乙未（九九五）	改元至道		
丙申（九九六）			
丁酉（九九七）			
戊戌（九九八）	真宗咸平元年		
己亥（九九九）			
庚子（一〇〇〇）			

續表

紀年	宋	西夏	遼金元
辛丑（一〇〇一）			
壬寅（一〇〇二）			
癸卯（一〇〇三）		五月，趙保吉死，子德明嗣。此從遼史，較宋史先一年	
甲辰（一〇〇四）	改元景德		
乙巳（一〇〇五）			
丙午（一〇〇六）		趙德明歸款，以爲定難節度使	
丁未（一〇〇七）			
戊申（一〇〇八）	改元大中祥符		
己酉（一〇〇九）			

續表

紀年	宋	西夏	遼金元
庚戌（一〇一〇）			
辛亥（一〇一一）			
壬子（一〇一二）			契丹改元開泰
癸丑（一〇一三）			
甲寅（一〇一四）			
乙卯（一〇一五）			
丙辰（一〇一六）			
丁巳（一〇一七）	改元天禧		
戊午（一〇一八）			
己未（一〇一九）			
庚申（一〇二〇）			

續表

紀年	宋	西夏	遼金元
辛酉（一〇二一）			契丹改元太平
壬戌（一〇二二）	改元乾興		
癸亥（一〇二三）	仁宗天聖元年		
甲子（一〇二四）			
乙丑（一〇二五）			
丙寅（一〇二六）			
丁卯（一〇二七）			
戊辰（一〇二八）			
己巳（一〇二九）			
庚午（一〇三〇）			
辛未（一〇三一）			契丹興宗景福元年。六月改

續表

紀年	宋	西夏	遼金元
壬申（一〇三二）	改元明道	夏趙德明卒，子元昊嗣，稱顯道元年	契丹改元重熙
癸酉（一〇三三）			
甲戌（一〇三四）	改元景祐	夏景宗元昊開運元年，又改廣運元年。宋史夏國傳亦作「廣明」〔三〕〇元昊反，寇環慶〇元昊進毒弒母衛慕氏⑤	
乙亥（一〇三五）		夏改大慶或在此年	
丙子（一〇三六）		夏改元大慶	
丁丑（一〇三七）		夏改天授禮法延祚或在此年	

續表

紀年	宋	西夏	遼金元
戊寅（一〇三八）	改元寶元○范雍爲鄜延、環慶安撫使	趙元昊稱帝于夏州，改元天授禮法延祚。更名曩霄[6]	
己卯（一〇三九）	夏人寇保安軍，狄青擊敗之	元昊遣使告宋即位，宋削元昊賜姓、官爵	
庚辰（一〇四〇）	改元康定○貶范雍知安州○命韓琦安撫陝西，琦薦范仲淹知永興軍○以范仲淹兼知延州○鄜州將种世衡城青澗	元昊寇延州，劉平、石元孫戰没○元昊陷塞門諸寨○元昊寇三州，韓琦使任福攻其白豹城，克之	
辛巳（一〇四一）	改元慶曆○貶韓琦知秦州○范仲淹坐與元昊通書，貶知耀州○分秦鳳、涇原、環慶、鄜延爲四路，以韓琦、王沿、范仲淹、龐籍兼經略安撫使	元昊寇渭州，任福與戰于好水川，敗死	

續表

紀年	宋	西夏	遼金元
壬午（一〇四二）			契丹遣使求關南地
癸未（一〇四三）		元昊上書請和	
甲申（一〇四四）	范仲淹宣撫陝西、河東	册元昊爲夏國主〔四〕	
乙酉（一〇四五）			
丙戌（一〇四六）			
丁亥（一〇四七）			
戊子（一〇四八）		元昊被弑，子諒祚嗣	
己丑（一〇四九）	改元皇祐	夏毅宗諒祚延嗣寧國元年	
庚寅（一〇五〇）		夏改元天祐垂聖○夏復臣于契丹	

續表

紀年	宋	西夏	遼金元
辛卯（一〇五一）			
壬辰（一〇五二）			
癸巳（一〇五三）		夏改元福聖承道	
甲午（一〇五四）	改元至和		
乙未（一〇五五）			契丹道宗清寧元年。八月改
丙申（一〇五六）	改元嘉祐		
丁酉（一〇五七）		夏改元䩺都	
戊戌（一〇五八）			
己亥（一〇五九）			
庚子（一〇六〇）			

續表

紀年	宋	西夏	遼金元
辛丑(一〇六一)		諒祚上宋書，自言慕中國衣冠	
壬寅(一〇六二)			
癸卯(一〇六三)		夏改元拱化	
甲辰(一〇六四)	英宗治平元年	夏改拱化或在此年	
乙巳(一〇六五)			契丹改元咸雍
丙午(一〇六六)		夏人寇慶州，又寇大順城	契丹復國號爲遼
丁未(一〇六七)		諒祚卒，子秉常立	
戊申(一〇六八)	神宗熙寧元年	夏惠宗秉常乾道元年	
己酉(一〇六九)			
庚戌(一〇七〇)		夏改元天賜禮盛國慶	

續表

紀年	宋	西夏	遼金元
辛亥（一〇七一）		夏改天賜禮盛國慶或在此年	
壬子（一〇七二）			
癸丑（一〇七三）			
甲寅（一〇七四）			
乙卯（一〇七五）		夏改元大安	遼改元大康
丙辰（一〇七六）		夏改大安或在此年	
丁巳（一〇七七）			
戊午（一〇七八）	改元元豐		
己未（一〇七九）			
庚申（一〇八〇）			
辛酉（一〇八一）			

續表

紀年	宋	西夏	遼金元
壬戌（一〇八二）		從給事中徐禧議城永樂。夏人入寇，士卒、役夫死者二十餘萬人	
癸亥（一〇八三）			
甲子（一〇八四）		夏秉常大舉入寇	
乙丑（一〇八五）			遼改元大安
丙寅（一〇八六）	哲宗元祐元年	夏改元天安禮定〇秉常卒，子乾順嗣	
丁卯（一〇八七）		夏崇宗乾順天儀治平元年	
戊辰（一〇八八）			
己巳（一〇八九）			

續表

紀年	宋	西夏	遼金元
庚午(一〇九〇)		春,夏人來歸永樂之俘,詔以米脂、葭蘆、浮圖、安疆四寨畀之⑦	
辛未(一〇九一)		夏改元天祐民安	
壬申(一〇九二)			
癸酉(一〇九三)			
甲戌(一〇九四)	改元紹聖		
乙亥(一〇九五)			遼改元壽昌
丙子(一〇九六)			
丁丑(一〇九七)			
戊寅(一〇九八)	改元元符		
己卯(一〇九九)		夏改元永安	

續表

紀年	宋	西夏	遼金元
庚辰（一一〇〇）			
辛巳（一一〇一）	徽宗建中靖國元年		遼天祚帝乾統元年。二月改
壬午（一一〇二）	改元崇寧	夏改元貞觀	
癸未（一一〇三）			
甲申（一一〇四）		復寇涇原，宋師取銀州⑧	
乙酉（一一〇五）			
丙戌（一一〇六）		乾順納款于宋	
丁亥（一一〇七）	改元大觀		
戊子（一一〇八）	宦者童貫復洮州，加司空	夏人圍丁星原⑨	
己丑（一一〇九）			

續表

紀年	宋	西夏	遼金元
庚寅（一一一〇）			
辛卯（一一一一）	改元政和		遼改元天慶
壬辰（一一一二）			
癸巳（一一一三）			
甲午（一一一四）	以童貫爲陝西經略使		
乙未（一一一五）		夏改元雍寧。亦作永寧	金太祖收國元年
丙申（一一一六）			
丁酉（一一一七）			金太祖改元天輔〔五〕
戊戌（一一一八）	改元重和○遣馬政浮海使金，約夾攻遼	童貫出師收割牛城，敗，大將劉法戰没⑩	
己亥（一一一九）	改元宣和		
庚子（一一二〇）		夏改元元德	

紀年	宋	西夏	遼金元
辛丑（一一二一）			遼改元保大
壬寅（一一二二）			金克遼，天祚出奔○遼耶律淳建福元年○北遼德興元年
癸卯（一一二三）			金太宗天會元年。八月改○遼天祚奔夏○北遼天復元年
甲辰（一一二四）		夏稱藩于金	遼天祚復東渡河
乙巳（一一二五）	十二月，傳位于太子桓		天祚爲金人所獲，遼亡
丙午（一一二六）	欽宗靖康元年	夏人知宋有金難，遂犯河外	
丁未（一一二七）	二月，徽宗、欽宗北去○高宗建炎元年。五月改	夏改元正德	

續表

紀年	宋	西夏	遼金元
戊申（一一二八）			
己酉（一一二九）			
庚戌（一一三〇）			
辛亥（一一三一）	改元紹興		
壬子（一一三二）			
癸丑（一一三三）			
甲寅（一一三四）			
乙卯（一一三五）	徽宗崩于金	夏改元大德	金熙宗天會十三年。正月立，不改元
丙辰（一一三六）			
丁巳（一一三七）			
戊午（一一三八）			金改元天眷

續表

紀年	宋	西夏	遼金元
己未（一一三九）		乾順卒，子仁孝嗣	
庚申（一一四〇）		夏仁宗仁孝大慶元年	
辛酉（一一四一）			金改元皇統
壬戌（一一四二）			
癸亥（一一四三）		夏改人慶或在此年	
甲子（一一四四）		夏改元人慶	
乙丑（一一四五）			
丙寅（一一四六）			
丁卯（一一四七）		夏改元天盛	金及蒙古和
戊辰（一一四八）			
己巳（一一四九）		夏改天盛或在此年	金海陵王天德元年。十二月改

續表

紀年	宋	西夏	遼金元
庚午（一一五〇）			
辛未（一一五一）			
壬申（一一五二）			
癸酉（一一五三）			金遷都于燕，改元貞元
甲戌（一一五四）			
乙亥（一一五五）			
丙子（一一五六）	欽宗崩于金		金改元正隆
丁丑（一一五七）			
戊寅（一一五八）			
己卯（一一五九）			
庚辰（一一六〇）			

續表

紀年	宋	西夏	遼金元
辛巳（一一六一）			金世宗大定元年。十月改
壬午（一一六二）	六月，禪位于太子昚		
癸未（一一六三）	孝宗隆興元年		
甲申（一一六四）			
乙酉（一一六五）	改元乾道		
丙戌（一一六六）			
丁亥（一一六七）			
戊子（一一六八）		夏改乾祐或在此年	
己丑（一一六九）		夏改元乾祐	
庚寅（一一七〇）			
辛卯（一一七一）		夏改乾祐或在此年	

續表

紀年	宋	西夏	遼金元
壬辰(一一七二)			
癸巳(一一七三)			
甲午(一一七四)	改元淳熙		
乙未(一一七五)			
丙申(一一七六)			
丁酉(一一七七)			
戊戌(一一七八)			
己亥(一一七九)			
庚子(一一八〇)			
辛丑(一一八一)			
壬寅(一一八二)			

續表

紀年	宋	西夏	遼金元
癸卯（一一八三）			
甲辰（一一八四）			
乙巳（一一八五）			
丙午（一一八六）			
丁未（一一八七）	高宗崩		
戊申（一一八八）			
己酉（一一八九）	二月，禪位于太子惇		
庚戌（一一九〇）	光宗紹熙元年		金章宗明昌元年
辛亥（一一九一）			
壬子（一一九二）			

續表

紀年	宋	西夏	遼金元
癸丑（一一九三）		夏仁孝卒，子純佑嗣。〔六〕	
		夏改天慶或在此年	
甲寅（一一九四）	六月，孝宗崩○光宗疾，太子擴即位	夏桓宗純佑，天慶元年	
乙卯（一一九五）	寧宗慶元元年		
丙辰（一一九六）			金改元承安
丁巳（一一九七）			
戊午（一一九八）			
己未（一一九九）			
庚申（一二〇〇）	光宗崩		
辛酉（一二〇一）	改元嘉泰		金改元泰和

續表

紀年	宋	西夏	遼金元
壬戌（一二〇二）			
癸亥（一二〇三）			
甲子（一二〇四）			
乙丑（一二〇五）	改元開禧		
丙寅（一二〇六）		正月，夏襄宗安全廢純佑自立，應天元年	蒙古太祖元年
丁卯（一二〇七）		夏改應天或在此年	
戊辰（一二〇八）	改元嘉定		
己巳（一二〇九）		蒙古入靈州，夏主李安全降	金衛紹王大安元年
庚午（一二一〇）		夏改元皇建	

續表

紀年	宋	西夏	遼金元
辛未（一二一一）		夏改皇建或在此年，又改光定亦或在此年	金使人求和于蒙古，蒙古不許
壬申（一二一二）		夏安全卒，[11]族子遵頊嗣。夏改光定或在此年	金改元崇慶
癸酉（一二一三）		夏神宗遵頊光定元年	金改元至寧○宣宗貞祐元年。八月改
甲戌（一二一四）		夏人請會師伐金，不報	
乙亥（一二一五）		夏人取金臨洮	蒙古入金燕京
丙子（一二一六）			
丁丑（一二一七）		蒙古圍興州，夏主遵頊出奔	
戊寅（一二一八）			金求和于宋，不納

續表

紀年	宋	西夏	遼金元
己卯（一二一九）		夏人請會師伐金，許之。孟宗政敗金人于棗陽	
庚辰（一二二〇）			
辛巳（一二二一）			
壬午（一二二二）		夏改乾定或在此年	金改元元光
癸未（一二二三）		夏主遵頊傳位于其子獻宗德旺，乾定元年	
甲申（一二二四）		夏改乾定或在此年	金哀宗正大元年
乙酉（一二二五）	理宗寶慶元年	蒙古伐夏，取甘肅、西涼、靈州、鹽州	
丙戌（一二二六）		夏德旺以憂卒，弟子睍嗣。夏改寶慶或在此年[12]	

續表

紀年	宋	西夏	遼金元
丁亥（一二二七）		夏主晛寶慶元年○蒙古太祖滅夏○是歲六月，夏亡。自元昊至是一百九十五年	

校記

〔一〕地斤澤：宋史卷四九一党項傳、西夏書事又作「鐵斤澤」。

〔二〕麟州：原作「靈州」，據本書卷一雍熙二年五月、宋史卷四九一党項傳改。

〔三〕廣明：中華本宋史卷四八五校勘記一六改作「廣運」。據考證，元昊「廣運」當有三年（一〇三四至一〇三六）。參見李華瑞撰西夏紀年綜考。

〔四〕夏國主：原作「夏國王」，據宋史卷一一仁宗本紀、卷四八五夏國傳，長編卷一五三慶曆四年（一〇四四）十二月乙未條改。按，西夏紀事本末多處將宋朝冊封西夏之「夏國主」誤作「夏國王」，餘皆徑改，恕不一一注明。

〔五〕金太祖：江蘇本此三字下有「即帝位」三字。

〔六〕純佑：原作「純祐」。西夏國第六代國主桓宗之名。「純佑」最早見於宋史卷四八六夏國傳和金史卷一〇、卷一二章宗本紀，卷一三四西夏傳。宋史夏國傳凡三見，皆作「純佑」。金史凡十三見，均作「純佑」。自明以降，桓宗之名多被誤寫作「純祐」。在無西夏國原始文獻證明前，西夏桓宗之名當據其最早出處即宋史、金史所記作「純佑」。據改，下同。

注釋

①西夏紀事本末卷首上、卷首下的卷端標題各本均無，整理者據西夏紀事本末目補。

②本表公元紀年，均係整理者括注，恕不一一注明。

③稽古録卷一七、綱目備要卷三、十朝綱要卷二等同長編卷二〇太平興國四年（九七九）秋七月戊子條，均載李繼筠卒於太平興國四年。治迹統類卷二太祖太宗經制西夏、宋史卷四八五夏國傳等載卒於太平興國五年（九八〇）。據内蒙古出土之李繼筠墓誌銘，李繼筠卒於太平興國四年，長編、稽古録、綱目備要、十朝綱要當是。參見鄧輝、白慶元撰内蒙古烏審旗發現的五代至北宋夏州拓拔部李氏家族墓誌銘考釋，第三七九頁至三九四頁。

④銀夏綏宥四州，東都事略卷一二七西夏傳、西夏書事卷三作「銀夏綏宥靜五州」。長編卷二三太

平興國七年(九八二)夏五月己酉條、東都事略卷三太宗本紀、十朝綱要卷二等均載爲四州、八縣。綱目備要卷三、宋史卷四太宗本紀載李繼捧獻四州地。

⑤元昊母之名，諸書記載其姓氏譯音字不同。治迹統類、宋史作「衛慕氏」，長編、隆平集作「米母氏」，綱目備要、東都事略作「米氏」。

⑥元昊更名曩霄事，宋史卷四八五夏國傳繫於慶曆三年(一〇四三)，長編卷一五三慶曆四年十二月乙未條、宋大詔令集卷二三三册夏國主文繫於慶曆四年(一〇四四)。元昊漢譯名原作「胤霄」，石林燕語卷八、傳家集卷七六等均作「郎霄」。因「胤」字犯宋太祖趙匡胤之名諱，故更名爲「曩霄」。參見胡玉冰著傳統典籍中漢文西夏文獻研究結語，第三五七頁。

⑦西夏歸還宋俘，宋朝給西夏四寨事，長編分别繫於卷四二九元祐四年(一〇八九)六月丁巳條、卷四三五元祐四年十一月壬辰條、卷四三八元祐五年(一〇九〇)二月己亥條。宋史卷一七哲宗本紀繫於元祐五年二月己亥，卷四八六夏國傳繫於四年六月。據長編、宋史哲宗本紀等載，爲使永樂陷没人口順利歸宋，宋夏雙方進行了長達一年半的談判。元祐三年(一〇八八)八月，夏國向宋朝提出了歸還被侵占的葭蘆、米脂、浮圖、安疆四寨的要求，同年九月派人到延州就歸還侵地一事與宋朝進行談判。元祐四年二月，夏國遣使入宋，借謝封册之機正式向宋朝提出歸還侵地的要求。同年六月，宋朝正式答復西夏，雙方就以戰俘换四寨事宜達成基本共識，即西夏方面將所掠永樂人口交割於宋，宋則歸還西夏四寨。八月，西夏告知宋朝，找到永樂陷没人口一百五十五

人，并與宋朝約定，在西夏歸還陷没人口的當日，宋朝要將四寨同時移交西夏。而宋朝則與西夏約定，西夏先交付陷没人口，宋朝待四寨的人口、畜産、資糧等遷移完後再向西夏做移交。同時，宋朝開始了緊張的遷移準備工作。十月，西夏告知宋朝，約定在當年十一月十日向宋朝交割陷没人口一百五十五人，同時再次强調，宋朝也必須在當日完成四寨向西夏的移交工作。十一月，宋朝詔令趙卨，安排接收西夏歸還的永樂陷没人口事宜。元祐五年二月，永樂陷没人口共一百四十九人赴京城，受到不同程度的安撫。宋朝同時也將四寨移交給西夏。

⑧宋師取銀州事，長編紀事本末卷一四〇繫於崇寧四年（一一〇五）三月。

⑨夏人圍丁星原事，東都事略卷一二八西夏傳繫於政和七年（一一一七）。

⑩劉法戰殁時間、地點，此載同東都事略卷一一徽宗本紀、卷一二八西夏傳。宋史卷四八六夏國傳、西夏書事卷三三載，宣和元年（一一一九），劉法戰死於統安城。時間、地點與西夏紀事本末、東都事略異。

⑪夏國主安全卒，宋史卷四八六夏國傳、金史卷一三四西夏傳均繫於嘉定四年，即大安三年（一二一一）。

⑫西夏國末主李睍年號，西夏書事卷四二載爲「乾定」，不知何據，他書未見載。「寶慶」乃宋理宗年號。史金波著西夏社會緒論第二節國名和年號第一九頁載李睍年號爲「寶義」。

西夏紀事本末卷首下

西夏堡寨

見范文正公集，并地圖二。

蓮花堡，在鎮戎軍西南，與德勝堡相連。又定川寨、諸葛亮城皆在鎮戎界，嘗有蕃賊至此，公遣張建侯往救應。

長武寨，在涇州西。賊寇邊，公與都監張肇部領軍馬，離邠州取長武路往涇州策應。後又聞賊分軍回奔保安軍上面，公又差巡檢宋良、蕃部巡檢趙明，部領蕃漢軍馬往長武把隘。

萬安鎮，去保安軍八十里。初，延州有一將軍馬在保安軍駐劄，費用糧草供應不辦。公乞將保安軍所駐軍馬抽退，于萬安鎮就食糧草，却將萬安鎮一將軍馬抽退延州，亦只八十里。

馬鋪寨，通近後橋、白豹寨，每有賊馬出來。公修此寨時，兵馬不多，只是據河西山坡，特重下寨，不與追逐。其寨城十日内泥築，并泥飾了當。〔一〕

木波寨，在環州。正當賊來大川路，〔二〕惟賴諸寨蕃部熟户同共防托。公恐熟户二心，未可倚仗，遂保舉种世衡知環州，以牢籠蕃部。

定邊寨，在環州。公嘗令劉貽孫至此相度葫蘆泉一帶立寨，接連鎮戎軍去處。

明珠、滅臧二族，在環州之西、鎮戎之東。二族之北，有葫蘆泉。公并兵于其地，修起城寨，招撫二族。

華池、鳳川、平戎三寨，皆在慶州東。平戎去延州德静寨七十里，華池去德静一百一十里，鳳川去德静一百二十里。公指揮慶州并諸寨並權住，〔三〕入中白米，却告示客旅，并令于東路延州接界平戎鎮添價入中白米。

慶州路有美泥、虐泥、大拔城等處小寨，公只差兵士百十人防托，如賊馬大段入寇，便令歸側近大城寨内一處防守，所貴不致枉陷軍民，人心稍安。

薄家莊，在岢嵐軍、火山軍之間。公以火山軍城中無水，兼地窄狹難守，奏乞于中路薄家莊擇地共修城寨。

東關城，在岢嵐軍水寨外。公以岢嵐城小，將東關城築作大城，檢計到土工五十二萬七千九百四十五工。

神堂堡、銀城寨，在麟州南五十里。公令經略司相度興修，令人户耕種住坐。續修神樹寨并堡子。府州于鞋斜谷、端正平等要害處置大寨兩坐，又置堡子三坐。

箄籬城，在秦州，田況嘗請修築。公乞依田況所奏，早賜指揮。①

佛空平，明珠等族所居。公嘗令蔣偕燒蕩其地族帳。

金明城，在延州。公奏議，近重修金明城，且托得北面。又，東北廢却承平、南安、長寧、白草等寨後，東西四百里更無藩籬可以禦寇，候金明城了，方修宥州，〔四〕以禦東北。

鳳川寨，在慶州東。城被山坡，直下臨注，或有西賊圍閉，矢石入城，禦捍不下。公牒李丕諒、宋良同往鳳川相度，得本寨東烽火臺山上四面牢固，及山脚下有好水泉，可以置寨。令弓箭手、兵士等寅夜興工，山上只築女牆，四面削崖，近下低處築城，圍入水泉。續又牒本州通判范祥相度，令新修寨城，分擘街巷，修蓋軍營、倉房、草場、廨署，及城上皆安置敵樓。

唐龍鎮，與契丹對岸，在府州之北、豐州之東，其南火山軍對岸。〔五〕公奏乞招誘唐龍鎮七族人口。〔六〕

故宥州，在延州東北三程。公言昨廢却承平、塞門等寨，惟此一處，最爲控扼蕃賊。牒監修官相度，一并下手修築。後又奏乞以宥州城爲青澗城。

鄜城縣，在鄜州南，至同州、河中府各四程，北至鄜州兩程，至延州五程。公乞朝廷建鄜城縣爲軍，以康定爲名，管鄜城縣，并于同州割一縣爲之屬。建倉敖、營房，所有同、華、河、府苗税，于此送納。後公又令知鄜州李丕諒相度。丕諒差劉襲禮將帶匠人往鄜城修展城牆，高一丈，底闊四尺五寸，面收一尺五寸。蓋馬棚、瓦舍三百間，繫得馬二百匹，安下得兵士四千五百人，兼修露圈二十八個，計度到二萬九百九十五工。

延州城，在宥州東南四十里。公嘗請于朝，乞以延川縣爲延川城，云彼中人煙不少，更有井泉，勝于宥州城。

肅遠、馬嶺、定邊、永和、安塞等寨在環州界。初，諸寨城牆低下，壕塹淺狹，公牒環州那廂兵軍士及和雇人夫修築。

細腰城，公令蔣偕等所築。公又勘會：本城至環州定邊寨三十七里，西至鎮戎軍乾興寨八十里，〔七〕南至原州柳原鎮七十里。量其地界遠近，所修城寨地土并側近蕃部元屬環州，兼本是環慶路擘畫修建，兼細腰城東北板井川是西賊來路，在細腰城、定邊寨之間係屬環州地分，緩急若有奔衝，即須定邊寨與細腰城互相救援，就環州節制，甚順。奏乞朝廷撥屬環州。

萬安寨，在延州西北，往保安軍路中路。舊無城寨，公差周美、郭慶、楊麟部領延州、〔八〕膚施兩縣人户并厢軍修築，計度到六萬一千六百五十七工，并修築敵樓、戰棚。

豐林縣，地在延州東二十五里，就崖爲城。青化鎮，在延州東六十里。公差陳永圖部領臨真、豐林兩縣人户修築，計二萬六千五百五十二工。

甘泉縣城，在延州南八十里。公差任世京部坊州、丹州人夫修築，計六萬五千三百四十五工。

承平寨，在延州東北二百里，在青澗城西八十里，把截得承平川大路寨北大里河約六十里。自來蕃族在大里河北居住，公嘗請復修此寨以遏蕃賊，不使過河。云初修之時，則部署司那兵馬大爲之備，畢工之後，只銷得二十人駐劄。

南安寨，在延州東北二百七十里，在青澗城正北七十里，北至綏州四十里，去無定河二十里。公嘗欲修之，以其去水泉稍遠，朱吉、种世衡欲于青澗城北四十里商館鋪、南安寨中路創修一山寨。

㮧栳寨，在延州北十里。嘗爲賊所破，公相度舊寨南五里，地名龍平口興置一寨，把截安遠、塞門、龍口川賊馬來路。

胡家川寨，在延州。初，胡繼諤乞修鷂子城，公差殿直楊麟興工。麟州申稱計七萬四千工，恐難了當。公遂差推官何涉與胡繼諤相度，于胡家川莊北面書按山上修築作一寨，計三萬三千餘工。下面川口是德靖寨、保安軍來路，地勢委是要害。只差本族熟户人工，官給口食，并差廂軍三百人往彼助工。

三關城，在延州。公牒招討那撥諸州差到兵士五千人興修。

義蓮鋪，在延州。康定二年四月，〔九〕公差使臣趕殺西賊抵此，奪得人馬、駱駝、牛、騾。

牢山驛、新店驛，在麟州，至延州一百六十里。間嘗因朝臣上言減廢。公嘗與明鎬至此，軍馬疲乏，無支請草料去處。公言鄜延路最是屯兵去處，日有軍馬及使命過往，遂牒延州修補二驛。每有過往使命軍馬，或遇晴明，直到中路甘泉縣，即支給一日口糧等物。若遇雨雪及山河水漲，即于新店、牢山止宿。

葫蘆泉，在環州定邊寨，與鎮戎軍乾興寨相望，八十里之間，爲義渠、朝那二郡之阻。其南有明珠、滅臧之族，公嘗言：「能進兵據葫蘆泉爲城壘，北斷賊路，則二族自安，宜無異志。」後竟于此地築城，招服明珠、滅臧二族。

永洛城，在朝那之西、秦庭之東。公嘗奏言：策應軍馬，由儀、渭二州十程始到。〔一〇〕如能進修永洛城，斷西賊入秦庭之路，其利甚大。非徒通諸路之勢，因以張三軍之威者也。

陝西五路之圖

陝西五路之圖
臨夏
米脂
綏德州
清澗
義合
延川
延長
鄜延路
延安府
保安軍
平戎
白草
甘泉
鄜州
洛川
橋山
宜君
坊州
黃河
韓城
河東南路界
澄城
郃陽
洛水
長武
彭陽
靈臺
子午山
乾州
二水
好畤
同官
耀州
華原
美原
三原
涇水
同州
朝邑
下邽
富平
高陵
櫟陽
蒲城
華陰
華州
渭南
臨潼
藍田
麟遊
普潤
岐山
扶風
鳳翔府
秦鳳路
寶雞
虢縣
渭水
雲陽
咸陽
興平
終南
京兆府路
京兆府
長安
咸寧
鄠縣
郿縣
盩厔
商州
上洛
洛南
盧氏
朱陽

西夏地形圖②

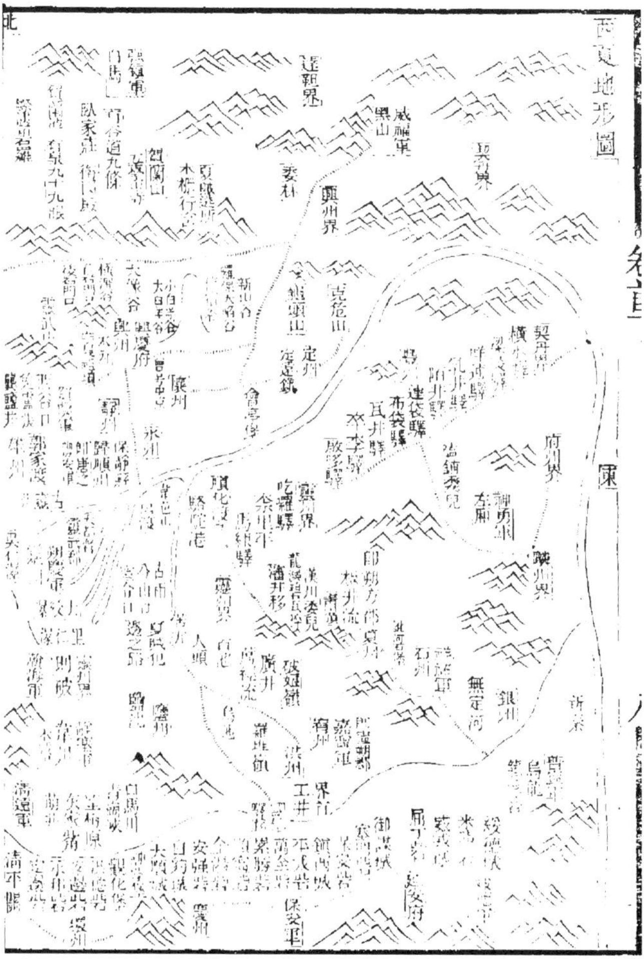

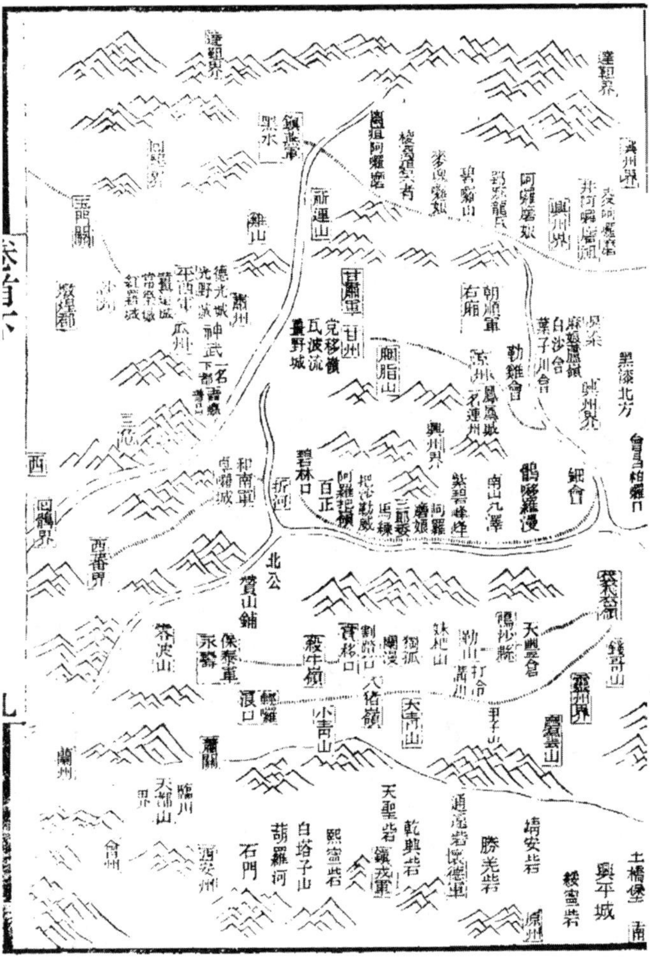
達靼界
達靼界
新運山
甘肅軍
甘州
肅州
瓜州
敦煌郡
西
回鶻界
西番界
右廂
朝順軍
涼州
勒雞會
白沙合
葉子川合
興州界
碧林口
百正
和南軍
卓囉城
北公
賀山鋪
保泰軍
殺牛嶺
小青山
大青山
蘭州
天都山
臨川
會州
西安州
石門
葫蘆河
白塔子山
熙寧砦
天聖砦
乾興砦
鎮戎軍
通遠砦
懷德軍
勝光砦
靖安砦
興平城
綏寧砦
原州
土橋堡
南

校記

〔一〕并：原作「井」，據范文正公集附西夏堡寨、江蘇本改。

〔二〕來：原作「夾」，據范文正公集附西夏堡寨改。

〔三〕權：原作「擁」，據范文正公集附西夏堡寨改。

〔四〕宥州：西夏紀事本末多處將西夏之「宥州」誤作「寬州」，皆徑改，恕不一一注明。

〔五〕南：范文正公集附西夏堡寨作「東南」。

〔六〕唐龍鎮七族人口：「鎮」原作「口」，「人」原作「八」，據范文正公集附西夏堡寨改。

〔七〕八十：范文正公集附西夏堡寨作「六十」。

〔八〕楊麟：原作「揚麟」，據范文正公集附西夏堡寨改。下同。

〔九〕二年：原作「三年」，據范文正公集附西夏堡寨、江蘇本改。

〔一〇〕渭：范文正公集附西夏堡寨作「隴」。

注釋

①築篳篥城事，諸書記載互異。宋史卷二七二楊業傳附楊文廣傳載爲韓琦令楊文廣築。綱目備要卷一八載，熙寧元年（一〇六八）七月，韓琦從知秦州馬仲甫之説，馬仲甫城篳篥城。其説同宋

史卷三三一馬仲甫傳。宋史卷三一二韓琦傳不載城篳篥事。琬琰集中集卷四八韓忠獻公琦行狀（李清臣撰）載韓琦「城噴洙保，據篳篥川，赴甘谷寨，拓秦川之塞，招引弓箭手居之」。

②西夏地形圖最重要的傳世版本有三种，分别收録在明刻本宋兩名相集宋文正范先生文集、西夏紀事本末和俄羅斯藏手稿本西夏地圖册中。宋兩名相集附圖的成圖時間最早，俄藏手稿本西夏地形圖直接轉繪自明圖，而西夏紀事本末附圖也源自明圖，有些内容略有改動。參見胡玉冰撰漢文西夏地圖文獻述要，第九三頁至第一一〇頁。

歷代疆理節略

馬端臨地理通志，震澤沈華植增輯本。

宋太宗太平興國七年，〔一〕李繼捧來朝，得州四、〔二〕縣八。夏、銀、宥、綏。雍熙元年，復以四州授繼捧，自後不領于職方。

至道三年，分天下爲十五路，五曰陝西路，府三、州二十五、軍四、監三。太平興國二年，分陝西轉運爲陝西河北、陝西河南兩路，又有陝府西北路，後并焉。咸平五年，靈州、清遠軍皆陷。

熙寧始務闢國。未及改元，种諤先取綏州，韓絳繼取銀州，王韶取熙河，章惇取懿、洽，謝景温取徽城，熊本取南平，郭逵取廣源，最後李憲取蘭州，沈括取葭蘆、米脂、浮圖、安疆等寨。雖嘗以河東邊界七百里地乞遼人，而當時王安石議曰：「吾將欲之，寧姑予之。」逮元祐更張，舉葭蘆等四寨給賜夏人，而分畫久弗能定。

紹聖遂罷分畫，督諸路各乘勢攻討進築。自三年秋八月，訖元符二年冬，凡陝西河東建州一、軍二、關三、州安西，軍晉寧、綏德，關龍平、會寧、金城。〔三〕城九、安西、平夏、威戎、興平、定邊、威羌，以及金湯、白豹、會川等處也。寨二十八、〔四〕平羌、平戎、殄羌、暖泉、米脂、克戎、安疆、横山、綏遠、寧羌、靈平、高平，與夫新泉、〔五〕蕩羌、通峽、天都、臨羌、定戎、〔六〕龕谷、大和、通秦、〔七〕寧河、彌川、寧遠、神泉、烏龍。堡十。開光、通塞、石門、通會、大和、〔八〕通秦，以及寧河、彌川、寧川、三交也。又取青唐、鄯。邈川、湟。寧塞、廓。龍支宗哥。等城。武節赫然見矣。

建中靖國悉還吐蕃故壤，稍舒民力。崇寧亟變前議，專以紹述爲事。訖于重和，既立靖夏、涇原。制戎、鄜延。制羌西寧。三城。雖夏人浸衰，而吾民力亦弊。

西事粗定，北事踵起。宣和五年十一月初，金人納夏羌之請，割拓跋故地雲中二千里遺之，止以朔、武二州歸與我。至是，夏人舉兵侵朔、武地界，譚稹禦之，不退。

遼神册元年，征党項諸部，俘户甚衆。五年，征党項，俘獲二千六百口。攻天德軍，拔十有二柵，徙其民。天贊三年，西征党項等國，俘獲不可勝計。德光立，東朝高麗，西朝夏國。

金之壤地，北自蒲與路之北三千餘里，火魯火曈謀克地爲邊，〔九〕右旋入泰州婆羅火所浚界壕而西，〔一〇〕經臨潢、金山，跨慶、桓、撫、昌、净州之北，出天山外，包東勝，接西夏，逾黄河，復西歷葭州及米脂寨，出臨洮府、會州、積石之外，與生羌相錯。

元起朔漠，并西域，平西夏，滅女真，臣高麗。

校記

〔一〕七年：原作「四年」，據本書卷一、長編卷二三太平興國七年（九八二）五月己酉條、東都事略卷一二七西夏傳、宋史卷四太宗本紀、文獻通考卷三二二輿地考改。

〔二〕州四：文獻通考卷三二二輿地考作「五州」。
〔三〕金城：原作「金地」，據長編卷四八五紹聖四年（一〇九七）夏四月壬辰條、宋史卷一八哲宗本紀及卷八五地理志改。
〔四〕二十八：此同宋史卷八五地理志。宋史卷八五校勘記五疑「二十八」當作「二十七」。
〔五〕與夫：宋史卷八五地理志作「西平」。
〔六〕定戎：原作「定」，據宋史卷八五地理志改。
〔七〕通秦：原作「通泰」，據宋史卷八五地理志改。下同。
〔八〕大和：原作「大河」，據宋史卷八五地理志、江蘇本改。
〔九〕火疃：原作「大疃」，據金史卷二四地理志改。
〔一〇〕浚：原作「後」，據金史卷二四地理志改。

職方表

	沿革	屬州	屬縣	衛所
陝西關內道				
西安府 東至山西蒲州黃河界三百五十里，北至延安府宜君縣界三百五十里	宋永興，元安西 元改奉元	商州 同州宋定國軍 華州 耀州 乾州宋醴州 武功 永壽	長安 咸陽 藍田 高陵 涇陽 盩厔 富平 醴陵 渭南 三原	潼關
陝西關西道				
鳳翔府	宋秦鳳路	隴州	麟遊	鳳翔所 鎮羌所

續表

平涼府	宋涇原	固原州宋鎮戎軍 涇州宋彰化軍 靈臺 靜寧州宋順德軍 莊浪 隆德俱宋涼州	平涼 鎮原宋平涼郡	
陝西河西道				
慶陽府	宋慶陽	寧州宋興寧軍	環縣宋又名環慶路	環縣所 寧州所
延安府	宋彰武	鄜州 雒川 中部宋坊州治 宜君 綏德州宋軍 米脂宋城	膚施 安塞 甘泉 安定 宜川 延川	延安 榆林俱膚施 寨門所 安定 保安 綏德

續表

		葭州宋晉寧 吴堡 神木宋縣 府谷宋靖康軍	延長 保安宋縣 清澗宋城	鎮羌所
寧夏衛	秦、漢，朔方；晉，夏，赫連勃勃都此；魏、唐，夏州；宋，興州，又靈州；李德明置興慶府，〔一〕改中興			寧夏中屯宋靈州地 靈州所李氏翔慶郡 興武所 韋州所 平虜所
陝西隴右道				
鞏昌府	宋鞏州	秦州 清水 秦安宋納甲城 徽州宋河池縣	隴西 安定宋定西城 伏羌 寧遠	

續表

臨洮府	宋熙河	蘭州 金縣（宋蘭龕谷寨） 河州		
陝西西寧道				
	禹貢雍州之域。漢，月支國地，武帝時置酒泉、武威、張掖。北凉沮渠蒙遜都此。張掖，即甘州，前凉張茂都；肅州，即燉煌地。宋甘州，李元昊改鎮夷郡，後置宣德府			甘州 肅州 永昌（宋西凉府） 凉州（同上〔一二〕） 鎮蕃 莊浪 西寧 鎮夷所 古浪所

續表

山西冀寧道				
太原府	宋河東，又太原府	忻州 定襄 代州 五臺 繁峙 崞縣 岢嵐州 嵐縣 興縣 保德州	陽曲 太原 榆次 大谷 祁縣 清源 徐溝 交城 文水 壽陽 盂縣 靜樂 河曲	

烏程汪曰楨校寫

校記

〔一〕興慶府：原作「興義府」，據長編卷一二〇景祐四年（一〇三七）是歲條、宋史卷四八五夏國傳改。

〔二〕同上：江蘇本無此二字。

西夏紀事本末卷一

烏程張鑑春治甫著

得姓始末

西夏本魏拓跋氏之後，其地則赫連國也。當唐僖宗時，遠祖拓跋思恭爲夏州偏將，以中和元年與太原節度使鄭從讜討黄巢有功，受賜姓曰李。又與河中節度使王重榮、義武軍節度使王處存、鄜延節度使李孝章爲朔方軍節度使，〔一〕分京城四面都統，①拜夏州節度使。世有銀、夏、綏、宥、静五州之地。

思恭卒，②以其弟思諫爲節度使。自唐末天下大亂，興元、鳳翔、邠寧、鄜坊、河中、同、華諸州之兵四面并起而交争，獨靈、夏未嘗爲唐患，亦無大功，故其世次、功過不顯。

梁開平三年，思諫卒，軍中立其子彝昌爲留後，尋起復正，授旄鉞，拜節度使。

明年，其將高宗益作亂，殺彝昌。③時有李仁福者爲蕃部指揮使，軍中乃迎仁福立之。不知于思諫爲親疏也。

四年七月，劉知俊攻逼夏州，誘沙陁振武大帥周德威、涇原帥李繼鸞合步騎五萬大舉，欲俯拾夏臺。仁福兵力俱乏，以急來告。會供奉官張漢玫、國禮使杜廷隱率州民防卒，與仁福部分固守晝夜，戮力踰月，及鄜延援至。

九月，夏州圍解。仁福奉梁正朔，拜節度使、中書令，封朔方王。冊府元龜一百九十六：梁末帝乾化三年三月制：進封夏州節度使李仁福爲隴西郡王。

後唐長興四年三月，仁福遣押衙賈師温奏事，稱疾甚，以四子彝超權知軍州事，〔二〕乞降正命。乃遣供奉官齎延州留後官，告賜彝超，促令赴任，仍以其叔思瑶爲夏州行軍司馬，兄彝殷爲節度副使，彝超爲延州留後。

五月丁丑，供奉官崔處訥自夏州迴，彝超附表奏：「奉詔除留後，已授恩命訖，三軍百姓擁隔，未遂赴任。伏乞更容臣周歲。」帝遣閤門使蘇繼顔齎詔促彝超赴任，而以安從進爲夏州節度使，〔三〕命師進攻夏州。州城即赫連勃勃故城，父老傳勃勃蒸土築之。王師數道攻擊，爲地道至其城基，如鐵石攻鑿不能入。彝超兄弟登城，謂從進曰：「孤弱小鎮，不勞王師攻取。虛煩國家餉運，得之不武。爲僕聞天，乞容改圖。而又党項部族萬餘騎薄我糧運，而野無芻牧，關輔之人運斗粟束藁，動計數千，窮民泣血，無所控訴，復爲蕃部殺掠。」明宗聞其若此，乃命班師。

十月己巳，進馬五十匹。

清泰二年，彝超卒，弟彝興立。④彝興以中原多故，有輕傲之志。每蕃鎮有叛者，常陰助之，邀其重賂。朝廷知其事，亦以恩澤羈縻之。

周太祖時，爲中書令，封西平王。册府元龜一百廿九：周太祖顯德元年正月，以定難軍節度、夏綏銀宥觀察等使、〔四〕檢校太師、中書令、隴西郡王李彝殷封西平王。世宗加太保，恭帝加太傅。

顯德二年，以折德扆爲永安軍節度使。永安，故府州也。彝興既與折德扆同爲節度使，以土壤相接，惡其與己并爲藩鎮，乃扼塞道路，阻給使臣。帝因問宰臣如何，宰臣以夏州地處邊徼，朝廷向來常與優恤，府州甚爲褊小。近建節旄，得之何利，失之無害，且宜撫諭彝興。帝曰：「德扆之數年竭盡心力，禦捍劉崇，如何一旦棄之度外。且夏州雖產羊馬，傳易資貨悉在中原，儻與阻絶，何能爲者？」乃命使齎詔書，責其悖慢，諭以安危，彝興果俯伏聽命。

宋太祖建隆元年，遼之應曆十年也，加彝興太尉。

春三月初，北漢劉承鈞誘代北諸部侵掠河西。詔諸鎮會兵以禦之。是月，定難軍節度使李彝興言，遣都將李彝玉進援麟州。承鈞引衆去。彝興即彝殷，避宣祖諱改爲「興」。

鑑案：册府元龜三百八十九：長興四年，隰州刺史劉燧凝言于帝曰：「臣聞李仁福有二子，彝超乃次子也。長子彝殷爲夏州留後，彝超徵詔赴闕，則諸蕃歸心矣。」據此，則又當以彝超繼彝殷，未知孰是。

二年夏四月，以彰武節度使趙贊屯延州，姚内斌守慶州，董遵誨屯環州，王彦昇守原州，馮繼業鎮靈武，以備西夏。

三年夏四月，定難節度使李彝興遣使貢馬三百匹。帝方命玉工治帶，召其使，問彝興腹圍幾何，使對彝興腰腹頗大，如合抱之木。帝曰：「汝帥真福人。」即遣使賫帶賜之，彝興感服。

乾德元年夏四月甲辰，夏州李彝興遣使來貢。

五年秋九月庚子，定難節度使、西平王李彝興卒，追封夏王。以其子、行軍司馬克叡權知州事。

冬十二月戊辰，以權知夏州克叡爲定難節度使。

太宗太平興國三年夏五月壬寅，定難軍節度使李克叡卒，贈侍中。以其子繼筠襲位。

帝征太原，繼筠遣將渡河，掠寇境，以張軍勢。

四年春三月乙巳，夏州李繼筠乞帥所部助討北漢。

秋七月戊子，定難軍留後李繼筠卒，弟繼捧嗣。繼捧初爲牙内指揮，至是嗣繼筠爲留後。

七年夏五月己酉，夏州留後李繼捧來朝，獻其所領銀、夏、綏、宥之地，凡州四、縣八。六月乙亥，繼捧弟繼遷叛走地斤澤。初，夏州自思恭以來，未嘗親朝中國。前月，繼捧率其族入朝，帝甚嘉之，賜賚甚厚。繼捧自陳其國諸父兄弟多相懟怨，乞納其境中夏、綏、銀、宥四州，留京居之。帝爲遣使如夏州，護繼捧緦麻以上諸親赴闕，以曹光實爲四州都巡檢使。時繼捧入朝，其族弟繼遷留銀州，年十七，〔五〕勇悍有智謀。開寶七年，曾授定難軍管内都知蕃落使。不樂内徙。聞使至，乃詐言乳母死，出葬于郊，遂與其黨數十人奔入蕃族地斤澤，距夏州東北三百里。出其祖彝興像以示戎人，⑤戎人皆拜泣，稍稍歸附。詔書招諭，繼遷不出。

冬十一月己酉，以李繼捧爲彰德節度使。帝嘗問繼捧曰：「汝在夏州，用何道以制諸部？」對曰：「羌人鷙悍，但羈縻而已，非能制也。」

閏十二月辛亥，詔赦銀、夏等州常赦所不原者。

八年冬十二月壬午朔，詔綏、銀、夏等州官吏招誘没界外民歸業，仍給復三年。靈州來貢馬、牛各二，距之。

雍熙元年春三月丁巳，帝謂宰相曰：「夏州蕃部强悍難制者皆委身歸順，凡得種族五萬餘帳。朕亦慮轉餉勞擾，止令齎茶于蕃部中貿易，以給軍食，未嘗發民輸送也。」

壬申，帝幸含芳苑宴射，時劉繼元、李繼捧皆侍坐。

秋九月，⑥知夏州尹憲與汝州團練使曹光實選精騎夜襲繼遷于地斤澤，大破之，斬首五百級，焚四百餘帳。〔六〕繼遷與其弟繼沖遁免，〔七〕獲其母、妻及牛羊萬計而還。⑦于是賜李繼捧國姓趙，改名保忠，授夏州刺史、定難軍節度使，⑧以討繼遷，管夏、銀、宥、綏、静五州。保忠至鎮數日，〔八〕上言繼遷悔過歸款，帝以爲銀州刺史、西南巡檢使。〔九〕其實繼遷本無降心，復誘戎人爲寇。

淳化二年秋七月，李繼遷聞翟守素將兵來討，恐懼，奉表歸順。

丙午，授繼遷銀州觀察使，賜以國姓，名曰保吉。趙保忠又薦其親弟繼沖，帝亦賜姓，改名保寧，授綏州團練使，封其母罔氏西河郡太夫人。

册府元龜一百六十六：後唐明帝天成四年二月丁亥，〔一〇〕夏州行營都監安重益率師赴西軍。時夏州李仁福身亡，其子彝超擅稱留後，詔邠州藥彦稠總兵赴夏州。至此，因降敕書曉諭夏、綏、銀、宥等州將吏、百姓，曰：「近據西北藩鎮聞奏，定難軍節度使李仁福薨變，朕以仁福自分戎閫，遠鎮塞垣，威惠俱行，忠孝兼著。當本朝播越之後，及先皇興創之初，或大剿凶徒，或遥尊聖主，夙夜每勤于規救，始終罔怠于傾輸。爰令眇躬，益全大節，協和群虜，惠養蒸民。致朕端拱無爲，修文偃武，賴彼統臨有術，遠肅邇安。委仗方深，凋殞何早！忽窺所奏，深愴予懷。〔一一〕不朽之功既存于社稷，有餘之慶宜及于子孫。但以彼蕃，地處窮邊，每資經略，厥子年纔弱冠，未歷艱難，或虧駕御之方，定啓奸邪之便。此令嗣襲，貴示優恩，必若踐彼危機，不如置之安地。其李彝超已除延州節度觀察留後，前延州節度使安從進却除夏州節度留後，各降宣命指揮，使勒赴任。但夏、銀、綏、宥等州，最居邊遠，久屬亂離，多染夷狄之風，少識朝廷之命，既作當于移易，宜普示于渥恩。應夏、銀、綏、宥等州管内，罪無輕重，常赦所不原者。并公私債負、殘欠税物，一切并放，兼自刺史以下，指揮使、押衙以下，皆勒仍舊勾當，及與各轉官資。宜令安從進到日，倍加安撫，連具名銜，分析聞奏。朕自總萬機，難引一德，内安華夏，外撫夷狄，先必懷之以恩，〔一二〕後必示之以信。且如李從曮之守岐、隴，疆土極寬，高允韜之鎮鄜、延，甲兵亦衆。咸能識時知變，舉族來朝。從曮則見領大梁，允韜則尋除鉅鹿，次其昆弟，并建節麾，下至將僚，悉分符竹。又若王都之貪上谷，李賓之吝朔方，或則結搆契丹，偷延旦夕，或則依憑党項，竊據山河。罔稟除移，唯謀依拒。比及朝廷差命良將，徵發鋭師，謀悉萬全，戰皆百勝，纔興討伐，已見覆亡。數萬騎之契丹，隻輪莫返；幾千族之党項，一鼓俄平。尋拔孤城，盡誅群黨，無遠無近，悉見悉聞。何必廣引古今，方明利害？只陳近事，聊論將來。彼或要覆族之殃，則王都、李賓足爲鑑戒；彼或要全身之福，則允韜、從曮可作規繩。朕設兩途，爾宜自擇，無貽後悔，有玷前修。今以天命初行，人情未定，或慮將校之内、親要之間，幸彼幼沖，恣其熒惑，遂成騷動，致累人靈。今特差邠州節度使藥彦稠，部領馬步兵士五萬人騎，送安從進赴任，兼以別降宣命，嚴切指揮。安從進等，委其訓戒師徒，參詳事理，從命者秋毫勿犯，違命者全族必誅，先令後行，有犯無捨。更慮孤恩之輩、樂禍之徒，居安則廣造異端，貴令擾亂；臨難則却謀相害，自要功勛。宜令李彝超體認朕懷，宣諭彼衆，無聽邪說，有落奸機。宣布丁寧，咸令知悉。」

周太祖廣順三年正月，〔一三〕夏州李彝殷、府州折德扆上言：河東界僞麟州刺史楊崇訓以蕃部攻圍，〔一四〕繼來求便乞歸。明賜敕書曰：「麟州刺史楊崇訓及軍州將吏、職員等：拒夏州節度使李彝殷奏，得汝等狀稱，劉崇拒命聖朝，堅其逆壘，今被部族侵迫，乞垂救解，兼已稱大朝正朔，并聞逆命，邊郡無歸，值妖孽之脅從，致朝貢之阻絶。今則蕃部兵民助我討違，汝等哀告蕃鄰，欲謀歸向。備睹變通之意，特用弘納之仁，宜示撫安，用獎忠順，已指揮州府及諸蕃部，不令進攻。汝等便宜明宣朝旨，告諭軍民，應是通河東道路口𡸁，晝時遣人守禦，不得通人來往。」

後唐長興四年八月，⑨夏州自署李彝殷爲綏州刺史，乞正授，從之。

十月壬戌，制權知夏州事、起復雲麾將軍、檢校司空兼御史大夫、上柱國李彝超，可依前起復檢校司空、使持節都督夏州諸軍事、夏州刺史兼御史大夫、充定難軍節度、〔一五〕夏銀綏宥等州押蕃落等使。彝超，仁福之次子。仁福卒，三軍立爲帥，矯仁福奏，乞降真命。帝聞之，以彝超爲延州留後，以延州安從進爲夏州留後。朝廷慮不從命，詔邠州藥彦稠等送從進赴鎮，仍降詔諭之。彝超奉詔，三軍擁隔，未放離任。從進出軍攻之，王師加討，無功。彝超遣使求雪，因以授之。

又九百四十三：李彝興爲夏州節度使。天福末，奏衛内指揮拓跋崇斌等五人作亂，當時收擒處斬訖。相次，綏州刺史李彝敏擅將兵士直抵城門，尋差人掩殺。尋敏知事不濟，⑩與弟五人將家南走。詔：「李彝敏潛結凶黨，顯恣逆謀，骨肉之間尚興屠害，炤臨之内難以含容，送夏州處斬。」

西夏紀事本末卷一

校記

〔一〕李孝章：此同新唐書卷九僖宗本紀。舊唐書卷一九下僖宗本紀、新唐書卷二二一上党項傳、資治通鑑卷二五四作「李孝昌」。

〔二〕四子：原作「次子」。參見本卷注④

〔三〕夏州節度使：「夏州」，資治通鑑卷二七八作「定難」。「節度使」，舊五代史卷一三二李彝超傳、資治通鑑卷二七八、册府元龜卷一七八帝王部姑息三作「留後」。

〔四〕等：此字原脱，據册府元龜卷一二九帝王部封建補。

〔五〕年十七，此同東都事略卷一二七西夏傳、長編卷二五雍熙元年（九八四）九月條、綱目備要卷三、治迹統類卷二太祖太宗經制西夏。宋史卷四八五夏國傳則作「時年二十」。案自建隆四年（九六三）繼遷生，至太平興國七年（九八二）繼遷出逃，共歷二十年，故東都事略、長編、綱目備要、治迹統類均誤，當從宋史夏國傳。

〔六〕焚四百餘帳：此同長編卷二五雍熙元年（九八四）九月條、治迹統類卷二太祖太宗經制西夏、宋史卷四八五夏國傳。資治通鑑後編卷一一宋紀作「俘千四百帳」，宋史卷四太宗本紀、稽古録卷一七作「俘千四百餘帳」，宋史卷二七六尹憲傳作「俘獲四百餘帳」。

〔七〕繼沖：此同長編卷三二淳化二年（九九一）秋七月己亥條。東都事略卷一二七西夏傳作「繼忠」。

〔八〕數日：宋史卷四八五夏國傳作「數月」。

〔九〕西南巡檢使：宋史卷五太宗本紀、卷四八五夏國傳作「洛苑使」。

〔一〇〕天成：原作「大成」，據後唐明帝年號用字及江蘇本改。

〔一一〕予：原作「子」，據册府元龜卷一六六帝王部招懷、江蘇本改。

〔一二〕必：册府元龜卷一六六帝王部招懷作「既」。

〔一三〕正月：原作「五月」，據册府元龜卷一六七帝王部招懷改。又，周太祖廣順三年正月事，册府元龜繫於卷一六七。

〔一四〕楊崇訓：原作「楊仲訓」，避恭帝柴宗訓名諱，今回改。下同。

〔一五〕難：原作「南」，據舊五代史卷一三二李彝超傳、宋史卷四八五夏國傳改。

注釋

① 新唐書卷九僖宗本紀載，中和二年（八八二）八月丁巳，授拓拔思恭爲「京城四面都統」，册府元龜卷一二三帝王部征討載授「京城四面都統」事在中和元年（八八一）七月。新唐書卷二二一上党項傳載授思恭爲「京城西面都統」。

② 李思恭卒年，一説爲唐昭宗景福二年（八九三），一説爲唐昭宗乾寧二年（八九五）。參見李範文主編西夏通史第三章夏州拓跋割據勢力的形成和壯大（八五九—一〇三二年）第一節唐末党項拓跋氏的崛起，第一〇八頁注釋一。據白敬立墓誌銘載，敬立卒於唐昭宗景福二年，思恭早於白敬立而卒。新唐書卷二二一上党項傳載：「嗣襄王煴之亂，詔思恭討賊，兵不出，卒。」嗣襄王煴之亂在唐僖宗光啓二年（八八六），故思恭卒年當在光啓二年至景福二年間，而非乾寧二年。墓誌銘參見康蘭英主編榆林碑石第七五頁圖版，第二四三頁録文。

③ 高宗益等殺李彝昌事，資治通鑑卷二六七繫於開平四年三月。

④ 據内蒙古出土之瀆氏墓誌銘載，瀆氏與李仁福生有五子，其年齒順序爲：長子彝殷，次子彝謹，三子彝氲，四子彝超，五子彝温。彝殷爲李仁福長子，彝超爲四子。彝殷後避宋帝諱改名「彝興」。舊五代史卷四七唐書末帝紀、卷一三二李彝超傳，新五代史卷四〇李仁福傳，宋史卷四八五夏國傳，東都事略卷一二七西夏傳，隆平集卷二〇趙保吉傳等均載彝殷爲彝超之弟。資

治通鑑卷二七九後唐紀清泰二年（九三五）二月丁丑條、册府元龜卷四三九將帥部要君載彝殷爲彝超之兄，當是。參見鄧輝、白慶元撰内蒙古烏審旗發現的五代至北宋夏州拓拔部李氏家族墓誌銘考釋，第三七九頁至三八四頁。

⑤此同長編卷二五雍熙元年（九八四）九月條、治迹統類卷二太祖太宗經制西夏。據宋史卷四八五夏國傳，繼遷高祖爲思忠，西夏書事卷三作「出其祖思忠像」，長編、治迹統類疑誤。

⑥知夏州尹憲等夜襲繼遷事，長編卷二五雍熙元年（九八四）九月條考證認爲當繫於九月，宋史卷四太宗本紀繫於十月甲申，卷四八五夏國傳繫於太平興國八年（九八三）。

⑦獲繼遷母妻事，太宗皇帝實録卷三二、東都事略卷三一吕端傳、卷三四曹光實傳、卷一二七西夏傳，涑水記聞卷二、治迹統類卷二太祖太宗經制西夏，宋史卷四太宗本紀、卷二七二曹光實傳、卷四八五夏國傳等文獻中均有記載。東都事略不詳年、月，宋史夏國傳繫此事於太平興國八年（九八三），宋史太宗本紀繫此事於雍熙元年（九八四）十月。

⑧賜李繼捧姓名及職官事，長編卷二九端拱元年（九八八）夏五月辛酉條、太宗皇帝實録卷四四、宋史卷五太宗本紀繫於端拱元年五月。

⑨後唐長興四年八月、十月等事，册府元龜繫於卷一七八。

⑩敏：指李彝敏。

西夏紀事本末卷二

烏程張鑑春治甫著

夏臺復入

雍熙元年，趙繼捧之言繼遷悔禍也。〔一〕其實繼遷無降心，復誘戎人爲寇。

二年春二月乙未，夏州李繼遷誘殺汝州團練使曹光實，遂襲銀州據之。繼遷自地斤澤敗，轉徙無常，漸以强大。西人以李氏世著恩德，多歸之。于是率衆攻麟州，使人紿曹光實曰：「我數奔北勢窘，願講甥舅之禮，期日會于葭蘆川納降。」光實信之，且欲擅其功，故不與人謀。至期，繼遷設伏，止領數十人近城迎光實，光實從百騎赴之。繼遷前導，北行至葭蘆川，忽舉手揮鞭，伏兵盡起，光實被害。光實有子曰克明，〔二〕尚幼，曉兵法，善騎射。光實没，秘不發喪，使人傳光實命，回兵銀州，乃與其僕潛入虜中，獲光實尸還，葬京師。繼遷既殺光實，遂襲據銀州。

三月，遣知秦州田仁朗等將兵討繼遷。

夏五月，副將王侁擊繼遷，走之。初，繼遷既殺曹光實，遂圍三族寨。寨將折遇乜殺監軍使者，〔三〕與繼遷合。田仁朗行次綏州，請益兵，留月餘俟報。時繼遷乘勝進攻撫寧寨，仁朗聞之，喜曰：「戎人常烏合寇邊，勝則進，敗則走，不可窮其巢穴。今繼遷嘯聚數萬，盡鋭以攻孤壘。撫寧小而固，非浹旬所能破。我俟其困，以大兵臨之，分遣强弩三百邀其歸路，虜成擒矣。」部署已定，仁朗欲示閑暇，縱酒摴蒱，侁等因媒蘖之。帝聞三族已陷，大怒，徵仁朗還，特貸死，竄商州。

是月，侁等出銀州北，破悉利諸寨，梟其代州刺史折羅遇。麟州諸蕃皆請納馬贖罪，助討繼遷。侁遂與所部兵入濁輪川，斬賊首五千級，繼遷及遇乜遁去。時詔郭守文與侁同領邊事，守文復與知夏州尹憲擊鹽城諸蕃，焚千餘帳。由是銀、夏、麟三州蕃一百二十五族悉内附，户萬六千餘。

四年春三月，安守忠及李繼遷戰于王亭，敗績。

夏五月，李繼遷數寇邊。或疑繼捧洩中朝事于繼遷，乃出繼捧爲崇信軍節度使，徙其弟克憲爲道州防禦使，遣克文歸博州。

端拱元年春二月，以李繼捧爲感德軍節度使。

夏五月，朝廷數以敕書招諭李繼遷，繼遷終不肯降，益侵盜邊境。趙普建議，欲復委繼捧以夏臺故地，令圖之。繼捧時任感德節度，即召赴闕。

壬申，授定難節度使，所管五州錢帛、芻粟、田園并賜之。

壬午，保忠辭之鎮，錫賚甚厚，命右衛第二軍都虞候王杲送之，且謂之曰：「若繼遷歸款，當授以官也。」及杲還，保忠以土物爲贐，杲拒而不納。

冬十二月辛未，以夏州蕃落使李繼遷爲銀州刺史，充洛苑使。

二年秋九月，①定難節度使趙保忠加同平章事。〔四〕

淳化元年夏四月，夏州敗李繼遷，尋又敗之于安慶澤、于王庭鎮。②

二年春正月丙子，遣商州團練使翟守素帥兵援保忠于夏州。

秋七月，李繼遷請降，以爲銀州觀察使，賜姓名。

丙午，詔曰：「王者推赤心以待天，〔五〕鑑丹書而念舊。疆場之事，雖守在于四夷；

勛烈之家，固賞延于十世。銀、夏等州蕃落使李繼遷，馳聲沙漠，襲慶旌旗。頃者因獻提封，偶懷疑懼，流寓邊塞，綿歷歲時。式微之咏既深，在宥之恩宜及。賜之國姓，俾預于宗盟；授以廉車，用綏于夷落。爾其體匿瑕之旨，堅效順之誠，使兄弟以如初，保公侯之必復。欽若明命，勉思令圖。可特授金紫光禄大夫、檢校太傅兼御史大夫、銀州管内觀察使，封天水郡侯，食邑一千五百户，賜姓趙，名保吉，仍放朝謝，許便之官。」

先是，保忠與繼遷戰于安慶澤，繼遷中流矢遁去，轉攻夏州。保忠因奏繼遷誘蕃戎入寇，乞濟師禦之。乃遣翟守素帥師屯夏州以助之。至是，聞守素至，繼遷恐懼歸款，奉表謝罪，遂有是命，且以其子德明爲管内蕃落使、行軍司馬。保忠又薦其親弟繼沖，帝亦賜姓，改名保寧，授綏州團練使。保忠遣使來獻鶻，號「海東青」。太宗詔曰：「朕久罷畋游，盡放鷹犬。卿地控邊塞，時出捕獵。今還以賜卿，可領之也。」鑑按：此條見王明清揮麈前録作「三年」，疑誤。③

九月癸卯，王顯徙知延州。時夏臺益部寇擾，顯上疏曰：「間歲以來，戎事未息。李繼遷負恩于靈夏，王小波干紀于巴邛，河右坤維并興師旅。而繼遷翻然向化，遣弟入覲，〔六〕願修職貢。陛下曲加容納，許其内附，示以德信，伸以恩錫，所以綏懷之者至矣。然而狼子野心，未可深信。所宜謹屯戍，固城壘，積芻糧，然後遴選才勇，付以邊任。縱有緩急，則備禦有素，彼又奚能爲患哉！」然繼遷至是漸大，自此傳十二世，幾三百載，據夏、銀、綏、宥、静五州緣邊七鎮，其東西二十五驛，南北十餘驛。

冬十月，趙保忠降于契丹，契丹封爲西平王，復姓名曰李繼捧。

西夏紀事本末卷二

校　記

〔一〕悔禍：宋史卷四八五夏國傳作「悔過」。

〔二〕有子：宋史卷二七二曹光實傳附從子克明傳作「從子」。

〔三〕折遇乜：此同治迹統類卷二太祖太宗經制西夏及宋史卷二七四王侁傳、卷二七五田仁朗傳、卷四六三劉文裕傳等。宋史卷四九一党項傳、文獻通考卷三三四四裔考党項作「折御乜」。

〔四〕定難：原作「静難」，據宋史卷五太宗本紀、卷四八五夏國傳改。

〔五〕天：宋大詔令集卷二三三作「人」。

〔六〕弟：原作「子」，據長編卷三六淳化五年（九九四）八月丁酉條、宋史卷四八五夏國傳改。

注釋

①趙保忠加同平章事，宋史卷五太宗本紀繫於端拱二年(九八九)冬十月辛未。

②夏州趙保忠敗李繼遷於王庭鎮事，綱目備要卷四繫於淳化元年(九九〇)夏四月，稽古録卷一七、十朝綱要卷二均繫於淳化元年八月，宋史卷四九一党項傳繫於淳化二年(九九一)八月。「王庭鎮」，十朝綱要卷二作「王廷鎮」。

③宋大詔令集卷一四五、宋史卷五太宗本紀、揮麈前録均繫太宗詔令於淳化三年(九九二)，當是。本書繫於淳化二年(九九一)七月丙午，誤。

西夏紀事本末卷三

烏程張鑑春治甫著

統萬墮城

淳化四年冬閏十月。初，太宗欲城古原州，而陝西轉運副使鄭文寶議禁烏白池青鹽，〔一〕用困趙保吉，因請築清遠。清遠，在旱海中，不毛之土，素無井泉，陝右之民甚苦其役。保吉于是率邊人四十二族寇掠環州，〔二〕邊將多爲所敗。

五年春正月，趙保吉徙綏州民于平夏。部將左都押衙高文岯等因衆不樂反，攻敗之，以綏州内屬，乃命文岯知州事。保吉復圍堡寨，掠居民，焚積聚，遂攻靈州。癸酉，命馬步軍都指揮使李繼隆爲河西兵馬都部署，〔三〕尚食使尹繼倫爲都監，及内押班秦翰爲監軍，以討保吉。先是，翰嘗使繼遷，還言繼遷末賓之狀，且曰：「臣一内臣不足惜，願再往手刺之，雖死不恨也！」太宗嘉其忠，故以命之。左正言王禹偁上言：

「繼遷曾被左右暗箭射之，面上創痕尚存。此不煩大兵，但如梁太祖捉劉知俊故事，重賞之下，必有勇夫，繼遷身首不梟即擒。」又曰：「此賊通連北敵，擊東南而備西北，正在此時。」吏部尚書宋琪言：「臣頃任延州節度判官，經涉五年，〔四〕西戎事頗熟聞知。昔李仁福既死，彝興擅立。詔邠州藥彥稠總兵五萬，送延州安從進與彝超換鎮，彝超據夏州不奉詔。時頓兵城下，議者欲攻取，軍儲不繼，遽命班師。而振旅時不能整，失戈甲，〔五〕棄之，遂爲戎人之利。臣聞党項號爲小蕃，本非勍敵。若其出山布陣，止勞一戰，便可蕩除。深入則饋運艱難，窮追則窟穴幽邃，莫若沿邊州鎮，分屯重兵，候其入界侵漁，方可隨時掩擊。豫于麟、府、延、〔六〕慶、靈武等州，約期會兵，四面齊進，絶其奔走之路，〔七〕合勢擊之。大約党項、吐蕃，風俗相類。其帳族有生、熟户，接連漢界、入州城者謂之熟户，居深山僻遠者謂之生户。我師入夏州之境，宜先招到接界熟户，使爲鄉導。其强壯有馬者，〔八〕令去官軍三五十里踏白先行，而步卒多持弓弩槍鏂隨之。以三二千人登山偵邏，俟見坦途寧静，可傳號勾馬，遵路而行，我皆嚴備，保無虞也。」奏入，帝密寫其奏，令李繼隆、王繼恩擇利而行。

五年三月，繼隆率兵馳至克胡，渡河入延福縣，自鐵笳驛夜入綏州。謀其所向，繼隆欲徑襲夏州。或以爲夏州賊帥所在，我兵少恐不能支，不若先襲石堡，以觀賊勢。繼隆以爲不然，曰：「我兵既少，若徑入夏州，出其不意，彼亦未能料我衆寡。若先據石堡，衆寡已露，豈復能進？」乃引兵馳入撫寧縣，繼捧猶未知。

乙亥，李繼隆入夏州。趙保忠聞繼隆將至，先挈其母、妻、子女及卒吏壁于野外，乃上言與保吉解仇怨，貢馬五十匹，乞罷兵。帝覽奏，怒，立遣中使督繼隆先移軍討之。及師壓境，保吉反圖保忠，夜襲保忠營，欲并其衆。保忠方寢，聞難作，單騎被髮，馬走還城，僅以身免，城中資財、器用，保吉復悉奪之。初，保忠遣其指揮趙光嗣入貢，光嗣頗輸誠款，詔補供奉官，再遷禮賓副使。保忠動靜，光嗣必以聞。及保忠陰結保吉，光嗣潛知之，因出家財，散士卒，誓以效順。至是，保忠還，光嗣執之，幽于別室。王師之次延州者，秦翰慮保忠遁逸，即乘驛先往，矯詔安撫，以緩其陰謀。及王師至，翰又諷保忠，以地主之禮當出別室郊迎。

丁丑，開門納我師，翰與保忠因并驅而出，遂執保忠。繼隆入夏州，檻車送保忠闕下，收獲牛羊、鎧甲數十萬。保吉引衆遁去。先是，裨將侯延廣等議誅保忠及出兵追保吉，繼隆曰：「保忠几上肉耳，當請于天子。今保吉遠竄千里，窮磧難于轉餉，宜養威重，未易輕舉也。」撫寧舊治無定河川中，數爲虜所危。繼隆乃遷縣于滴水崖，在舊縣之北十餘里，皆石崖峭拔十餘丈，下臨無水，所謂囉瓦城是也。

夏四月甲申，帝聞趙保忠成擒，詔以趙光嗣爲夏州團練使，高文岯爲綏州團練使，削保吉所賜姓名，復爲李繼遷。帝以夏州深在沙漠，奸雄因以竊據，欲隳其城，遷民于銀、綏間，因問宰相夏州建置之始。吕蒙正對曰：「昔赫連勃勃僭稱大夏，築城，號曰『統萬』，頗與關右爲患。若遂廢毁之，萬世之利也。」

乙酉，〔九〕詔隳夏州故城，遷其民于綏、銀等處，分給官地，長吏倍加安撫。李繼隆聞朝議欲隳夏州，遣其弟洛苑使繼和與監軍秦翰等入奏，以爲朔方古鎮，賊所窺覦之地，存之可依以破賊。并請于銀、夏兩州南界山中增置堡戍，以扼其衝，且爲内屬蕃部之蔽而斷賊糧運。皆不報。王師之討繼遷也，府州觀察使折御卿以所部兵來助。趙保忠既擒，御卿又言：「銀、夏等州蕃漢户八千帳族悉歸附，録其牛羊萬計。」

五月戊午，授御卿永安節度使，賞其功也。

丙寅，河西行營送保忠至闕下，白衫、紗帽，待罪崇政殿庭。帝詰責數四，保忠但頓首稱死罪，詔釋之，賜冠帶、器幣，命還第聽命，仍勞賜其母。

丁卯，以保忠爲右千牛衛上將軍，封宥罪侯。

是卒。

景德元年夏六月，趙保忠卒。保忠狀貌雄毅，居環列，奉朝請，常怏怏不自得，至

西夏紀事本末卷三

校記

〔一〕鄭文寶：原作「鄭仁寶」，據長編卷三四淳化四年（九九三）三月壬子條、治迹統類卷二太祖太宗經制西夏、東都事略卷一一五鄭文寶傳、宋史卷二七七鄭文寶傳改。按，本書多處將「鄭文寶」誤作「鄭仁寶」，餘皆徑改，恕不一一注明。

〔二〕四十二：此同宋史卷四八五夏國傳。宋史卷四九一党項傳作「四十四」。

〔三〕馬步軍：此同長編卷三五淳化五年（九九四）春正月甲寅條。東都事略卷一二〇李繼隆傳，宋史卷五太宗本紀、卷二五七李繼隆傳、卷四八五夏國傳均作「馬軍」。

〔四〕涉：原作「陟」，據長編卷三五淳化五年（九九四）春正月甲寅條、宋史卷二六四宋琪傳改。

〔五〕失：江蘇本作「攝」。

〔六〕延：長編卷三五淳化五年（九九四）春正月癸酉條、宋史卷二六四宋琪傳作「鄜延寧」。

〔七〕絶：此字原脱，據長編卷三五淳化五年（九九四）春正月癸酉條、宋史卷二六四宋琪傳補。

〔八〕馬：原作「爲」，據長編卷三五淳化五年（九九四）春正月癸酉條、宋史卷二六四宋琪傳改。

〔九〕乙酉：原作「己酉」，據長編卷三五淳化五年（九九四）夏四月乙酉條、宋大詔令集卷一五九改。

西夏紀事本末卷四

烏程張鑑春治甫著

烏白失朝

淳化五年秋七月乙亥，李繼遷遣牙校以良馬來獻，且謝過，猶稱所賜姓名。初，轉運使鄭文寶議禁鹽池困繼遷，關隴民至無鹽以食。太宗知之，悉除其禁。至是，又以金帛誘繼遷酋長嵬囉嵬悉，〔一〕使圖繼遷，而許以刺史。嵬囉嵬悉以告繼遷，繼遷上表請罪，太宗雖怒，答詔因稱之。

八月，又遣其弟延信奉表待罪，〔二〕且言違叛事出保忠，願赦勿誅。帝喜，召見延信，面加慰撫，錫賚甚厚，命錢若水草詔賜之，有云：「不斬繼遷，開狡兔之三穴。潛疑光嗣，持首鼠之兩端。」帝以爲當。

冬十一月，復命保吉爲銀州觀察使。

庚戌，詔曰：「省所進馬、橐駝共百一十三頭匹待罪。朕握圖御宇，恭己臨民，務推含垢之仁，式示戢兵之武。向者以卿遠輸誠款，願革前非，朕道在納汙，情深赦過，特授察廉之任，厚加賜撫之恩，寵以嘉名，賜之國姓，朕之于汝無所負焉！豈意卿未及踰年，已忘大德。脅從蕃部，擅舉甲兵，攻逼城池，虔劉民庶，背恩肆惡，一至于斯。料卿所爲，良切興歎。所以旋徵師旅，俾命討平。既除手足之親，已失輔車之勢。寧保全于歲月，暫假息于朝晡。近者累上表書，頗引僭犯，且言違背事出保忠。今備貢輸，乞加渥澤。朕以好生爲德，以禁暴爲心，卿倘能誓改過尤，永堅忠節，朝廷爵賞，亦何吝焉？朕不食言，爾宜自省。今遣内侍押班張崇貴〔三〕賜卿器幣、茶藥、衣物等，體朕意焉。」蓋王禹偁筆也。繼遷以王禹偁草己詔，送馬五十匹爲潤筆，禹偁以狀不如式，却之。

至道元年春三月，李繼遷遣銀州五部押衙張浦來貢。〔四〕

己巳，帝令衛士數百輩射于崇政殿庭，〔五〕召浦觀之。先是，李延信還，帝賜繼遷勁弓三，皆力一石六斗。繼遷意欲威示戎裔，非有人能挽也。至是，士皆拓兩石弓，引滿平射有餘力，浦大駭。帝笑問浦曰：「羌人敢敵否？」對曰：「蕃部弓弱矢短，但見此長鉅，人則已遁矣，況敢敵乎？」乃以浦爲鄭州團練使，留京師。帝因謂浦曰：「戎無可戀，繼遷何不束身自歸，永保富貴。」繼遷因上表乞禁邊盜掠，從之。

夏四月壬寅，答趙保吉詔曰：「先敕邊郡，各謹封略，無敢相侵。内屬戎人，所盗羊馬、錢物，今并已還卿。戎惟貪狼，尚恕其罪。自今敢犯卿者，誅之也。〔六〕」

六月丙戌，遣閤門使馮訥持詔以繼遷爲鄜州節度使，將移鎮，繼遷不奉詔。

丁亥，以張浦爲鄭州刺史，充本州團練使。

秋九月庚午，趙保吉寇清遠軍，張延敗之，〔七〕詔奪所賜名。

冬十二月，永安節度使折御卿病，遼諜知之。韓德威復爲李繼遷所誘，遂率衆入邊，以報子河汊之役。御卿輿疾而行，德威聞其至，頓兵不敢進。會疾甚，其母親召御卿歸就醫藥，御卿曰：「世受國恩，强寇未滅，御卿之罪也。臨敵安可棄士卒自便？死于軍中，乃其分耳。爲白太夫人無念我，忠孝豈得兩全！」言訖泣下。翼日卒。帝聞，痛悼久之。

二年夏四月甲戌，遣李繼隆等分道討繼遷。初，洛苑使白守榮自環慶護芻粟四十萬赴靈州，繼遷伏兵邀擊于浦洛河，守榮衆潰，僅以身免，運餉盡爲繼遷所奪。①帝怒，命李繼隆爲環慶十州都部署，〔八〕將兵討之。

五月，繼遷帥萬餘衆寇靈州。陝西民運芻糧詣靈，度沙磧，爲虜所抄掠，及飢渴死者，不可勝計。圍城歲餘，地震二百餘日，城中糧糗皆絶，中使竇神寶潛遣人市糴河外，宵運以入，間出兵擊賊，城卒不破。時命輔臣陳靈州事宜，詔曰：「靈州孤絶，救援不及。賊繼遷猖獗，未就誅夷，宜令廷臣各述所見利害。」時上初有意棄靈州也。會曹璨自河西還，言繼遷衆萬餘，方圖靈武，城中告急。使爲繼遷所得，則頓兵不去。帝乃悔之。呂端因請發兵由麟府、鄜延、環慶三道以擣平夏，襲其巢穴，則靈武之圍解矣。帝即部分諸將，復命繼隆出環州，容州觀察使丁罕出慶州，范廷召出延州，王超出夏州，錦州刺史張守恩出麟州，五道進討，抵烏白池，皆授以方略。既而直趨平夏，〔九〕保安軍獲李繼遷母。上喜，召寇準與之謀，宰相不與也。準出，呂端問準曰：「陛下戒君勿言于端乎？」準曰：「否。」端曰：「邊鄙常事，端不必與知。若軍國大計，端備位宰相，不可不知也。」準以繼遷母告，端曰：「君何以處之？」準曰：「欲斬于保安軍北門之外，以戒凶逆。」端曰：「陛下以爲如何？」準曰：「陛下以爲然。」端曰：「必若此，非計之得也。願君少緩其事，端將覆奏之。」端即入奏，具道準言，且曰：「昔項羽得太公，欲烹之，而沛公曰：『願分我一杯羹。』夫舉大事者，不顧其親，況繼遷胡夷悖逆之人哉！今殺之，而明日繼遷可擒乎？若不然，徒結怨仇，而愈堅其叛心爾。」太宗曰：「然則何如？」端曰：「以臣之愚，謂宜置于延州，〔一〇〕令善養視之，以招徠繼遷。雖不能即降，終可以係其心，而母生死之命在我矣。」帝撫髀稱善曰：「微卿，幾誤我事。」即用端策。是時，司天中官正韓顯符言熒惑犯輿鬼，秦雍之分，國家當有兵在西北。冬官正趙昭益言犯輿鬼中積尸，秦分野有兵，人民灾害之象。

秋八月，李繼隆討繼遷，率諸將分道并進，期抵烏白池。繼隆忽中變，欲直抵繼遷巢穴，不及援靈州，遣其弟繼和馳奏，以環道紆，欲自清岡峽直入。上怒曰：「汝兄如此，必敗吾事矣。」因手書切責繼隆，命引進使瀛州周瑩詣軍前督之。比瑩至，繼隆已與丁罕慶州路兵先發，行數十日，不見虜，乃引還。

九月己卯，夏州、延州行營言，兩路合勢，破賊于烏白池，斬首五十級，生禽二千餘人，賊首李繼遷遁去。蓋繼隆、丁罕既不與賊遇，張守恩亦見虜不擊。獨廷召與超至烏白池與賊遇，小大數十戰，雖頻克捷，繼遷遁走。而諸將失期，士卒困乏，終不能禽賊焉。時虜鋭甚，超持重不進。子德用年十七，爲先鋒，部萬人戰鐵門關，斬首十三級，俘掠畜産以萬計。轉戰三日，敵遂却。德用曰：「歸師遇險必亂。」乃領兵先絶要害，下令曰：「亂行者斬！」一軍肅然。虜見其師整，不敢近。德用貌魁偉而黑，人號「黑王相」。〔一一〕西人兒啼，即呼「黑大王」以懼之。先是，上閲兵崇政殿，以方略授諸將。令多設强弩。及遇賊布陣，萬弩齊發，賊皆走。其運糧靈州，亦令丁夫悉持弓矢爲方陣而行，寇至則成列待之，故每戰皆捷。時方命户部使張鑑調陜西糧餉，遣使持節督之。鑑上疏極言：「餱糧乏絶，力用殫窮。」

三年春二月，李繼隆遣將擊李繼遷，敗之，繼遷遁去。

冬十月，李繼遷寇靈州，合河都部署楊瓊擊走之。

十二月甲辰，李繼遷請降。先是，上以靈州事宜訪李至，至上疏言：「靈州自鄭文寶爲國生事，絶青鹽使不入漢界，禁粒食使不及羌夷，致彼有詞而我無謂。關輔生靈，困轉輸之役，巋然空壁，老我師徒。張頤待飼者不下五千，送糧四十萬而止獲六萬。彼之户口四千有餘，今則不盈數百矣。彼之租課四十五萬二千有餘，今則無孑餘矣，守安可復得耶？此之失策，雖悔何及！」至是，繼遷遣使修貢，求備邊任。真宗雖察其變詐，方在諒闇，姑務寧静，因從其請，加定難軍節度，復賜姓名，封以夏、綏、銀、宥、静五州。蓋用王禹偁策也。時命翰林學士宋湜草保吉制，湜知上意，必欲歸其事于太宗，因進詞曰：②「天無私覆，作善者降之百祥；國有彝倫，伏順者享其高位。〔一二〕銀州管内觀察使、金紫光禄大夫、檢校太傅兼御史大夫、上柱國、天水郡開國侯趙保吉，天資正氣，世襲雄名，孝以承家，寬能御衆。先帝早深注意，方議推恩，值軒鼎之俄成，築韓壇而未暇。

逮眇躬之纘位，俄封疏以貢珍。彰厥遠圖，冠于當代。宜伸懋賞，式勸忠勛。可光禄大夫、檢校太尉、夏州刺史、定難軍節度使、夏銀綏宥静等州觀察使、押蕃落等使，加食邑一千户，食實封三百户，仍賜功臣。」上甚悦，遣内侍右班都知張崇貴齎詔賜之，又以夏、綏、銀、宥、静五州與保吉。

甲寅，張浦遣還。

真宗咸平元年春二月，田錫上言：「李繼遷不合與夏州，又不合呼之爲『保吉』，乃時事舛誤之大者。」

三月辛巳，以趙保吉歸順，遣使諭陝西，縱綏、銀流民還鄉，家給米一石。

夏四月壬寅，趙保吉遣弟繼瑗入謝。

西夏紀事本末卷四

校　記

〔一〕嵬囉嵬悉：此同東都事略卷一一五鄭文寶傳、治迹統類卷二太祖太宗經制西夏、宋史卷四八五夏國傳。宋史卷二七七鄭文寶傳作「嵬囉嵬悉俄」。

〔二〕延信：此同綱目備要卷五、玉海卷一五〇、宋史全文卷四、西夏書事卷四等。長編卷三六淳化五年(九九四)八月乙巳條、治迹統類卷二太祖太宗經制西夏、宋史卷四八五夏國傳、通鑑續編卷四等作「廷信」。下同。

〔三〕張崇貴：原作「張崇質」，據長編卷三六淳化五年(九九四)十一月庚戌條，宋史卷四六六張崇貴傳、卷四八五夏國傳改。

〔四〕五部：宋史卷五太宗本紀、卷四八五夏國傳作「左都」。

〔五〕帝令衛士數百輩射于崇政殿庭：宋史卷四八五夏國傳作：「太宗令衛士翹關、超乘、引彊、奪槊於後園。」

〔六〕之：宋大詔令集卷二一四本字下有「可」字。

〔七〕張延：此同宋史卷四八五夏國傳。武經總要後集卷七故事戒輕舉、宋史卷二八〇田紹斌傳作「張延州。」

〔八〕都部署：「都」下原衍「督」，據宋史卷五太宗本紀、卷二五七李繼隆傳、卷四八五夏國傳删。

〔九〕平夏：原作「平安」，據宋史卷四八五夏國傳改。

〔一〇〕謂：宋史卷二八一呂端傳無此字。

〔一二〕黑王相：澠水燕談録卷二作「黑相」。長編卷一七二、綱目備要卷一五，宋史卷二七八王德用傳、卷四〇〇王信傳，江蘇本均作「黑王相公」。

〔一三〕伏順：原作「仗順」，據宋大詔令集卷二三三改。

注釋

①宋史卷四八五夏國傳載宋軍浦洛河之敗是由於田紹斌不出援兵所致。考宋會要兵八、隆平集卷一八田紹斌傳、宋史卷二八〇田紹斌傳，宋軍浦洛河之敗，蓋因白守榮等欲自邀功、草率出兵、田紹斌力勸不聽而致，非因紹斌不出援兵而致。李繼隆誣陷田紹斌，紹斌被貶。

②此詔令即宋大詔令集卷二三三銀州觀察使趙保吉除定難軍節度使制。

西夏紀事本末卷五

烏程張鑑春治甫著

靈州失陷

真宗咸平四年秋八月，帝以趙保吉雖入貢而抄劫益甚，乃以張齊賢爲涇原諸路經略使。齊賢言：「靈武孤城，必難固守，徒使軍民六七萬陷于危亡之地。」與楊億議棄靈州，輔臣多不可。初，何亮通判永興軍，詔與轉運使陳緯往靈州經度屯田，及還，上安邊策曰：「臣竊謂，今議邊事者不出三途：請棄靈武，一也；輕議興師，二也；姑息而羈縻之，三也。而臣以爲，輕棄靈州，則戎狄之患有未可量者三。靈武地方千里，表裏山河，一旦給之，則戎狄之地廣且饒矣，一患也。自環慶至靈武凡千里，故西域戎狄剖分爲二，如捨靈武，則西域戎狄合而爲一，二患也。冀之北土，馬之所生。自匈奴猖獗之後，無匹馬南來，咸取足乎西戎。既剖分爲二，其右乃西戎之東偏，實爲夏賊之境，其左乃西域之西偏，秦、渭、儀、涇之西北諸戎是也。如捨靈武，則合而爲一。夏賊桀黠，服從諸戎，俾不得貨馬于邊郡，則未知中國戰馬從何而來？三患也。輕議興師，則有不利者四。深入窮追，夏賊度不能抵，必奔遁絶漠，王師食盡，不能久留而退，西賊復擾者，一也。寇至而不戰，則邊郡被其害，戰則緣邊之兵不足以當其衆者，二也。清遠西北旱海，蓋靈武要害之路，而白、馬二將奔敗之地。如王師薄伐，無功而還，則夏賊必據要害，以絶河西糧道者，三也。河西路阻，必將大興征討以通糧道，疲民重困，盜賊必多者，四也。若姑息而羈縻之，則有不可者二。戎狄豺狼，貪惏無厭，必將服從諸戎，然後爲中國大患者，一也。自白、馬二將奔敗之後，夏賊得志，擇靈武山川之險而分據之，意在吞噬，譬如伏虎，見便則動者，二也。

「在臣愚慮，不出二策。自清遠至靈武，有溥樂、耀德，爲河西之糧道，而悉有古城之迹存焉。請築此二城，以通河西之糧道。賊若悉衆來討，中吾上策也。何者？夏賊所以未滅者，誠以深入窮追則奔遁絶漠，師退則復來擾邊。使其敢來與王師拒戰，則其殄滅也久矣。彼若知動無所利，恭而聽命，則中吾下策者也。今雖存靈武，使阻隔旱海，居絶塞之外，不築此二城爲之唇齒，與舍靈武無異。今特城此二城，則賊不敢動矣。議者將曰：『國家贍靈武猶曰困匱，而更供給二城，其費不更大乎？』臣以爲不然，靈武至清遠不滿三百里，而穀價殊絶者，〔一〕以度旱海無舍宿之地、有戎寇之憂故也。如建此二城，則軍民之趨靈武也，有舍宿之地，少戎寇之憂，輸糴日益，穀寧無賤乎？以減殺之價，〔二〕供二城之費，又何疑焉？外此則復有一説，烏、白鹽池，夏賊所泊，〔三〕諸戎視之猶司命也。如夏賊來寇，則令延、慶之師入其境，先據烏、白之池，而號令諸戎曰『有得夏賊首者，分封其地，而以烏、白與之』，則諸戎願禽之者衆矣。」帝不能決。

九月庚寅，李繼遷寇清遠軍，都監段義叛降于繼遷，都部署楊瓊擁兵不救，〔四〕城遂陷。繼遷勢益張，復攻定州、懷遠，又掠輜重至唐龍鎮，都部署曹璨以蕃兵邀擊，〔五〕敗之。①楊瓊罪當死，上赦之，流瓊崖州。②

冬十二月，時靈州孤危。

丁卯，詔議棄守之宜，李沆與楊億奏曰：「若繼遷不死，靈州非朝廷有也。莫若密遣使部分軍民空壘而歸，則關右之民息肩矣。」帝不從。初，上即位之二年，棄鎮戎軍。李繼和固請復城之，即以繼和知軍事。及右僕射張齊賢經略陝西，詢繼和邊事，繼和上言：「鎮戎爲涇原、儀渭北面捍蔽，又爲環慶、原渭、儀、秦熟户所依，今置此城，以扼賊要路，臣慮議者以調發芻糧擾民爲言，則此軍所費，〔六〕止出四州，地里匪遥，輸送甚易。又，守邊之臣内憂家屬之窘匱，外憂奸邪之憎毁，欲其奮不顧身，令出維行，不可得也。若防守得宜，賊必不敢過此。」又極言靈州不可棄，朝廷禁青鹽甚爲允愜，「斯誠固圉之良策也。」至是，乃以王超爲西面行營都部署，將步騎六萬援靈州，以鄭文寶爲隨軍轉運使。繼遷攻圍麟州，文寶乘傳晨夜赴之，遂解麟州之圍。

閏月，寬緣坐法。靈州言，河外寨主李瓊等以城降賊，其親屬當緣坐。帝閔而釋之。

閏月丙戌，詔築綏州城。

戊寅，李繼遷蕃族訛遇等歸順。

五年春正月壬戌，環慶部署張凝襲焚諸蕃族帳二百，斬首五千級，降千人。

二月己丑，以王漢忠爲邠寧環慶路都部署，李允正爲鈐轄。

三月丁酉，繼遷大集蕃部，攻陷靈州。先是，靈州知州、内客省使、順州團練使裴濟謀集八鎮，興屯田之利，民甚賴之。至是，被圍餉絶，刺指血染奏求救兵不至，城遂陷，濟死之。保吉以州爲西平府居焉。帝得報，悔不用李沆之言，王超等遂奏班師。

己酉，以王超爲永興軍駐泊都部署，石普副之。徙康繼英爲慶州駐泊鈐轄，與西南沿邊迭爲應援。秦翰爲環慶、涇原兩路鈐轄，與王漢忠、李允正同其事，備繼遷之侵軼也。

夏六月癸酉，李繼遷復以二萬騎進圍麟州，詔發并、代、石、隰州兵援之。

己酉，詔益兵八千分屯環慶、涇原。繼遷率衆二萬攻麟州，四面負版薄城者五日。知州、閤門祇候衛居實屢出奇兵突戰，〔七〕及募勇士縋城潛往擊之，賊皆披靡，自相蹂踐，殺傷萬餘人。

丁丑，繼遷拔寨遁去。

壬辰，帝聞麟州之捷，以衛居實爲供備庫使，通判以下并進秩。

冬十月辛巳，涇原部署繫内屬蕃族數叛者九十一人請誅之，詔釋其罪。

西夏紀事本末卷五

校記

〔一〕殊絶：長編卷四四咸平二年（九九九）六月戊午條作「絶殊」。

〔二〕殺：長編卷四四咸平二年（九九九）六月戊午條作「縠」。

〔三〕賊：江蘇本作「池」。

〔四〕都部署：長編卷四九咸平四年（一〇〇一）七月乙卯條，宋史卷六真宗本紀、卷二八〇楊瓊傳作「副都部署」。

〔五〕都部署：宋史卷二五八曹璨傳、卷四八五夏國傳作「副部署」。

〔六〕則：原作「且」，據長編卷五〇咸平四年（一〇〇一）十二月乙卯條、宋史卷二五七李繼和傳改。

〔七〕衛居實：此同長編卷五二咸平五年（一〇〇二）六月壬辰條、綱目備要卷六、宋史全文卷五、治迹統類卷五真宗經制西夏、宋史卷六真宗本紀、西夏書事卷七等。宋史卷四八五夏國傳作「衛居寶」，疑誤。

注釋

①曹璨率蕃兵邀擊李繼遷事，此同長編卷四九咸平四年（一〇〇一）九月辛卯條，繫於咸平四年九月，宋史卷六真宗本紀繫於該年冬十月。

②楊瓊流放崖州事，宋史卷六真宗本紀繫於咸平四年（一〇〇一）閏十二月丁丑。

西夏紀事本末卷六

烏程張鑑春治甫著

六谷殲渠

咸平四年夏四月，回鶻來貢，願助討李繼遷。

秋九月，授潘羅支今改「巴勒結」。官西涼六谷酋長也，仍命出兵，以助討繼遷。

五年春三月，繼遷陷靈州。

六年春二月，六谷酋長潘羅支蕃官來貢。

庚辰，以六谷酋長潘羅支爲朔方節度使。時知鎮戎軍李繼和言，潘羅支願戮力討李繼遷，①請授以刺史。張齊賢請封爲六谷王兼招討使，因言蕃部中族盛兵衆，可以牽制繼遷者，唯西凉而已。帝以問宰相，皆曰：「潘羅支已爲酋帥，授『刺史』太輕，未領節鎮，加『王』非順，『招討使』號不可假外夷。」乃授朔方節度使、靈州西面都巡檢使，〔一〕并以旁泥埋爲鄯州防禦使，俾犄角攻討。潘羅支表言感朝廷恩信，憤保吉倔强，已集騎六萬，乞會王師，收復靈州。帝曰：「繼遷每來寇邊，軍出則遁。使六谷部族近塞捍禦，〔二〕與官軍合，亦國家之利也。」詔許之。

三月辛卯，綏州東山蕃部軍使拽臼等内屬。

夏四月，趙保吉寇洪德寨，蕃將慶香擊走之，因以慶香等領刺史。

五月，李繼遷攻西蕃。于時繼遷虐用其衆，下多怨。

冬十二月甲子，繼遷陷西河，〔三〕取西凉府，守臣丁惟清死之。于是都首領潘羅支僞降繼遷，繼遷受之不疑。潘羅支遽集六谷蕃部及者龍今作「結隆」。族合擊之，乘其將歸，要而擊之，繼遷大敗，中流矢，創甚，奔還靈州。

丁巳，卒于靈州境上之三十九井。②子德明年二十三矣，遣使告哀于契丹，契丹贈繼遷尚書令，遣西上閤門使丁振吊慰，尋封德明爲西平王。環慶邊城以德明初立，〔四〕乞降詔撫之。帝乃詔德明，令審圖去就。

初，太宗之時，曹瑋知鎮戎軍，嘗出戰小捷，戎人引去，瑋伺戎人兵去已遠，乃驅所掠牛羊、輜重，緩驅而還。其下憂之，言于瑋曰：「牛羊無用，不若棄之，整衆而歸。」瑋不應。戎人聞瑋利牛羊而師不整，遽還襲。瑋愈緩行，得地利處乃止，以待之，使人諭曰：「蕃軍遠來必甚疲，我不欲乘人之怠，請休憩士馬，少選決勝。」良久，又使人諭之曰：「可相馳否？」于是各鼓軍而進，一戰大破其軍，遂棄牛羊而還。徐謂其下曰：「吾知戎人已疲，故爲貪利以誘之。比其後來，幾行百里矣。若乘鋭便戰，猶有勝負。遠行之人若小憩，則足痺不能立，人氣亦闌，吾以此取之。」至是，瑋上言：「繼遷擅河南要害地二十年，兵不解甲，使中國有西顧之憂。今其國危子弱，不即捕滅，後更强盛不可制矣。願假臣精兵，出其不意，擒德明送闕下，復河南爲郡縣，此其時也。」帝欲以恩致德明，不報。瑋曰：「德明野心，今不急折其翼而長養之，其亂必矣。」既而西延家、〔五〕妙娥等數大族來歸順，瑋即將騎士薄天都山，援徙内屬，諸小種皆望風納質，德明由此遂弱。一日，有告戎卒叛入夏國者，瑋方對客弈棋，遽曰：「吾使之行也。」夏人聞之，即斬叛者，投其首境上。

景德元年春二月丁巳，環慶、鄜延部署始知李繼遷死，相繼以聞，且言其子德明尚幼。輔臣等請降詔招諭德明及其部下，能相率歸順者，厚加爵賞。鄜延鈐轄張崇貴先遺德明書，得其報，稱未葬，難發表章，乞就便具奏。崇貴以聞，帝乃賜德明詔曰：③「近據西路緣邊諸州奏，汝父族下蕃部繼續來投，具言汝父于靈州界云亡。相次鄜延路鈐轄張崇貴奏稱得汝回書，云葬事未畢，難發表章，乞就便申奏事。汝父生于邊陲，素有勇敢，朝廷賜以土地，授之節旄，其于心誠，亦本忠順。邇後始因間諜，自起憂疑，事一境之干戈，隔二紀之聲教。朕爲人父母，富有寰區，思息戰以安民，俟輸誠而改節，終期彼志，遐副朕心。今覽奏陳，遽云喪逝，況早聯宗屬，曾列侯藩，自達予聞，能不傷歎？念汝守兹空塞，方在髫齡，屬此艱難，諒增哀慕。又緣信人未至，所以慰問難行，勉自扶持，式終禮制。餘事已令張崇貴與汝期約商議，想宜知悉。」

夏四月，張崇貴屢請遣大臣至邊，議趙德明事。

五月甲申朔，以知永興軍府向敏中爲鄜延路緣邊安撫使。崇貴築臺于保安北十里許，召戎人所親信者與定盟約，④經置大小，皆出崇貴，敏中實總其議焉。

六月己卯，賜潘羅支詔曰：「渭州引送卿兄邦逋支并教練使楊超到京，〔六〕覽卿等蕃書奏狀言，去年十二月二十八日，與李繼遷鬥敵，大段殺下蕃賊，郤被賊人劫去牌印、官告、衣服、器械等，再乞頒賜，并望差築城人給畚鍤。令使臣到彼，其隔過遷賊處人郤投來者，并乞押來，其進奉馬價乞支絹等事，并已依奏，別降宣命指揮。卿忠順朝廷，保芘部族，誓殺凶狂之黨，益堅臣子之心。遠率種人，同拒賊黨，戰鬥斯久，殺獲頗多。每念爾誠，不忘朕意。此外卿所奏欲取七月回鶻并六谷蕃部，宜往賀蘭山掩殺賊衆，〔七〕乞大兵來靈州會合，管殺遷賊者，朝廷近知繼遷已死，未經殯葬，所以未欲討除。今卿等既領師徒，遠平仇敵，免爲後患，甚是良圖。所乞會兵，即緣地理稍遥，月日未定。今朝議候卿等纔集諸族人馬，起離西京，即差心腹人走馬齎文字報涇原、鎮戎軍部署司。已令至時不候朝旨，率兵前進，直至鹹泊、蕭關、天都山。已來牽制賊徒，伏截道路，賊眄定須兩面救應。如此邀擊，必可功成。彼中諸事，更切審詳，佇静邊陲，永保富貴。」

秋七月，李繼遷既死，故黨迷般囑及日逋吉羅丹二族亡歸者龍族，欲陰圖潘羅支以復仇。會其黨攻者龍，潘羅支率百餘騎赴援，將議合擊，潘羅支遂爲二族殺于帳下。六谷諸豪共立潘羅支之弟廝鐸督爲首領，朝廷聞之，授廝鐸督朔方節度使。

冬十月丁酉，追封潘羅支爲武威郡王。

癸卯，與其弟廝鐸督詔曰：⑤「唯爾之兄，素傾誠保。」「遽茲徂謝，彌用晝傷。唯爾棣蕚聯華，金行稟氣。」「長撫西夏，爲吾信臣。」

西夏紀事本末卷六

校記

〔一〕西面：此同宋史卷七真宗本紀、卷四九二吐蕃傳。長編卷五四咸平六年（一〇〇三）二月庚辰條作「四面」。

〔二〕塞：原作「寨」，據長編卷五四咸平六年（一〇〇三）四月庚午條、宋史卷四九二吐蕃傳及江蘇本改。

〔三〕西河：江蘇本作「河西」。

〔四〕城：宋史卷四八五夏國傳作「臣」。

〔五〕西：此字上原衍「河」，據宋史卷二五八曹瑋傳删。

〔六〕渭州引送卿兄：「渭州」，原作「渭川」，據宋大詔令集卷二四〇賜潘羅支詔改。按，本書多處將「渭州」誤作「渭川」，餘皆徑改，恕不一一注明。「兄」，原作「凡」，據宋史卷四九二吐蕃傳改。

〔七〕往：原作「住」，據宋大詔令集卷二四〇并參考宋史卷四九二吐蕃傳改。

注釋

①潘羅支願戮力討李繼遷事，長編卷四九咸平四年（一〇〇一）十月乙卯條、東都事略卷一二九西蕃傳、稽古録卷一八、綱目備要卷六、宋史卷四九二吐蕃傳均繫於咸平四年。

②關於繼遷死期，史書記載互異。近事會元卷五、長編卷五六景德元年（一〇〇四）二月丁巳條、

宋史卷七真宗本紀載，宋朝於景德元年二月，陸續得到環慶、鄜延等地奏報稱，繼遷咸平六年（一〇〇三）十二月陷西涼不久，即中潘羅支詐降之計死。隆平集卷二〇夏國傳、東都事略卷四真宗本紀、卷一二七西夏傳均載死於景德元年。宋史卷四八五夏國傳載，繼遷於咸平六年中潘羅支計受傷，於景德元年正月死。稽古録卷一八、宋史卷四九二吐蕃傳載，死於咸平六年十一月。遼史卷一四聖宗本紀載死於統和二十一年即宋真宗咸平六年五月。綜考諸史，繼遷當死於咸平六年十二月陷西涼府不久，由於時距景德元年很近，故諸史記載其死事出現歧異。據此，繼遷死時當四十一歲，西夏書事卷八考證結論即此。

關於繼遷死地，史書記載互異。此同光緒七年浙江書局本長編卷三四一元豐二年（一〇七九）十二月癸酉條、西夏書事卷七。浙江書局本長編卷五六景德元年（一〇〇四）正月壬子條、東都事略卷一二七、近事會元卷五等皆作「三十里」。中華本長編卷五六校勘記六，據武經總要前集卷一八下邊防西蕃地界「凉州」條等改爲「三十井」。民國本治迹統類卷五真宗經制西夏作「三十里」。文淵閣四庫本治迹統類卷五真宗經制西夏作「三十井」。

③此詔令即宋大詔令集卷二三三賜趙德明詔，發佈於景德元年（一〇〇四）正月丁巳。

④所親信者，宋會要職官四一之八二載爲「張浦」。

⑤此詔令即宋大詔令集卷二四〇斷鐸督朔方節度制。

西夏紀事本末卷七

烏程張鑑春治甫著

西平就撫

咸平之末，環慶邊城以德明年幼，〔一〕屢請致討。帝欲以恩信結德明，不報。

景德元年春二月，李德明降。吏部尚書張齊賢上疏言：「臣在先朝，常憂靈夏終爲繼遷吞并，言事者以臣所慮爲太過，略舉既往之事，以明本末。當時臣下皆以繼遷只是懷戀父母舊地，〔二〕别無他心。先帝與銀州廉察，庶滿其意。其後攻劫不已，直至降麟、府州界八部族蕃酋，又脅制賀蘭山下帳族，言事者猶謂封奬未厚。洎陛下賜以銀、夏土壤，寵以旌節，自此奸威愈滋，逆志尤暴。斷靈州糧路，復擾緣邊城池，數年之間，靈州終爲吞噬。當靈州、清遠軍垂欲陷没，臣方受經略之命。臣思繼遷須是得一兩處强大蕃族方與爲敵，此乃以蠻夷攻蠻夷，中國之上策也。遂請六谷名目封潘羅支，俾其展效。

其時近臣所見，與臣不同，多爲沮擾。及繼遷爲潘羅支所殺，臣慮繼遷之子德明乘以大駕東幸之際，去攻六谷。向使潘羅支尚在，則德明未足爲虞。今潘羅支已亡，厮鐸督非其敵。望與大臣經制其事。」乃命向敏中及張崇貴總其議焉。

冬十二月，邠州部署言，李繼遷子德明孔目官何憲來歸。詔令乘傳赴闕。

二年夏六月辛卯，以趙德明歸款，諭河西諸蕃各守疆界。

秋九月丁未，以向敏中爲鄜延路都部署。先是，德明以父有遺命，遣使乞歸順。且託言其父繼遷兵敗被傷，自度孤危且死，屬其子必歸朝廷，曰：「一表不聽則再表，雖累百表不得請，不可止也。」詔以敏中爲緣邊安撫使，受其降。賜敏中密詔，盡付西鄙，許便宜從事。敏中得詔藏之，視政如常日，邊藩以安。至是，以德明誓約未定，徙敏中爲都部署兼知延州，委以經略。

癸丑，德明遣其都知兵馬使白文壽來貢。

三年夏五月甲辰，趙德明遣其兵馬使賀守文來貢。先是，向敏中及崇貴與德明議立誓約，久未決。德明雖數遣使修貢，然于七事訖莫承順，累表但云乞先賜恩命，徐議之。

時已有詔，許德明毋納靈州，既又賜敏中等詔，諭德明止遣子弟入宿衛，及毋得攻劫西路進奉蕃部，縱有争競，并取朝廷和斷，它約悉除之，然亦不聽回圖往來及放行青鹽之禁。

乙巳，敏中等言，二事苟不如約，恐乖前議，請皆與之。帝以德明變詐難信，儻務姑息，必貽後患，復賜敏中等詔，令熟計復奏。涇原、儀、渭都鈐轄秦翰，知鎮戎軍曹瑋等各請出兵討賊，帝以德明累遣使修貢，慮失誠信，不許。德明初請命于朝，瑋言：「繼遷擅河西地二十年，兵不解甲，使中國有西顧之憂。今國危子弱，不即禽滅，後更强盛難制。願假臣精兵，出其不意，擒德明送闕下，復以西河爲郡縣，時不可失。」朝廷方欲以恩致德明，寢其書不報。

秋九月丁卯，鄜延鈐轄張崇貴入奏趙德明歸款，遣牙校劉仁勖來進誓表，且言，所乞回圖及放青鹽之禁，雖宣命未許，然誓立功效，冀爲異日賞典也。帝嘉獎賜詔曰：①「卿門承勳緒，世享國封，屢拜章函，來修貢職，願爲屏翰，以紹祖先。朕乃眷至誠，用頒温詔。令陳信誓，〔三〕洞見傾輸，嘉獎之懷，寤興良積。」敏中因請以德明表誓藏之盟府。

冬十月庚午，遣使授趙德明檢校太師兼侍中、充定難軍節度使、封西平王，賜賚甚厚，給俸如内地。制曰：②「利用建侯，外監方國。撫寧陬落，臨長士民。在名器以斯崇，匪勳賢而弗授。故定難軍節度使趙保吉男德明，襲其令緒，蔚有長才。舉宗聯命氏之策，〔四〕弈世荷殿邦之寄。務尊王室，動守朝經。率職獻琛，拜章請吏。眷言恭順，宜及褒崇。是用建上將之旌旗，錫真王之印綬。纘乃舊服，鎮于夏臺。於戲！信誓之言，與丹青而炳焕；寵榮之固，同帶礪以綿長。期宣翼戴之勤，協贊混同之化。永作蕃輔，不其美歟！可特進檢校太師兼侍中、夏州刺史，充定難軍節度使、夏銀綏宥静等州管内觀察處置押蕃落等使，上柱國，封西平王，食邑六千户，食實封二千户，賜推忠保順亮節翊戴功臣，仍依内地節度使例給俸。」又録德明誓表，令渭州遣人齎至西凉府，曉諭諸蕃，轉告甘、沙首領。因索子弟入質，德明謂非先世故事，仍不遣，惟獻駝、馬謝恩而已。

丁丑，以張崇貴爲趙德明旌節官告使，太常博士趙湘副之，賜德明襲衣、金帶、金鞍勒馬、〔五〕銀萬兩、絹萬匹、錢二萬貫、〔六〕茶二萬斤。德明因城懷遠鎮爲興州以居，③後升興慶府，又改中興府。④

大中祥符元年春正月壬申，邊臣言：「趙德明邀留回鶻貢物，又令張浦率騎數千侵擾回鶻。今歲夏州饑饉，此衰敗之勢也。」帝曰：「朕知其旱歉，已令榷場勿禁西蕃市粒食者，蓋撫禦夷狄，當務含容，不然須至殺伐，害及生靈矣。」

二年冬十二月，趙德明帥所部侵回鶻。長星晝見，〔七〕德明懼而還。

三年冬十二月，西夏管内飢，德明上表求粟百萬，⑤朝議不知所出。或言德明方納款而敢渝盟，妄有陳乞，請降詔責之。王旦曰：「第詔德明，云已敕有司具粟百萬于京師，〔八〕其遣衆來取。」德明得詔甚慚，望闕再拜，曰：「朝廷有人。」遂止。畢氏通鑑移此事入元年。

七年春二月庚申，夏州趙德明遣使詣行闕朝貢。

辛酉，帝至自亳州。

冬十一月乙未，鄜延路鈐轄張繼能言：「趙德明進奉人挾帶私物，規免市征，望行條約。」帝曰：「戎人遠來，獲利無幾，第如舊制可也。」

九年夏五月，邠寧、環慶部署王守斌言：「夏州蕃騎千五百來寇慶州，内屬蕃部擊走之。」

冬十月，答西平王趙德明詔曰：⑥「卿世濟勛庸，任隆屏翰。竭臣忠而奉上，正師律以守方。克樹風聲，聿寧邊候。其于眷倚，固異群倫。今者特貢丹誠，罄陳奏凱，詳彼縷述，深照傾輸。且國家奄宅中區，統臨四海，矧惟覆育，豈限邇遐。顧兹西北之陲，素爲襟帶之地，曷嘗不敦之賞勸，示以懷柔。至于將帥之臣，但伸禦備之戒，唯關防是守，唯盟款是遵，靡容侵漁，庶安境土。所有文字來往，辭説異同。部族貪殘，展轉仇報。擄過生口，彼此交還。其如不見端倪，互相誣執，或因緣攘竊，增飾邀求。朝廷固不細知，邊壘亦爲常事。兼詳表奏，備述其由。覩卿明誠，頗究積弊。若今檢校，俱慮滋章。朕虔奉穹旻，永宗清凈。推恩示信，六合同風。眷惟恭順之心，益固初修之節。〔九〕嘉歎之意，注想彌增。已令鄜延、涇原、環慶、麟府等路部署鈐轄司，今後約束蕃部，不得輒相劫奪，擅興甲兵。凡于交争，須盡公理。其有廣占阡陌，隱庇逃亡，晝時勘窮，押送所管。卿本道亦仰嚴勒部下，不得更有藏匿。各遵紀律，共守封疆。言念忠勤，不忘鑑寐。」

是歲，夏州、甘州來貢。

乾興元年春正月，仁宗即位。趙德明進尚書令，加恩制曰：⑦「門下，朕仰奉詒謀，嗣臨寶位。負荷之重，方若涉于大川；爵賞之行，宜普均于百辟。其有寵聯宗籍，位冠侯藩，早隆晢嶽之勛，適重守方之寄。屬兹纂紹，特示褒優，告于離麗之庭，錫以絲綸之命。推忠宣德崇仁保順純誠亮節守正翊戴功臣、定難軍節度、夏銀綏宥静等州管内觀察處置押蕃落等使、開府儀同三司、檢校太師、守太傅、中書令、使持節都督夏州諸軍事、行夏州刺史、上柱國、西平王、食邑一萬六千户、食實封五千户趙德明，山河禀粹，象緯儲精，識洞兵弢，學該義府。忠純之性，本自于天資；奇正之機，蓋由乎神授。而自齋壇受鉞，賜履撫綏，委其外禦之權，寵以真王之爵。整軍講事，彌暢于善經；述職修方，聿昭于亮節。屏于西夏，克壯英猷，屬予踐阼之初，疇乃殿邦之績。爰推茂渥，式獎殊庸。霈泥綍之徽章，〔一〇〕冠天臺之崇秩。仍增多邑，復進重封。并示寵榮，斯爲異數。於戲！亨嘉之運，方在于統同；隆顯之恩，允昭于眷注。往服休命，保兹永圖。可特授依前檢校太師、守太傅、尚書令、兼中書令、使持節都督夏州諸軍事、行夏州刺史、充定難軍節度、夏銀綏宥静等州管内觀察處置押蕃落等使、西平王，加食邑一千户，食實封四百户。功臣散官勳如故。」

仁宗天聖三年夏六月癸酉，環、原州屬羌叛，寇邊，都監趙士隆等死之。〔一一〕德明承繼遷土宇，志在自守，然其下部族亦時寇抄邊境，及公移究詰，則陽言不知。朝廷惟務含貸，以存大體。其號令、補署、宫室、旌旗，一擬王者。每朝廷使至，則撤宫殿題牓置于旛下，使輶始出餞館，已更赭袍，鳴鞭鞘鼓，吹導還宮，殊無畏避。

秋七月庚子，益屯備内屬諸部，諭德明詔曰：⑧「敕德明，近據環慶等路部署鈐轄司等奏報，沿邊熟户，遞相驚擾，結集部族，圍繞堡塞。已降宣命，添差軍馬，往彼撫遏去訖事。卿世濟勛勤，任隆屏翰，素傾輸于誠節，用保又于疆陲。昨以守邊之臣失于撫禦，致内屬之諸部忽驚擾以交征。朝廷姑務威懷，特加招輯，想卿在遠，或未周知。惟卿護塞有方，愛民在念。遠聆朝旨，諒體予衷。眷矚所深，不忘鑑寐。」

四年春，郊祀畢，賜西平王趙德明恩制曰：⑨「國家卜天正之辰，修陽位之祀。九州獻力，聿昭來助之儀；上帝降臨，式廣遂行之慶。眷惟邦屏，恪禀朝彝。爰稽述職之勤，是興疇庸之命。〔一二〕推忠宣德崇仁保順純誠亮節協恭守正翊戴功臣、定難軍節度、夏銀綏宥静等州管内觀察處置押蕃落等使、開府儀同三司、檢校太尉、守太傅、尚書令兼中書令、使持節都督夏州諸軍事、行夏州刺史、上柱國、西平王、食邑一萬八千户、食實封五千八百户趙德明，肅恭秉節，信順存誠。〔一三〕善濟美于世勛，能納忠于王室。總彼千乘，訓其四封。講軍志于中權，邊隅載謐；奉土毛于内府，時事允修。藹威惠以兼資，焕文章而彌縟。〔一四〕甫成鉅典，宜沛洪恩。增井賦之田，叶于書社；錫雲臺之號，以示旌功。諒此榮褒，實彰寵數。於戲！歸祭膰以先同姓，受福攸均；載刑馬而誓元侯，承家惟永。克念守方之略，茂遵謹度之經。欽對嘉休，慎固西夏。可特授依前，檢校太師、守太傅、尚書令、兼中書令、使持節都督夏州諸軍事、夏州刺史、充定難軍節度、夏銀綏宥静等州管内觀察處置押蕃落等使、西平王，加食邑一千户，食實封四百户，仍賜推忠宣德崇仁保順純誠亮節協恭守正佐運翊戴功臣，〔一五〕散官勛如故。」

三月己亥，鄜延蕃部首領曹守貴等内附。

八年冬十二月辛丑，西平王趙德明、交阯王李德政并加賜功臣。

丁未，定難節度使、西平王趙德明遣使來獻馬七十匹，乞賜佛經一藏，從之。

明道元年冬十一月壬辰，延州言夏王趙德明卒。詔輟視朝三日，贈太師、尚書令兼中書令，命度支員外郎朱昌符爲祭奠使，賻絹甚厚。帝與皇太后爲德明成服苑中，百官奉慰。

校記

〔一〕城：宋史卷四八五夏國傳作「臣」。

〔二〕母：宋史卷二六五張齊賢傳作「祖」。

〔三〕令：宋大詔令集卷二三三作「今」。

〔四〕策：宋大詔令集卷二三三作「榮」。

〔五〕金鞍：此同長編卷六四景德三年（一〇〇六）十月丁丑條、治迹統類卷五真宗經制西夏。宋史卷四八五夏國傳作「銀鞍」。

〔六〕二萬貫：此同長編卷六四景德三年（一〇〇六）十月丁丑條、治迹統類卷五真宗經制西夏。宋史卷四八五夏國傳作「三萬貫」，卷四六六張崇貴傳作「賜金帛緡錢各四萬」。考宋朝賜西夏錢物，未有「金帛緡錢各四萬」之例，張崇貴傳疑誤。

〔七〕長星：長編卷七二大中祥符二年（一〇〇九）十二月癸卯條作「常星」，宋史卷四八五夏國傳作「恒星」。

〔八〕有司：此處與宋史卷二八二王旦傳、卷四八五夏國傳，東都事略卷四〇王旦傳、宋名臣言行録前集卷二、琬琰集上集卷二王文正公旦全德元老之碑（歐陽修撰）、自警編卷七、文忠集卷二二居士集碑銘太尉文正王公神道碑銘等同。長編卷六八大中祥符元年（一〇〇八）正月壬申條、綱目備要卷八、治迹統類卷五真宗經制西夏作「三司」。
〔九〕修：宋大詔令集卷二三三作「終」。
〔一〇〕霈：江蘇本作「沛」。
〔一一〕趙士隆：此同長編卷一〇三天聖三年（一〇二五）七月辛卯條、宋史卷九真宗本紀。宋史卷二九一王博文傳作「趙世隆」。綱目備要卷九、宋史卷三二三趙振傳作「趙士龍」。
〔一二〕興：原作「與」，據宋大詔令集卷二三三改。
〔一三〕存：江蘇本作「承」。
〔一四〕綣：原作「辱」，據宋大詔令集卷二三三改。
〔一五〕協恭守正佐運：宋會要禮五九之二四作「協恭贊治佐運守正」。

注釋

① 此詔令即宋大詔令集卷二三三答趙德明誓表詔。
② 此詔令即宋大詔令集卷二三三趙德明拜官封西平王制。
③ 德明城懷遠鎮爲興州事，長編卷九六天禧四年（一〇二〇）閏十二月辛未條繫於天禧四年。宋史卷四八五夏國傳繫於天聖元年（一〇二三）。

④關於興慶府改名中興府的時間，學者考證認爲當在夏永安二年（一〇九九），時當宋元符二年、遼壽昌五年。參見李範文主編西夏通史第六章西夏王朝的鼎盛（一〇八七—一一九三）第一節母黨再度專權與乾順親政後的統治措施。

⑤德明上表乞糧事，長編卷六八大中祥符元年（一〇〇八）正月壬申條繫於大中祥符元年。

⑥此詔令載於宋大詔令集卷二三三。

⑦此詔令即宋大詔令集卷二三三趙德明進尚書令加恩制。

⑧此詔令即宋大詔令集卷二三三益屯備内屬諸部諭趙德明詔。

⑨此詔令載於宋大詔令集卷二三三。

西夏紀事本末卷八

烏程張鑑春治甫著

青堂搆怨

祥符八年秋九月，①吐蕃唃厮囉請伐夏州，不許。初唐時，西北蕃在者有回鶻、吐蕃，而吐蕃又分爲唃厮囉。今作嘉勒斯賚。其初爲青堂羌，實吐蕃之别族也。唐末，蕃將尚恐熱作亂，率衆歸中國，境内離散。國初，有胡僧立遵者乘亂挾其主籛逋之子即唃厮囉，東據宗哥川城。〔一〕唃厮囉，人號瑕薩籛逋者，胡言「贊普」也。唃厮，華言「佛」也。囉，華言「男」也。自稱佛男，猶中國之稱天子也。立遵，姓李氏，始爲宗哥僧。唃厮囉之立，立遵與邈川首領郢城爲論逋。〔二〕論逋者，國相也。有漢隴西、南安、金城三郡之地，東西二千餘里。宗哥、邈川即所謂三河間也。始甚強盛，立遵貪而喜殺，國人不附。會率馬銜山等羌兵至伏羌寨，與涇原鈐轄曹瑋戰于三都谷而敗，復襲西凉府亦敗，衆益怨之，勢遂衰弱，皆遣使自蘭州入鎮戎軍以修朝貢。唃厮囉遂與立遵不協，徙居邈川，而立遵自居宗哥城，屢表請「贊普」之號。朝議以贊普，戎王者，立遵居唃廝囉下，不宜妄授，止命爲保順軍節度使。唃廝囉與西夏接壤，每以兵抗趙德明，希朝廷賜予。至是，唃廝囉始立文法，聚衆數十萬，表請伐夏以自效。帝以戎人多詐，或生他變，命周文質監涇原軍、曹瑋知秦州以備之。

九年，立遵既不得贊普，而唃廝囉又不許其伐夏，兩家因引衆十萬寇邊，入古渭州。知秦州曹瑋攻敗之，立遵歸，乃死。唃廝囉妻李氏，立遵之女也。生二子，曰瞎氈，曰磨氈角。〔三〕立遵死，唃廝囉更取喬氏，生子曰董氈，取契丹之女爲婦。李氏失寵，去爲尼。二子亦去其父，瞎氈居河州，〔四〕磨氈角居邈川。唃廝囉往來居青堂。〔五〕

天禧五年秋九月，吐蕃唃廝囉來降。

景祐二年，趙元昊將叛，慮回鶻、吐蕃之制其後也。冬十二月，遣蘇奴兒將兵二萬五千擊唃廝囉，敗死殆盡，蘇奴兒被執。元昊乃自率衆攻貓牛城，一月不下。既而詐約和，城開，乃大縱殺戮。又攻青堂、〔六〕宗哥、帶星嶺諸城，遂取瓜、沙、肅三州。② 廝囉部將安子羅以兵十萬截歸路，元昊晝夜與戰，經二百餘日，〔七〕子羅敗，然部兵溺宗哥河及飢死過半。元昊又嘗侵唃廝囉，并兵臨河湟。唃廝囉知衆寡不敵，壁鄯州不出。元昊乃渡河，插幟識其淺。唃廝囉亦陰間元昊，頗得其虛實。元昊已渡河，潛使人移植深處。及大戰，元昊潰歸，士卒視幟而渡，溺死者十八九，〔八〕擄敵甚衆。唃廝囉因來獻捷，朝廷議欲加節制，韓億謂二虜皆藩臣，今不能諭令解仇，乃因捷加賞，非所以綏禦四夷也。議遂寢，乃詔加保順軍留後。

三年十二月，改廣運三年爲大慶元年，再舉兵攻回紇瓜、沙、肅三州，〔九〕盡有河西故地。〔一〇〕將謀入寇，恐唃廝囉擬其後，復舉兵攻蘭州諸羌，南侵至馬銜山，築城瓦川會，〔一一〕留兵鎮守，絶吐蕃與中國相通之路。

四年，元昊叛，猶遣使入朝。議者欲誅其使，參知政事程琳曰：「古者兵交，使在其間。」不可。後使益驕，議者又以爲言。琳曰：「始不誅，以罪有在也。〔一二〕今既驕，誅之宜矣，又何患耶！」議者又欲重賄唃廝囉，使討元昊，因以其地與之。琳曰：「使唃氏有其地，是去一元昊，得一元昊也。曷若用間，〔一三〕使二羌不相合，豈不爲中國之利乎？」

寶元元年冬十二月乙酉，詔三司歲給唃厮囉賚綾絹千匹、片茶千斤、散茶千百五斤。鄜延路都鈐轄司言元昊反，加吐蕃唃厮囉保順節度使、邈川大首領。自西涼爲李元昊所陷，〔一四〕潘羅支舊部往往歸唃厮囉，回紇降者復數萬。厮囉居青堂、鄯州，西有臨谷城通青海，高昌諸國商人皆趨之以貿易，由是富强。朝廷欲使背擊元昊以披其勢，因授節鉞，仍兼邈川大首領，尋加河西節度使。厮囉約盡力無負，然終不能立大功。

二年春三月丙寅。先是，遣左侍禁魯經持諭唃厮囉，使擊元昊，以披其勢，賜帛二萬匹。唃厮囉奉詔出兵四萬五千向西涼，西涼有備，知不可攻，捕殺遊邏數十人，亟還，聲言圖再舉，然卒不能也。先是，元昊恐唃厮囉擬其後，舉兵攻破蘭州諸羌，〔一五〕南侵至于馬銜山，築瓦川會，斷蘭州舊路，留兵鎮守。自此唃厮囉不能入貢，而回鶻亦退保西州。元昊遂叛命，久爲邊害。朝廷患之，議者以爲唃厮囉尚在河湟間，又與元昊世仇，儻遣使通諭朝廷之意，使西戎有後顧之憂，則邊備解矣。上然之。至是，遣屯田員外郎劉渙奉使，自古渭州循末邦山至河州國門寺，絶河踰廓州抵青堂城，始與唃厮囉遇。渙爲述朝廷之意，因以邈川都統爵命授，俾犄角以攻元昊。厮囉謝恩大喜，請舉兵助中國討賊。自此元昊始病于牽制，而唃厮囉復與中國通矣。

冬閏十二月，鄜延、環慶副都部署劉平上言：「元昊恣行殺害，衆叛親離，復與唃厮囉相持已久，結隙方深，此天亡時也。」其實唃厮囉與元昊連年交兵，大勢已衄，南徙歷精城，文法寖弱矣。

康定元年春二月庚寅，〔一六〕詔唃厮囉速領軍馬，乘元昊空國入寇，徑往拔其根本，成功當授銀夏節制。仍密以起兵日報沿邊經略使、安撫司出師爲援，〔一七〕别賜對衣、金帶、絹二萬匹。唃厮囉雖被詔，卒不能行。

四月，以邈川首領唃厮囉子董氈爲會州刺史。董氈方九歲，其父爲之請。隨母喬氏居歷精城，所部可六七萬人，號令嚴明，人憚服之。

秋八月癸卯，遣屯田員外郎劉渙使邈川，諭唃厮囉出兵助討西賊。唃厮囉召酋豪大犒，約盡力無負，然終不能有功也。

慶曆元年春正月己未，加唃厮囉河西節度使。

夏五月，時瞎氈居龕谷無所屬，趙珣與書招之，遺以綈錦，瞎氈聽命。初，瞎氈、磨氈角背叛其父自立，磨氈角素依首領鄂成俞龍爲謀主，俞龍復納女于元昊寧令僞號梁王者。由是，唃厮囉常憂禍發肘腋，意益衰怯。其後瞎氊、唃厮囉復取邈川城，收磨氊角妻子，質于結囉城。

四年，磨氊角入貢。

嘉祐七年秋八月，邈川首領唃厮囉既老，國事皆委其子董氊。知秦州張方平嘗誘董氊入貢，許奏爲防禦使，董氊入貢而議不行。先是，遼以女妻董氊，與之共圖夏國。夏主諒祚與戰，屢爲所敗。及是，諒祚舉兵擊董氊，屯于古渭州，其熟户酋長皆懼，亟請方平求救。方平懼，飾樓櫓爲守城之備，盡籍諸縣馬，悉發下番兵，關西震聳。數日，方平復奏諒祚已引兵西去擊董氊矣。諒祚尋復爲董氊所敗，築堡于古渭州之側而還。

英宗治平元年，唃厮囉之部分。至是，木征以河州乞内附。〔一八〕

二年冬十一月，唃厮囉死，以其子董氊爲保順節度使。木征者，瞎氊子也。木征，猶華言「龍首」也。以其唃厮囉嫡孫，昆弟行最長，故謂之龍頭。羌人語倒，謂之頭龍。

瞎氊死，青堂首領瞎藥鷄羅及胡僧鹿尊共立之，移居滔山。〔一九〕氊之甥瞎征，伏羌蕃部李鉞星之子也，與木征不協。其舅李篤氊挾瞎征居結河，瞎征數與篤氊及沈千族首領常尸丹波合兵攻木征，木征去居安鄉城。有巴欺温者，唃氏族子，先居結羅城，其後稍强。董氊河南之城遂三分。巴欺温、木征居洮、河間，瞎征居結河，董氊獨有河北之地。

熙寧五年秋，王子醇引兵始出露骨山，〔二〇〕拔香子城，平河州。又出馬蘭州，擒木征母弟結吴化，〔二一〕破洮州。木征之弟巴氊角降，〔二二〕盡得河南熙、河、洮、岷、疊、宕六州之地，自臨江寨至安鄉城東南一千餘里，降蕃户三十餘帳。

六年，燕達爲秦鳳路副總管，河州景思立陷于踏白城，達討山後諸羌，斬首四千級，還至訶啱城，木征降，〔二三〕置熙河路。③

元豐五年春二月，進封常樂郡公董氊爲武威郡王，以會兵討夏故也。時夏人欲與董氊通好，許割賂斫龍以西地，云如歸我，即官爵一隨所欲。董氊拒絶之，整兵甲以俟入討，且遣使來告。帝召見其使，令歸語董氊盡心守圉。帝知邈川事力不足與夏人抗，但欲解散其謀，使不與結和而已。

夏五月庚寅，④以青堂大首領俞龍珂爲西頭供奉官。初，命王韶主洮河安撫事。時議取河湟，自古渭寨接青堂武勝軍，應招納蕃部市易、募人營田等事，并令王韶主之。韶至秦，會諸將以蕃部俞龍珂在青堂最大，渭原羌與夏人皆欲羈縻之，先致討。韶因按邊引數騎直抵其帳，諭以成敗，遂留宿。明旦，兩種皆遣其豪隨韶以東，龍珂率其屬十二萬口内附。龍珂既歸朝，自言平生聞包中丞朝廷忠臣，乞賜姓包。帝如其意，賜姓包名順，因有是命。

西夏紀事本末卷八

校記

〔一〕宗哥：原作「宗歌」，據長編卷八二大中祥符七年（一〇一四）五月己酉條、宋史卷四九二吐蕃傳改。按，本卷「宗哥」原均作「宗歌」，餘皆徑改，恕不一一注明。

〔二〕郢城：此非人名。據長編卷八二大中祥符七年（一〇一四）五月己酉條、宋史卷四九二吐蕃傳，疑當作「温逋奇」。

〔三〕磨氈角：按唃斯囉二子的姓名用字，文獻記載互異。中華本長編卷一一九景祐三年（一〇三六）十二月辛未條、宋史卷一〇仁宗本紀原作「磨角氈」。宋史卷一〇校勘記八將「磨角氈」校改爲「磨氈角」，隆平集卷二〇唃斯囉傳、東都事略卷一二九西蕃傳、宋史卷四九二唃斯囉傳、文獻通考卷三三五四裔考吐蕃、夢溪筆談卷二五、樂全集卷二二秦州奏唃斯囉事等均作「磨氈角」。文淵閣四庫本長編卷一一九景祐三年十二月辛未條皆作「默戳覺」，儒林公議卷上拓跋元昊好少兵作「摩氈角」，均爲不同的音譯詞，故隆平集等將唃斯囉二子的姓名用字記爲「磨氈角」，近是。

〔四〕河州：原作「河川」，據長編卷一一九景祐三年（一〇三六）十二月辛未條改。

〔五〕青堂：長編卷一一一明道元年（一〇三二）八月辛酉條、宋史卷四九二吐蕃傳均作「青唐」。

〔六〕青堂：此二字下，長編卷一一七景祐二年（一〇三五）十二月壬子條、宋史卷四九二吐蕃傳有「安二」。

〔七〕二百：此同治迹統類卷七康定元昊擾邊、宋史卷四八五夏國傳。長編卷一一七景祐二年（一〇三五）十二月壬子作「三百」。

〔八〕十八九：此同長編卷一一七景祐二年（一〇三五）十二月壬子條。隆平集卷二〇唃斯囉傳、東都事略卷一二九西蕃傳作「過半」。

〔九〕肅：原作「蘭」，據長編卷一一七景祐二年（一〇三五）十二月壬子條、宋史卷四八五夏國傳改。

〔一〇〕河西：原作「河南」，據長編卷一一九景祐三年（一〇三六）十二月辛未條改。

〔一一〕瓦川會：此同中華本長編卷一三二慶曆元年（一〇四一）五月甲戌條、治迹統類卷七康定元昊擾邊、釋氏稽古略卷四、諸臣奏議卷一三二上仁宗兵策十四事（田況撰）、西夏書事卷一二等。而文淵閣四庫本長編卷一一九景祐三年（一〇三六）五月甲戌條、中華本長編卷一一九景祐三年十二月辛未條李燾考異引趙珣聚米圖經等均作「凡川會」，宋史卷四八五夏國傳作「凡川」，中華本長編卷一一九景祐三年十二月辛未條又作「瓦川、凡川會」。武經總要前集卷一八下「瓦川會」條載：「東至鎮戎軍易藏山界，西入蘭州界，皆山路。南至明堂州，北至會州界，皆川谷路。」「凡川會」，其地不詳。

〔一二〕以罪有在也：此同長編卷一二三寶元二年（一〇三九）正月甲寅條。宋史卷二八八程琳傳作「無罪也」。

〔一三〕若：江蘇本作「欲」。

〔一四〕元昊：原作「繼遷」，據宋史卷四九二吐蕃傳改。

〔一五〕蘭州：原作「萊州」，據長編卷一一九景祐三年（一〇三六）十二月辛未條、宋史卷四八五夏國傳改。

〔一六〕二月：原作「正月」，據長編卷一二六康定元年（一〇四〇）二月庚寅條、宋大詔令集卷二三九改。

〔一七〕安撫司：江蘇本作「安撫使」。

〔一八〕以河州：「以」「州」二字原脱，據宋元資治通鑑卷二九宋紀補。

〔一九〕洮山：宋史卷四九二吐蕃傳、文獻通考卷三三五四裔考作「洮州」。

〔二〇〕王子醇引兵始出露骨山：「醇」，宋史卷三二八王韶傳作「純」。「露」原作「路」，據宋史卷三二八王韶傳改。

〔二一〕結吴化：宋史卷四九二吐蕃傳作「瞎吴叱」。

〔二二〕巴：原作「已」，據宋史卷四九二吐蕃傳改。

〔二三〕木征：此二字前原衍「瞎」，據宋史卷三四九燕達傳删。

注釋

①祥符：宋真宗年號大中祥符的省稱。

②據長編卷一一七景祐二年（一〇三五）十二月壬子注，取瓜、沙、肅三州事疑不在景祐二年。

③置熙河路事，宋史卷一五神宗本紀繫於熙寧五年（一〇七二）十月。

④據長編卷二三三熙寧五年（一〇七二）五月庚寅條、宋史卷一五神宗本紀，此當爲熙寧五年夏五月庚寅事。

西夏紀事本末卷九

烏程張鑑春治甫著

華州二憾

景祐元年秋七月，元昊既僭僞號。初，華州有二生，曰張、曰吴，其始名不可得而知。或曰張，許州人也，客于長葛間，以俠自任。縣河有蛟，長數丈，每飲水轉橋下，則人爲之斷行。一日，蛟方枕石而飲，張自橋上負大石中蛟，蛟蜿轉而死，血流數里。與關中姚嗣宗皆負氣倜儻，有縱横才，相爲友善。張累舉進士不第，吴亦久困場屋，無以自伸。且張嘗爲縣宰所笞，乃與吴薄游塞上，覘覽山川風俗，慨然有志于經略，耻于自售，放意詩酒，出語驚人。一日，張與客飲驛中，一客邂逅至，主者延之。張初不識知也，客乃顧張曰：「彼何人斯？」張厲聲曰：「皮裹骨頭肉人斯。」應聲以鐵鞭擊之死。主人塗千金之藥，久之乃蘇。

將謁大帥，耻自屈不肯往，乃礱大石，刻詩其上，使壯夫拽之于通衢，三人從後哭之，欲以鼓動諸帥。諸帥果召與相見，躊躕未用間，張、吴徑走西夏。常時，張每夜游山林，則吹鐵笛而行，聲聞數里，群盗皆避。其將之西夏也，瀕行過項羽廟，乃竭囊沽酒，對羽極飲，酹酒泥像。又歌「秦皇草昧，劉項起吞并」之詞，悲歌累日，大慟而遁。時帥以急騎追之不及，乃表嗣宗入幕府。

張、吴既至夏，聞元昊有意窺中國，念不出奇無以動其聽，乃相與更其名，即其都門之酒家，劇飲終日，引筆書壁曰「張元、吴昊來此飲酒」。邏者見之，知其非國人也，迹其所憩執之。元昊責以入國問諱之義，二人大言曰：「姓尚不理會，乃理會名耶？」時未更名曩霄，且用中國賜姓也。元昊即竦然異之，日尊寵用事，夏人以爲謀主。凡立國規模、入寇方略，多二人導之，以抗朝廷，連兵十餘年，西方至爲疲弊。

韓琦嘗駐兵延安，夜有人携匕首到卧内，遂褰帷，琦起坐問：「誰何？」曰：「某來殺諫議。」「誰遣汝來？」曰：「張相公。」琦復枕曰：「汝携我首去。」曰：「某不忍，願得諫議金帶足矣。」取帶而去。明日，不復治其事。俄守陴卒報城櫓上得金帶，乃納之。或曰初不治此事爲得體，卒受其帶，墮奸人計中，琦歎非所及。延安刺客，蓋張元所遣也。元嘗以詩干琦，琦不納，遂投西夏。迨王師失律于好水川，元題詩于界上寺云：「夏竦何曾聳，韓琦未是奇。滿川龍虎輩，猶自説兵機。太師、尚書令兼中書令張元從大駕至此。」其不遂如此。

當二人之初入西夏也，事聞，詔徙其族于房州，譏察出入，〔一〕飢寒且死。知州陳希亮上言曰：「張、吴事虚實不可知，誠有之，二人終不顧家，徒堅其爲賊耳。此又皆其疏屬，無罪。」詔釋之。既而復賜其家錢米以反間之，改隨州以羈縻之。〔二〕二人乃間使諜者矯中國詔釋之，未有知者。後乃聞西人臨境，作樂迎此二家而去。自是，邊帥始待士矣。

元嘗有詩咏雪曰：「七星一作「五丁」。仗劍攪天池，一作「決雲霓」。倒捲一作「直取」。銀河落地機。一作「下帝畿」。戰敗一作「退」。玉龍三百一作「十」。萬，斷一作「敗」。鱗殘甲一作「風卷」。滿天飛。」白鷹曰：「有心待搦月中兔，更向白雲頭上飛。〔三〕」鸚母曰：〔四〕「好著金籠收拾取，〔五〕莫教飛去別人家。〔六〕」其怪譎皆類是。同時，姚、吴亦有詩。嗣宗嘗題崆峒山寺壁，山在兩界間，詩曰：「南粤干戈未息肩，〔七〕五原金鼓又轟天。〔八〕崆峒山叟笑無語，〔九〕飽聽松聲春晝眠。〔一〇〕」述懷曰：「大開雙白眼，只見一青天。」又曰：「踏破賀蘭石，〔一一〕掃除〔一二〕一作「空」。西海塵。布衣能效死，一作「辦此」。可惜作窮鱗。」韓琦聞之大驚，〔一三〕顧謂僚屬曰：「此人若不收拾，又一張元矣。」薦試大理評事。

蓋自景祐以後，羌人叛，詔遣士獻方略，皆得官。或有無名氏題關西驛舍曰：「孤星熒熒照寒野，漢馬蕭蕭五陵下。廟堂不肯用奇謀，天子徒勞聘賢者。萬里危機入燕薊，八方殺氣衝靈夏。逢時還似不逢時，已矣吾生真苟且。」此殆亦張、吴之流歟？既而一庸生張某，亦堂堂人，蝟髯黑面，頂青巾，衣緇裘，持一詩，代刺謁杜衍。有「長安有客面如鐵，爲報君王早築臺」之句，衍亦異之，奏補乾祐一尉，而胸中無一物，未幾，以贓去任。

嘉祐二年春三月，以翰林學士歐陽修知貢舉。始以貢士殿試黜落，積忿降元昊，大爲中國之患，自是殿試遂免黜落。

西夏紀事本末卷九

校記

〔一〕譏：宋史卷二九八陳希亮傳作「幾」。

〔二〕隨州：原作「隋州」，據容齋三筆卷一一改。

〔三〕有心待搦月中兔更向白雲頭上飛：類説卷五七作：「有心待捻月中兔，故向天邊飛白雲。」

〔四〕鸚母：容齋三筆卷一一作「鸚鵡」。
〔五〕著：能改齋漫録卷一一作「置」。
〔六〕去：貴耳集卷中作「入」。
〔七〕南粤：錦繡萬花谷前集卷二四、續湘山野録作「百越」。
〔八〕五原：錦繡萬花谷前集卷二四、續湘山野録作「九原」。
〔九〕笑無語：錦繡萬花谷前集卷二四、續湘山野録、耆舊續聞卷六作「笑不語」，能改齋漫録卷一一作「笑相話」。
〔一〇〕飽聽松聲春晝眠：錦繡萬花谷前集卷二四作「静聽松風白日眠」，耆舊續聞卷六作「静聽松風飽晝眠」，續湘山野録作「静聽松風春晝眠」。
〔一一〕破：貴耳集卷中、續湘山野録、類説卷五七、漁隱叢話前集卷五四、詩人玉屑卷一〇引西清詩話等皆作「碎」。
〔一二〕掃除：容齋三筆卷一一作「掃清」。
〔一三〕韓琦：容齋三筆卷一一作「范文正公」。

西夏紀事本末卷十

烏程張鑑春治甫著

元昊僭逆

西平王趙德明凡娶三姓，衛慕氏生元昊，咩迷氏生成遇，訛藏屈懷氏生成嵬。元昊小名嵬理，〔一〕羌語謂惜爲「嵬」，富貴爲「理」。性凶鷙猜忍，然多大略，善繪事，能創制物始。圓面高準，長五尺餘。曉浮屠學，通蕃漢文字。案上置法律書，嘗携野戰歌、太一金鑑訣。〔二〕既長，忽引兵襲夜洛隔，其可汗自焚，乃俘其妻孥以歸，遂奪甘州。自是益喜戰，時天聖六年也。〔三〕

德明雖臣事中國及契丹，然于本國則稱帝。祥符中，①已嘗追尊其父繼遷爲太祖應運法天神智仁聖至道廣德光孝皇帝，廟號武宗。②既以元昊襲破回鶻，遂立爲皇太子。太子數諫德明無臣中國，德明輒戒之曰：「吾用兵久，終無益，徒自疲耳。吾族三十年不被皮毛而衣錦綺之衣，此宋恩也，不可負。」元昊曰：「衣皮毛，事畜牧，蕃性所使。英雄之生，當霸王耳，何錦綺爲！」德明又嘗以馬博易于中國，怒其人息微，欲殺之。時元昊方十餘歲，諫曰：「以馬資鄰國已失計矣，今更以貨殺邊人，則誰肯爲我用乎？」曹瑋在定武，聞其言曰：「此子欲用其人矣，是必有異志。」異日德明死，此子爲邊患必矣。」後直王罽知河南府，瑋以爲言，至是果驗。元昊既陷甘州，復舉兵攻拔西凉府。

天聖七年，劉平授忻州團練使，屢上封事，言趙元昊連姻耶律，必爲邊患。授邠寧、環慶副總管，遣中人就賜黄金一器。

明道元年冬十一月，德明薨。③延州以聞，詔輟朝三日，命度支員外郎朱昌符爲祭奠使，賻絹甚厚。帝與皇太后爲德明成服苑中，百官奉慰。

癸巳，以元昊爲檢校太師、兼侍中、定難軍節度使、西平王，命司封員外郎楊告爲旌節官告使。〔四〕制曰：④「胙土受氏，維王所以褒有功；建國承家，非賢不能保厥世。乃眷西陲之守，方疇外禦之勞。式涓剛辰，庸告列位。故定難軍節度、夏銀綏宥静等州管内觀察處置押蕃落等使、開府儀同三司、檢校太師、守太傅、尚書令、持節都督夏州諸軍事、行夏州刺史、上柱國、夏王、食邑二萬一千户、食實封七千户，趙德明男元昊，器懷英達，義節堅明，孝恭盡于事親，恩信長于禦衆。惟乃先正奉于本朝，嘉捍難于邊衡，賜同姓于宗籍，象賢繼世，爾實宜之。於戲！書盟府之勛，既載山河之誓；瞻元侯之略，豈無弓矢之傳。尚體顧懷，勿忘欽率。可特授特進、檢校太師兼侍中、持節都督夏國諸軍事、夏州刺史、充定難軍節度使、夏銀綏宥静等州管内觀察處置押蕃落等使、上柱國、西平王、食邑六千户、食實封一千户，仍賜推忠保順亮節翊戴功臣。」使者至其國中，元昊遷延遥立，屢促之，然後至前受詔，及拜起，顧其左右曰：「先王大錯，有國如此，而乃臣屬于人。」設席自尊大，告命徙坐即賓位，不爲屈。既而饗告于廳事，其東屋後若有千百人鍛聲，告陰知其必叛，還朝秘不敢言。

元昊既襲，即陰爲叛計。時改元明道，而元昊避父名，輒稱「顯道」于國中。始明號令，凡六日、九日則見官屬。仿中國置文武班，立蕃、漢學，自中書令至宰相、樞密使以下皆命蕃漢人爲之，以衣冠采色别士庶貴賤。每舉兵，必率酋豪與獵，有獲，則下馬環坐飲，割鮮而食，各問所見，擇取其長。

西夏舊俗，凡出兵先卜。卜有四。一、炙勃焦。以艾灼羊髀骨，卜師謂之「斯乩」，必定切。視其兆謂之「死跋焦」。其法，兆之上爲神明，近脊處爲坐位。坐位者，主位也。〔五〕近傍處爲客位。蓋西戎之俗，所居正寢常留中一間，以奉鬼神，不敢居，謂之「神明」，主人乃坐其傍，以此占主客、勝負。二、擗算。〔六〕擗竹于地以求數，若揲蓍然。三、咒羊。先咒粟以食羊，羊食其粟，則自搖其首。其夜牽羊焚香禱之，又焚穀火于野。次晨屠羊，視其五臟，羊腸胃通則吉，羊心有血則敗，謂之「生跋焦」。四、矢擊弦。聽其聲，知勝負及敵至之期。病者不用醫藥，召巫者送鬼。西夏語以「巫」爲「厮也」〔七〕。或遷他室，謂之「閃病」。喜報仇。有喪則不伐，人負甲葉于背識之。仇解，用鷄、猪、犬血和酒，貯于髑髏中飲之，乃誓曰：「若復報仇，穀麥不收，男女禿癩，六畜死，蛇入帳。」有力小不能復仇者，集壯婦，享以牛羊、酒食，趨仇家縱火，焚其廬舍。俗曰敵女兵不祥，輒避去。訴于官，官擇舌辯氣直之人爲和斷官，聽其屈直。殺人者，納命價錢百二十千。

景祐元年春正月，元昊寇府州。

夏六月乙丑，府州言元昊自正月後數入寇，詔并州部署司嚴兵備之。

秋七月。先是，慶州柔遠寨蕃部巡檢嵬通領兵入夏州，〔八〕攻元昊後橋新修諸堡，破之。

是月，元昊率萬餘衆寇慶州，稱復仇。緣邊都巡檢楊遵與柔遠寨監押盧訓以騎七百戰于龍馬嶺，〔九〕敗績。環慶路都監齊宗矩、走馬承受趙德宣、寧州都監王文援之，次節義峰。通事蕃官言蕃部多伏兵，不可過濠，宗矩不聽，伏兵發，宗矩被執。久之，以宗矩還。

八月庚申，徙知定州、龍神衛四廂都指揮使劉平爲環慶路副都部署。平嘗言：「臣在陝西，見元昊車服僭竊，勢且叛矣，宜嚴備之。」及是，帝戒之曰：「知卿有將略，故委以邊寄，〔一〇〕卿其勉之。」加賜錢百萬。

冬十月，元昊自襲位。爲反計，多招納亡命，峻誅殺，以兵法勒諸羌。始衣白窄衫，氈冠，冠紅裏，頂後垂紅結綬。自號嵬名吾祖。初制禿髮令。元昊先自禿髮，乃令國人皆禿髮，三日不從令，許衆殺之。其冠用金縷帖，間起雲、銀紙帖，緋衣，金塗銀帶，佩蹀躞、解錐、短刀、弓衣，〔一一〕穿鞾，耳重環，紫旋襴六襲。〔一二〕出入乘馬，張青蓋，以二旗前引，〔一三〕從者百餘騎。民庶衣青緑。

民年十五爲丁。有二丁者，取一爲正軍，負擔雜使。〔一四〕一人爲抄，四丁爲兩抄，餘人得射它丁，皆習戰鬥。正軍馬、駝各一，每家自置一帳。團練使上，帳、弓、矢各一，馬五百疋，橐駝一，旗鼓五，槍、劍、棍棓、粆袋、雨氈、渾脱、鍬、钁、箭牌、鐵笊籬各一。刺史以下，人各一駝，箭三百，毛幕一。餘兵三人共一幕。有礮手二百人，號「潑喜」。勇健者號「撞令郎」。齎糧不過一旬。晝則舉煙、揚塵，夜則篝火爲候。若獲人馬，射之，號曰「殺鬼招魂」，或射草縛人。出軍用單日，避晦日。多立虛寨，設伏兵。衣重甲，乘善馬。以鐵騎爲前鋒，用鈎索鉸聯，雖死馬上不落。地本產刀，古製爲大環，以纏龍爲之，而其首類鳥，解者曰此赫連勃勃所鑄龍雀刀，所謂「大夏龍雀」者也。种世衡築青澗城，掘地得之，以問劉原甫，云：「興州又出良弓，每張值數百千，邊人嘗買以獻童貫。」

土產大麥、蓽豆、青稞、床子、古子蔓、鹹地蓬實、蓯蓉苗、小蕪荑、席鷄草子、地黃葉、登厢草、沙葱、野韭、拒灰蓨、白蒿、鹹地松實。又有竹牛，重數百斤，角甚長而黃黑相間，用以製弓極佳，尤且健勁。其近弛黑者謂之「後醮」，近稍、近弝俱黑而弓面黃者，謂之「玉腰」。夏人嘗雜犀角以市焉，人莫有知。

是歲春，始寇西邊，殺掠居人，下詔約束之。元昊居國中，僭益甚，私改元曰開運。既逾月，人或告以石晉敗亡年號也，乃更廣運，即以是年改廣運元年。母衛慕氏之族人山喜者，謀殺元昊。事覺，元昊進毒酖其母殺之，沈山喜之族于河。遣使來告哀，詔起復，以閤門祗候王用中爲致祭使，〔一五〕兵部員外郎郭勸爲吊賻兼起復官告使。元昊賂遺勸等百萬，勸悉拒不受。屯田員外郎張亢者，奎弟也。豪邁有奇節，嘗通判鎮戎軍。亢聞德明死後，元昊喜誅殺，其勢必難制，宜亟防邊，論西北攻守之計，章數十上。

十二月癸酉，趙元昊獻馬五十匹，求佛經一藏，賜之。

三年，元昊自制蕃書，命野利仁榮演繹之，成十二卷。⑤形體方整類八分，而畫頗重複，又若符篆。譯孝經、爾雅、四字雜字爲蕃語。〔一六〕先是，其徒有遇乞者，造創蕃書，獨居一樓上，累年方成，至是獻之。元昊乃改廣運三年爲大慶元年，制衣冠、禮樂，下令國中紀事悉用蕃書、胡禮。再舉兵攻回紇瓜、沙、肅三州，〔一七〕盡有河西故地。〔一八〕

四年，元昊既悉有夏、銀、綏、静、宥、靈、鹽、會、勝、甘、凉、瓜、沙、肅，而洪、定、威、懷、〔一九〕龍皆即舊堡鎮改號爲州。改甘州路爲鎮夷郡，又立宣化府，改靈州爲翔慶軍，又于山丹州置甘肅軍。仍居興州，阻河依賀蘭山爲固，地方萬里。有兵五十萬八千五百人。〔二〇〕得中國無藝者，使耕于河。

是歲，始大補僞官，以嵬名守全、〔二一〕張陟、楊廓、〔二二〕徐敏宗、張文顯輩主謀議，鐘鼎臣典文書，成逋克成賞都輩主兵馬，〔二三〕野利仁榮主蕃學。設十六司，以總庶務。又置十八監軍司，〔二四〕委酋豪分統其衆。自河北至卧囉娘山萬人，〔二五〕以備遼人。河南洪州、白豹、安鹽州、羅落、天都、惟精山五萬人，〔二六〕以備環慶、鎮戎、原州。左廂宥州路五萬人，以備鄜延、麟府。右廂甘州路三萬人，以備西蕃、回紇。賀蘭駐兵五萬人，靈州五萬人，興州興慶府七萬人爲鎮守。總五十餘萬。⑥而苦戰倚山訛。山訛者，横山羌，夏兵柔脆不及也。選豪族善弓馬五千人迭直，號六班直，月給米二石。鐵騎三千，分十隊，皆選部下驍勇，用以自衛。隊各有長：一、妹勒；二、浪遇移；三、細賞者埋；四、五里奴；五、雜熟屈則鳩；六、隈才浪羅；七、細母屈勿；八、李訛移岩名；九、細母嵬名；十、没羅埋布。每出入，前後環擁，設備甚嚴。發兵則以銀牌召酋長，面受約束。〔二七〕其左右廂諸酋，亦各選精騎，爲生剛捉生，有野利、剛浪崖、遇乞三將，尤號爲謀勇。

麟州府，在黄河西古雲中之地，乃蕃漢雜居，黄茆土山，高下相屬，極目四顧，無十步平坦。廨舍廟宇，覆之以瓦，民居用土，止若柵焉。架險就中，重復不定。上引瓦爲溝，雖大澍亦不浸潤。其梁、柱、榱、題，頗甚華麗。城邑之外，穹廬窟室而已。人性頑悍，不循禮法。公事惟吏稍識古就，除兹而下，莫吾知也。俗輕生重死，任性忘義。凡育女稍長，靡由媒妁，暗有期會，家不之問。情之至者，必相挈奔逸于山岩掩映之處，并首而卧，紳帶置頭，各悉力緊之，倏忽雙斃。一族方率親屬尋焉，見不哭，謂男女之樂，何足悲悼。用綵繒都包其身，外裹之以氊，椎牛設祭，乃以其草密加纏束，然後擇峻嶺，架木爲高丈，呼爲「女栅」。遷尸于上，云于飛升天也。二族于其下擊鼓飲酒，盡日而散。

寶元元年春正月癸卯，元昊請遣人供佛五臺山，乞令使臣引護，并給館券，從之。元昊實欲窺河東道故也。

秋九月己酉，鄜延路鈐轄司言，元昊從父山遇遣人來約降，詔勿受。初，元昊自五臺還，悉會諸豪，刺臂血和酒，置髑髏中共飲之，約先攻鄜延，自德靖、〔二八〕塞門寨、赤城路三道并入。酋豪有諫者，輒殺之。山遇數止，元昊不聽。山遇畏誅，遂挈妻子來降。時已被詔，知延州郭勸與鈐轄河陽李渭遣山遇還，山遇不可，即命監押韓周執山遇等械，錮送元昊，示朝廷不疑之意。元昊集騎射而殺之，并戮其族無遺類。由是，西人怨懼，向化之心絶矣。時元昊自稱烏珠舊作「兀卒」。已數年矣，既殺山遇，遂謀僭號。

冬十月甲戌，元昊用其黨楊守素之謀，築壇受册，僭號大夏始文英武興法建禮仁孝皇帝，〔二九〕改大慶三年爲天授禮法延祚元年。追謚其祖繼遷曰神武皇帝，廟號太祖；父德明曰光聖皇帝，廟號太宗。點兵蓬子山，遣使奉表，以僭號來告，納旌節敕告。

十二月，鄜延路鈐轄司言元昊反，詔陝西沿邊舊與元昊界互市處皆禁絶之。〔三〇〕

丁丑，詔有能捕元昊所遣刺探事者，賞錢十萬。

二年春正月。初，元昊遣使稱僞官抵延州。郭勸、李渭留其使，具奏曰：「元昊雖僭中國名號，然閱其表函尚稱臣，可漸以禮屈，願與大臣熟議。」詔許使者赴京師。其表曰：「臣祖宗本自帝胄，後魏赫連之舊國，拓跋之遺業也。當東晋之末運，創後魏之初基。遠祖思恭，當唐季率兵拯難，受封賜姓。祖繼遷，心知兵要，手握乾符，大舉義旗，悉降諸部。臨河五郡，不旋踵而歸；沿邊七州，悉差肩而克。父德明，嗣奉世基，勉從朝命。三十年邊情善守，五千里職貢常輸。臣偶以端閒，輒生狂斐，制小邦文字，改大宋衣冠，革樂之五音爲一音，〔三一〕裁禮之九拜爲三拜。衣冠既就，文字既行，禮樂既張，器用既備。吐蕃、達靼、張掖、交河，莫不從服。稱王則不喜，朝帝則是從。輻湊屢期，山呼齊舉。伏願一垓之土地，建爲萬乘之邦家。〔三二〕于是再讓靡遑，群集又迫，事不得已，〔三三〕顯而行之。遂以十月十一日郊壇備禮，爲世祖始文本武興法建禮仁孝皇帝，國稱大夏，建元天授。曆運在兹，軍民同請。伏望皇帝陛下，許以西郊之地，册爲南面之君。敢竭庸愚，常敦歡好。魚來雁往，任傳鄰國之音；地久天長，永鎮邊方之患。至誠瀝懇，仰俟帝俞。謹遣使奉表以聞。」

甲寅，元昊使者將歸，不肯受詔及賜物。樞密院議數日不决，王德用、陳執中欲執之，盛度、張觀不可。卒遣之，但却其獻物。韓周復送至境上。既而邊界傳元昊露布，有「朕欲親臨渭水，直據長安」之語，蓋張元所作也。

夏六月，削趙元昊官爵，除去屬籍。

壬午，詔曰：⑦「昔苗民弗懷，首罹虞竄。郅支自立，終伏漢誅。蓋犯順者無赦于國章，除殘者罔限于荒服。炳焉通誼，疇或敢踰。趙元昊戎漢餘妖，邊關小種，性含虺毒，志負狼貪。昏頑表于稚年，傲悖成于壯齒。曩者德明即世，西夏控哀，朝廷録守方之忠，憫稱慈之禮。拔于童孺，付以節旄，名襲真王，寵視同姓。金絮有秩，絡繹以周其窮；關市弗譏，貿遷以通其貨。假我明命，取重諸羌，固當竭犬馬之勤，效涓埃之報，克守先業，以稱大恩。而背惠反常，毁忠蔑信，僭舉國號，扇惑蕃渠。跳梁井蛙之涯，旅拒秋螳之轍。公遣軍校，冒服使車，列牘自陳。欺天罔畏，既張逆節，合舉明刑。朕深憐舊勛，特加涵覆，横遏群議，密賜手書。貸其方命之愆，開以自新之路。護送來介，俾還穹居。庶遷善而革音，終恃遠而迷復。至敢驅率配隸，攘竊塞民，〔三四〕騰告文符，誘誑區落。〔三五〕而朝臣列奏，邊吏抗詞，願舉偏師，往平狡穴，趣梟稱亂之首，以正不廷之辜。朕載念一夫肆狂，餘衆何罪？況元昊脅從濟欲，濫殺逞威，名酋外奔，諸帳懷貳。苟戈鋋并進，則玉石奚分，且俾列于購科，止用取其魁惡。元昊在身官爵，并宜削奪，仍令宗正寺除去屬籍。惟彼諸部，素奉本朝，迫此奸凶，遂其詿誤。儻能結黨歸義，執賊建功，必當昭洗前污，申明厚賞。國有信誓，炳如丹青。應賞募科格，并委中書門下詳爲條件，以時布告，庶體朕懷。」

因絕互市，揭榜于邊，募能生擒元昊及斬首來獻者，即以爲定難節度使。元昊界蕃漢職員，能率族歸順者，等第推恩。時呂許公夷簡在大名，聞之驚曰：「謀之誤矣。」立削奏曰：「前代方鎮叛命，如此詰誓，則有之矣，非所以禦戎狄也。萬一反有不遜之言，得無損國體乎？」朝廷方改之，已聞有指斥之言矣。元昊爲患既劇，朝廷降詔購募賊中僞署名職，至卑如理移香者，〔三六〕詐輸歸款。朝廷重其封禄，至以郡王待之，亦終不至，賊黨益固矣。

秋九月，鄜州通判富弼上疏曰：「聞去年十二月元昊反，衆皆謂之忽然，臣則知其有素。昔元昊嘗勸德明勿事中朝，德明以力未盛，不用其謀，豈有身自繼立而不行其說耶？一也。自與通好，略無猜情，門市不譏，商販如織，山川之險夷，國用之虛實，莫不周知。又比來放出宮女，任其所如，元昊重幣納之左右，朝廷之事、宮禁之私皆所窺測。二也。西鄙地多帶山，馬能走險，瀚海彌遠，水泉不生，王旅欲征，軍次不給。窮討則遁匿，退保則襲追。元昊恃此艱險，得以猖狂。三也。朝廷累次使，元昊多不致恭，雖相見之初，暫禦臣下之服，而退出之後，便具帝者之儀。四也。頃年，靈州屯戍軍校鄭美奔戎，德明用之持兵，朝廷終失靈武。元昊早蓄奸險，務收豪傑，故不第舉子，數人自投于彼。元昊或授以將帥，或任以公卿，倚爲謀主。五也。元昊援契丹爲親，緩則指爲聲勢，急則假其師徒，至有犄角爲奇，首尾相應。彼若多作牽制，我則困于分張。六也。元昊所遣使者，部從儀物如契丹，而詞甚倨。聞元昊遣使，多擇勇悍難制强辯自高者，謂必不敢加誅，此必元昊腹心自請行者，宜出其不意，斬之都市，少折其謀。」

冬閏十二月，元昊又遣賀永年齎嫚書，〔三七〕納旌節及所授敕告并所得敕牓置神明匣，留歸娘族而去。

校記

〔一〕嵬理：此同宋史卷四八五夏國傳、文淵閣四庫本宋史全文卷七上。長編卷一一一明道元年（一〇三二）十一月壬辰條作「崖埋」，隆平集卷二〇作「崖塊」。聶鴻音從宋史夏國傳譯音二題看西夏語輔音韵尾問題一文認爲「理」當作「埋」。

〔二〕太一金鑑訣：此同治迹統類卷七康定元昊擾邊、遼史卷一一五西夏外記。宋史卷四八五夏國傳、長編卷一一一明道元年（一〇三二）十一月壬辰條作「太乙金鑑」。又，遼史西夏外記記觀太一金鑑訣者爲德明而非元昊。四庫館臣以爲元昊携太乙金鑑即唐朝王希明撰太乙金鏡式經。

〔三〕六年：德明遣子元昊拔甘州事當在天聖元年（一〇二三）。此同宋史卷四八五夏國傳繫於天聖六年（一〇二八），「六」乃「元」之訛字。參見湯開建著党項西夏史探微，第四二八頁至四三二頁。

〔四〕楊告：原作「楊吉」，據長編卷一一一明道元年（一〇三二）十一月癸巳條，宋史卷三〇四楊告傳、卷四八五夏國傳改。下同。

〔五〕主位：原作「王位」，據下文、夢溪筆談卷一八改。

〔六〕搚算：原作「搚竹」，據宋史卷四八六夏國傳、遼史卷一一五西夏外記改。

〔七〕斯也：聶鴻音撰漢文史籍中的西羌語和党項語一文認爲，疑「斯也」爲「斯乜」之形訛。

〔八〕嵬通：此同治迹統類卷七康定元昊擾邊、宋史卷四八五夏國傳。長編卷一一五景祐元年

（一〇三四）七月乙卯條作「嵬逋」。

〔九〕寨：原作「塞」，據長編卷一一五景祐元年（一〇三四）七月乙卯條、宋史卷四八五夏國傳及江蘇本改。

〔一〇〕寄：原作「宗」，據長編卷一一五景祐元年（一〇三四）七月庚申條、治迹統類卷七康定元昊擾邊及江蘇本改。

〔一一〕弓衣：此同長編卷一一五景祐元年（一〇三四）十月丁卯條、宋史卷四八五夏國傳。遼史卷一一五西夏外記作「弓矢」。

〔一二〕六襲：此同遼史卷一一五西夏外記。長編卷一一五景祐元年（一〇三四）十月丁卯條、宋史卷四八五夏國傳無此二字。

〔一三〕二旗：此同宋史卷四八五夏國傳。長編卷一一一明道元年（一〇三二）十一月壬辰條作「二騎」。

〔一四〕負擔：此同隆平集卷二〇夏國傳、遼史卷一一五西夏外記。彭向前撰讀史札記五則之釋「負贍」一文認爲當作「負贍」，第一五一頁至一五二頁。

〔一五〕王用中：長編卷一一五景祐元年（一〇三四）十月丁卯條、宋史卷四八五夏國傳均作「王中庸」。

〔一六〕四字：原作「四子」，宋史卷四八五夏國傳作「四言」。江蘇本作「四字」，據改。

〔一七〕肅：原作「蘭」，據長編卷一一七景祐三年（一〇三六）十二月辛未條、宋史卷四八五夏國傳改。

〔一八〕河西：原作「河南」，據長編卷一一九景祐三年（一〇三六）十二月辛未條改。

〔一九〕懷：此同長編卷一二〇景祐四年（一〇三七）十二月癸未條。宋史卷四八五夏國傳無此字。

〔二〇〕五十：原作「十五」，據下文、宋史卷四八五夏國傳改。又，長編卷一二〇景祐四年（一〇三七）十二月癸未條載西夏兵「總三十餘萬」。

〔二一〕嵬名守全：此同中華本長編卷一二〇景祐四年（一〇三七）十二月癸未條、宋史卷四八五夏國傳。文淵閣四庫本長編卷一二〇景祐四年十二月癸巳條作「威明碩統」。聶鴻音撰從宋史夏國傳譯音二題看西夏語輔音韵尾問題一文認爲，「全」當作「仝」。

〔二二〕楊廓：長編卷一二〇景祐四年（一〇三七）十二月癸未條、宋史卷四八五夏國傳作「楊廓」。

〔二三〕都：長編卷一二〇景祐四年（一〇三七）十二月癸未條、宋史卷四八五夏國傳此字下有「卧㕘如定多多馬竇惟吉」十字，各本標點互異。

〔二四〕十八監軍司：此同長編卷一二〇景祐四年（一〇三七）十二月癸未條、綱目備要卷一〇。宋史卷四八五夏國傳作「十二監軍司」。史金波、聶鴻音、白濱譯注天盛改舊新定律令卷一〇司序行文門載，西夏仁宗天盛年間（一一四九至一一六九）監軍司有十七個，包括石州、東院、西壽、韋州、卓囉、南院、西院、沙州、囉龐嶺、官黑山、北院、年斜、肅州、瓜州、黑水、北地中、南地中。

〔二五〕萬：長編卷一二〇景祐四年（一〇三七）十二月癸未條、宋史卷四八五夏國傳作「七萬」。

〔二六〕惟：原作「韋」，據長編卷一二〇景祐四年（一〇三七）十二月癸未條、宋史卷四八五夏國傳改。

〔二七〕面受約束：此同文淵閣四庫本長編卷一二〇景祐四年（一〇三七）十二月癸巳條、宋史卷四八五夏國傳。中華本長編卷一二〇景祐四年十二月癸未條作「而受約束」。

〔二八〕德靖：原作「靖德」，據長編卷一二二寶元元年（一〇三八）九月己酉條、宋史卷八七地理志乙正。

〔二九〕英：此同長編卷一二二寶元元年（一〇三八）冬十月甲戌條、東都事略卷一二七西夏傳、治迹統類卷七康定元昊擾邊。本卷下文及宋史卷四八五夏國傳、涑水記聞卷九又作「本」。

〔三〇〕陝西：長編卷一二二寶元元年（一〇三八）十二月甲戌條此二字下有「河東」。

〔三一〕五音爲一音：文淵閣四庫本治迹統類卷七康定元昊擾邊作「革樂之八章爲五音」，江蘇廣陵古籍刻印社本作「革樂之五章爲一音」，聞見近録作「乞五音爲六」。參見孫星群著西夏遼金音樂史稿第八章「革樂之五音爲一音」解。

〔三二〕邦家：原作「邦君」，據長編卷一二三寶元二年（一〇三九）正月辛亥條、宋史卷四八五夏國傳改。

〔三三〕事：此字原脱，據宋史卷四八五夏國傳、涑水記聞卷九補。

〔三四〕竊：原作「切」，據宋大詔令集卷二三三及江蘇本改。

〔三五〕誘：原作「訛」，據宋大詔令集卷二三三改。

〔三六〕理：江蘇本作「埋」。

〔三七〕賀永年：此同治迹統類卷七康定元昊擾邊、宋史卷四八五夏國傳、通鑑續編卷六。長編卷一二五寶元二年（一〇三九）閏十二月是月條、宋史全文卷七下作「賀九言」，長編卷一三九慶曆三年（一〇四三）二月乙卯條載范仲淹等言、諸臣奏議卷一三三上仁宗論元昊請和不可許者三大可防者三（范仲淹撰）等亦言元昊使者名「賀九言」。

注釋

①祥符：宋真宗年號大中祥符的省稱。

②據宋史卷四八五校勘記一二，德明追尊繼遷事繫於大中祥符五年（一〇一二）疑有舛誤。西夏書事卷一〇繫德明追尊繼遷事於大中祥符九年（一〇一六）夏五月，不知何據。又，西夏書事卷一二載，元昊謚祖保吉即李繼遷曰神武皇帝，廟號太祖。德明與元昊追謚繼遷，謚號、廟號皆不同。且德明追謚繼遷在先，元昊追謚亦不知何據。

③德明死期，隆平集卷二〇夏國傳載卒於「天聖中」，宋史卷四八五夏國傳載卒於天聖九年（一〇三一）十月，夢溪筆談卷二五載卒於「景祐中」。考治迹統類卷七康定元昊擾邊，綱目備要

卷九，近事會元卷五，宋史卷一〇仁宗本紀、卷一二四禮志，遼史卷一八興宗本紀、卷一一五西夏外記，長編卷一一一明道元年（一〇三二）十一月壬辰條，均載德明卒於宋仁宗明道元年十一月，當是。

④ 此詔令即宋大詔令集卷二三三趙元昊靜難軍節度西平王制。

⑤ 關於西夏文字的創制時間及創制者，宋、元文獻記載互異。創制時間有兩説：遼史載爲在夏太宗德明時期（一〇〇三至一〇三二）；長編、隆平集、夢溪筆談、宋史載爲在夏景宗元昊立國之時。創制者有四説：長編卷一一九景祐三年（一〇三六）十二月辛未條、隆平集卷二〇夏國傳載爲元昊；夢溪筆談卷二五載爲元昊徒遇乞；宋史卷四八五夏國傳載爲元昊創制後，令其臣野利仁榮演繹之；而遼史卷一一五西夏外記載爲德明。據西夏文文獻妙法蓮華經序、至聖先師頌等載，遼史記載顯誤。學界較爲認同宋史夏國傳之説。參見史金波著西夏社會第十章文化教育第一節語言、文字和文獻，第三五二頁至第三五七頁；李範文主編西夏通史第十一章西夏的文化第二節語言文字，第五五九頁至第五六三頁；李錫厚、白濱著遼金西夏史第十四章西夏的宗教與文化第二節西夏文化，第五九五頁至第五九六頁。

⑥ 關於西夏國軍隊總人數，宋史卷四八六夏國傳載元昊時西夏軍隊人數「總五十餘萬」。長編卷一二〇景祐四年（一〇三七）十二月癸未條統計作「總三十餘萬」，各分項數據之合實爲三十七

萬。十朝綱要卷五作「十有餘萬」。隆平集卷二〇夏國傳載「在德明時兵十餘萬而已，曩宵之兵逾十五萬」。東都事略卷一二七西夏傳載「曩霄有兵十五萬八千五百人」。宋臣對西夏軍隊人數的估計也有不同説法。尹洙河南先生文集卷二三按地圖：「元昊七州之地，兼党項之衆，計其兵不過十餘萬。」呂陶浄德集卷一九慮邊論二：「今西夏之兵不滿二十萬。」由於文獻記載互異，學界對此也莫衷一是。參見王天順主編西夏戰史第二章西夏的戰爭機制，陳炳應著貞觀玉鏡將研究之壹貞觀玉鏡將及西夏兵制研究西夏的軍事體制，李華瑞著宋夏關係史第五章宋夏戰争論(上)，胡若飛著西夏軍事制度研究第三章軍制個案考。

⑦此詔令即宋大詔令集卷二三三削趙元昊官爵除去屬籍詔。

西夏紀事本末卷十一

烏程張鑑春治甫著

三川之衄〔一〕

寶元元年冬十二月己卯，以奉寧節度使、知永興軍夏竦爲涇原、秦鳳安撫使，振武軍節度使、知延州范雍兼鄜延、環慶安撫使，經略夏州。時元昊反書聞，朝廷即議出兵，群臣爭言小醜可即誅滅，吴育獨言不然。

二年春三月丙午，元昊爲書及錦袍、銀帶投鄜延境上，以遺金明李士彬，且約以叛。候人得之，諸將皆疑士彬。副都部署夏隨獨曰：「此行間耳。士彬與羌世仇，若有私約通贈遺，豈使衆知耶？」乃召士彬與飲，厚撫之，士彬感泣。不數日，果擊賊，取首馘、羊馬自效。

丙寅，知永興軍夏竦諫西鄙事，上奏曰：「繼遷當太宗時，逋逃窮蹙，而累歲不能剿滅。先帝惟戒疆吏，謹烽堠，嚴卒乘，來即逐之，去無追捕。然自靈武陷没、銀綏割棄以來，假朝廷威靈，其所役屬者，不過河外小羌耳。況德明、元昊相繼猖獗，以繼遷窮蹙，比元昊富實，勢可知也。以先朝累勝之士，較當今關東之兵，勇怯可知也。以興國習戰之帥，方今沿邊未試之將，工拙可知也。繼遷竄伏平夏，元昊窟穴河外，地勢可知也。若分兵深入，糗糧不支，進則賊避其鋒，退則敵躡其後，老師費糧，深可虞也。若窮其巢穴，須涉大河，長舟巨艦非倉卒可具。若浮囊挽綆，聯絡而進，我師半濟，賊乘勢掩擊，未知何謀可以捍禦。臣以爲，不較主客之利、不計攻守之便而議追討者，非良策也。天下久不見兵革，一日遽議深討，臣未知其全計也。願陛下令諸將，虜即入寇，毋得與戰。彼既絶中原賜與，又喪緣邊和市，可坐待其斃也。〔二〕因條上十事：一、教習强弩以爲奇兵；二、羈縻屬羌以爲藩籬；三、詔唃厮囉并力破賊；〔三〕四、度地勢險易遠近、寨栅多少而增減屯兵；五、詔諸路互相應援；六、募土人爲兵，以代東兵；七、增置弓手、壯丁以備城守；〔四〕八、并并邊小寨，以完兵力；九、聽關中民入粟贖罪，以贍邊計；十、損并邊冗兵、冗官以紓饋餉。朝廷多采用之。然是時邊臣多議征討，皆以竦爲怯。

秋七月戊午，夏竦移知涇州，與范雍各加兼經略使、馬步軍都總管，〔五〕并詔雍所至，察訪邊民利害及體量官吏能否。又命天章閣待制龐籍體量陝西。

冬十一月，夏人寇保安軍，巡檢指揮使狄青擊敗之。青初以善騎射，爲騎御散直，從西征，戰安遠諸寨，皆克敵。臨陣被髮帶銅面具，敵人望之如神，出入賊中，皆披靡莫敢當。至是，元昊寇保安軍，鄜延鈐轄盧守懃使青擊走之，以功加秦州刺史。帝欲召見，問以方略，會賊寇渭州，命圖形以進。上觀其儀表曰：「朕關、張也。」于是有「敵萬人」之稱。既而党項犯塞，時新募萬勝軍未習戰陣，遇寇多北。狄青爲將，一日盡取萬勝旗付虎翼軍，使之出戰。虜望其旗易之，全軍徑趨，爲虎翼所破，殆無遺類。又，青在涇原，嘗以寡當衆，度必以奇勝。預戒軍中盡捨弓弩，皆執短兵器。令軍中聞鉦一聲則止，再聲則嚴陣而陽却，鉦聲止則大呼而突之。士卒皆如其教。纔遇敵未接戰，遽聲鉦，士卒皆止，再聲，皆却。虜人大笑，相謂曰：「孰謂狄天使勇？」時虜人謂青爲「天使」。鉦聲止，忽前突之，虜兵大亂，相蹂踐死者不可勝計。前後二十五戰，中流矢者八，破金湯城，略宥州，屠嚨咩、歲香、〔六〕毛奴、尚羅等族，燔積聚數萬，收族帳二千二百、〔七〕生口五千七百。又城橋子谷，築長安保寨。〔八〕賊又以三萬騎圍承平寨，鄜延副部署、〔九〕祥符許懷德時在城中，率勁兵千餘人突圍破賊，賊乃解去。

党項有明珠族，首領驍悍，最爲邊患。种世衡爲將，欲以計擒之。聞其好擊鼓，乃造一馬持戰鼓以銀裹之，極華焕。密使諜者陽賣之，入明珠族。後乃擇卒數百人，戒之曰：「凡見負銀鼓自隨者，并力擒之。」一日，羌酋負鼓而出，遂爲世衡所擒。

康定元年春正月，元昊寇延州。初，夏人自承平退，聲言將攻延州。延州當夏人出入之衝，地闊寨疏，土兵寡弱，又無宿將。知延州范雍聞元昊且至，懼甚，請濟師，未報。而元昊詐遣其牙校賀真來言，願改過歸命。雍信之，遽聞于朝，厚禮真而遣之，遂不設備。元昊乃盛兵攻保安軍，自土門路入，聲言取金明寨。都監李士彬嚴兵待之。夜分不至，士彬解甲而寢。翌日，癸酉，掩至，士彬父子俱被禽。

士彬世守金明，〔一〇〕有兵近十萬，控扼中路，衆號鐵壁相公。元昊叛，遣使誘士彬，士彬殺之。元昊乃使其民詐降士彬，士彬白范雍，請徙置南方。雍曰：「討而禽之，孰若招而致之？」乃賞以金帛，使隸士彬。降者日至，分隸諸寨甚衆。元昊使其將每與士彬遇，不戰而走，曰：「吾士卒聞鐵壁相公，膽墜于地。」士彬益驕，又以嚴酷御下，多怨憤者。元昊陰以金爵誘其所部渠帥，往往受之，而士彬不知也。及賊騎大入，諸降者爲内應。士彬時在黄堆寨，聞賊至，索馬。左右以弱馬進，遂控以詣元昊，與其子懷寶俱陷没。雍初聞賊大舉，令士彬分兵守三十六寨，勿令賊得入。懷寶諫曰：「今當聚兵禦

寇，分則勢弱，不能支也。」士彬不從，懷寶力戰死。或曰，元昊得士彬，割其耳而不殺，後十年乃卒。〔一一〕

時乘勝抵延州城下。〔一二〕雍先以檄召鄜延、環慶副都部署劉平于慶州，使至保安，與鄜延副都部署石元孫合軍趨土門。及是，雍復召平、元孫還軍救延州，平得雍初檄，即率騎士三千發慶州，行四日，至保安，與元孫合軍趨土門，而雍後檄尋到，平、元孫遂引還。

乙亥，復至保安。平素輕賊，謂其下曰：「義士赴人之急，蹈湯火猶平地，况國事乎！」因遣騎先發，步兵繼進，晝夜倍道兼行。

丁丑，夜，至三川口西十里止營，〔一三〕令騎兵先趨延州爭門。平去延州方三十里，令軍士晚餐畢，列隊而行。至地名大柳樹，去延州二十里，忽有來使，俗謂「急脚子」者，宣狀且云：「范太尉傳語，已在東門奉候。然暮夜入門，恐透漏奸細，請竊放人馬，庶辨真僞。」二將唯諾，遂下據胡牀，躬撥隊伍，每一隊行及五里以來，又放一隊，將及一更以後，約放及五十隊矣。二將忽顧問急腳子，已失所在。二將大驚，遽起偵視，即云延州城上并無燈火，而前隊不知所之矣。二將知有變，遂整陣而前，至五龍川。去延州纔五里，人心稍安。忽四山鼓角鳴，埃煙陡合，蕃兵墻進。蓋西賊前一夕偷號入金明寨，故東北路斷，而賊兵壓境，以致二將于覆中，延州俱不知也。

時鄜延都監黄德和將二千餘屯保安北碎金谷，巡檢万俟政、郭遵分屯外境，雍皆召還爲援，平亦使人趣其行。詰旦，戊寅，德和、政、遵所將兵亦至，五將合步騎萬餘，結陣東行五里，平令諸軍齊進。至三川口，時平地雪深數寸，平與賊皆爲偃月陣相向。有頃，賊兵涉水爲横陣，遵退之。官軍争奮，殺賊騎五七百人。賊復蔽盾爲陣，官軍復擊却之，奪盾，殺獲及溺死者又八九百人，平左耳、右脛皆中流矢。日暮，戰士上首級及所獲馬論功，平曰：「戰方急，且自記之，悉當賞汝！」語未已，賊復以輕兵薄戰，官軍却引二十餘步。黄德和居陣後，望見軍却，率麾下走保南山，〔一四〕衆從之，皆潰。平遣其子宜孫馳追德和，執其轡，拜之曰：「當勒兵還，并力抗賊，奈何先奔？」德和不從，策馬遁，與宜孫皆赴甘泉。〔一五〕平遣軍校仗劍遮留，得千餘人，力戰拒賊，賊退還水東。平率餘衆保西南山，立七柵自固，距賊一里所。賊夜使人至柵，問主將所在，平戒軍士勿應。夜四鼓，賊環柵大呼曰：「幾許殘卒，不降何待？」平使人應之曰：「狗賊，汝不降，我何降也？明日救兵大至，汝衆庸足破乎？」

己卯，黎明，賊復招降，不從。賊酋舉鞭麾騎自山四出，合擊官軍，平與元孫巡陣東偏，賊衝陣分爲二，遂與元孫被執。初，郭遵言未識寇淺深，而果以行進，必敗，請止保安，先偵後進。平不聽，踐雪行數十里，寇僞爲雍使趣平戰，故敗。賊圍延州凡七日，及失二將，城中憂沮，不知所爲。有老軍校出自言曰：「虜人不善攻，卒不能拔，萬萬無虞！」范雍嘉其言壯，人心亦爲小安。會是夕大雪，賊解去，延州得不陷。蓋延州，故豐林縣城，赫連勃勃所築，人謂之「赫連城」，緊密如石，劚之皆火出，故易守而難攻也。當困急時，雍召通判計用章問策，用章曰：「用章屢獻修城壘、備器械之言矣，而公不用，今惟有一死以報國耳！然城中老幼無辜，皆公陷之至此，若令同爲血肉，是公上負天子、下負百姓。」雍怒，拂衣而起。至晚，又召用章問計，用章曰：「惟有死爾，尚何言！」會其夜雪大作，賊遂退。雍挾用章陷百姓之言，而誣以罪，用章遂竄雷州。至范仲淹經略延州，知用章以忠獲罪，奏雪于朝。

初，元昊既陷金明寨，遂攻安遠、塞門、永平等寨。永平寨主、監押初欲斂兵匿深山避敵，指揮使史吉帥所部數百遮城門，立于馬前曰：「兵則完矣，如城中百姓芻糧何！異日爲有司所劾，吉爲指揮，不免于斬，願先斬吉于馬前，不然，不敢以此兵從行也。」寨主、監押慚懼而返。敵至圍城，吉率衆拒守，卒。完城三月間。

延州之役，郭遵以西路都巡檢使屬劉平麾下，既與賊遇，馳馬入陣，殺傷數十人。賊出驍將楊言當遵，遵揮鐵杵破其腦，兩軍皆大呼，復持鐵槍挺進，所向披靡。會黃德和引兵先潰去，賊戰益急，遵奮擊，期必死。軍稍却，即覆馬以殿，又持大稍横突之。敵知不可敵，使人持拳索立高處迎遵馬，輒爲遵所斷，因縱使深入，攢兵注射之，中馬，馬踠仆地，被殺。于是特贈遵果州團練使。事聞，詔殿中侍御文彦博即河中置獄問狀，黄德和坐腰斬，仍梟首延安城下，范雍貶知安州，贈平、元孫官。黄德和之誣，訪問金明敗卒二人，自賊中逃還，云：「平等皆爲賊縛去，平在道不食，數罵賊云：『狗賊，我頸長三尺餘，何不速殺我？』」元昊既破金明寨，議修復其城，帥臣擁兵不即進，轉運使明鎬止領百餘騎，親督將士，一月而成。

四月戊申，延州金明縣都監張異、慶州東路都巡檢使万俟政、延州都監孟方，鄜延路指揮使高守忠、張達以戰殁，〔一六〕并贈官。

五月乙卯，贈金明都監李士彬暨子懷寶官。

秋七月，鄜延鈐轄張亢上言：「昨劉平救延州，前鋒軍馬陷賊寨者四，〔一七〕指揮平竟不知。又趙瑜領軍馬間道先進，而趙振與王達等趨塞門，至高頭平，報賊張青蓋駐山東，振麾兵掩襲，乃其子瑜也。」

己巳，降鄜延副都部署趙振爲白州團練使，知絳州。元昊自正月攻圍塞門寨，振代范雍守延州，有兵七千八百餘人，案甲不動。寨中兵方千人，屢告急。五月初，振始遣百餘赴之，寨遂陷。龐籍劾之，故坐貶。

辛亥，詔范仲淹、葛懷敏領兵驅逐塞門等寨。蕃騎出境，仍募以前弓箭手，給地居之。時邊威益削，夏竦守涇原，乃拜章求罷兵柄。其略曰：「朝那平地，祅巢密邇，回中川閣，賊徑交通。以四萬甲兵，〔一八〕備六十城寨，排列險隘，則用軍忌分聚散要衝，又固圍斯闕，以寡制敵，未知永圖。」又曰：「資性憂畏，歷官艱難。傷弓之禽，聞虛弦而破膽；逸網之獸，罥垂蔓以殞心。」由是數爲言事，改換其語以爲譃。封章傳播，漏泄近機，爲怯懦特甚。江鄰幾雜志：康定中，侍禁李貴爲西邊寨主，妻爲昊賊虜去。家中一白犬頗馴擾，祝之曰：「我聞犬之白者，乃前世爲人也。爾能送我歸乎？」犬俯仰如聽命。即裹糧隨之，有警則引伏草間，渴即濡身而返。凡六七日，出賊境。其夫無恙，朝廷封崇信縣君。括異志又曰：慶曆中，渭州巡檢張殿直事畢，同回家後，夫妻朝暮所食，必分三器，一以飼犬。俱見陳耀文天中記。是時關輔震恐，同州觀察、知秦州曹琮請自關以西籍民爲義軍，遂簡鄉兵弓手數萬人，改陝西經略安撫使。西賊大將剛良兵馬最爲强勁，在夏州東彌陀居止。又次東七十里有鐵冶務，是即賊界出鐵製造兵器之處，去河東麟、府界黄河西約七八十里。朝議出麟、府并石、隰州兵馬，與隰州兵馬、〔一九〕延州兵馬會合，掩襲以分賊勢。

十一月，張繼勛破賊于歸娘谷。

慶曆二年春，蕃部巡檢趙勾明招到賊界署團練使訛乞，并手下蕃官共二十三户，皆賞賜冠帶，補官。

三年春三月，邊吏言劉平降元昊，尚存，朝廷議收其家。上以中丞賈昌朝言事未可知，平族獲免。①

五年夏五月，夏人歸石元孫，朝議請治其辱國之罪，以爲當賜死。時賈昌朝在相位，獨曰：「自古將帥被執，歸不死。」元孫乃編管全州。

西夏紀事本末卷十一

校　記

〔一〕三川：原作「三州」，據江蘇本及本卷下文改。

〔二〕斃：江蘇本作「敝」。

〔三〕唃廝囉：長編卷一二三寶元二年（一〇三九）六月丙子條、宋史卷二八三夏竦傳此三字下有「父子」二字。

〔四〕壯丁：長編卷一二三寶元二年（一〇三九）六月丙子條、宋史卷二八三夏竦傳此二字下有「獵户」二字。

〔五〕都：此字下原衍「督」，據宋史卷一〇仁宗本紀删。

〔六〕香：此字原脱，據宋史卷二九〇狄青傳補。

〔七〕二百：宋史卷二九〇狄青傳作「三百」。

〔八〕長安保寨：宋史卷二九〇狄青傳作「招安等堡寨」。

〔九〕副部署：江蘇本作「副都部署」。

〔一〇〕「士彬世守金明」至「後十年乃卒」：江蘇本在下文己卯「知用章以忠獲罪奏雪于朝」至「初元昊既陷金明寨」間。

〔一一〕十：長編卷一二六康定元年（一〇四〇）春正月庚辰條作「十餘」。

〔一二〕時：長編卷一二六康定元年（一〇四〇）春正月壬申條、江蘇本作「遂」。

〔一三〕至三川口西：「西」，江蘇本此字後有「曰西」二字。

〔一四〕南：長編卷一二六康定元年（一〇四〇）正月戊寅條、宋史卷三二五劉平傳作「西南」。

〔一五〕德和不從策馬遁與宜孫皆赴甘泉：此同長編卷一二六康定元年（一〇四〇）正月戊寅條。宋史卷三二五劉平傳作：「德和不從，驅馬遁赴甘泉。」

〔一六〕張達：原作「張廷」，據長編卷一二七康定元年（一〇四〇）四月戊申條改。

〔一七〕軍馬陷賊寨者四：此同長編卷一二八康定元年（一〇四〇）七月癸亥條。宋史卷三二四張亢傳作「陷賊者已二千騎」。

〔一八〕四萬：江蘇本作「四方」。

〔一九〕隰州兵馬：此四字重出，疑誤。

注釋

① 三川口之戰，劉平被俘後是降是死，及宋朝所賜謚號，史書記載不一。宋史卷三二五劉平傳載，劉平「遂與元孫皆被執。（中略）而延州吏民亦詣闕訴平戰没狀，遂贈朔方軍節度使兼侍中，謚壯武，賜信陵坊第，封其妻趙氏爲南陽郡太夫人，子孫及諸弟皆優遷，未官者録之。其後降羌多言平在興州未死，生子于賊中。及石元孫歸，乃知平戰時被執，後没于興州」。而宋代史書所載多異於宋史。東都事略卷一一〇載，劉平「以衆寡不敵，與元孫俱被執。平不復食，數罵曰：『狗賊！我頸長三尺，何不速殺我！縛我何之乎？』遂見殺。（中略）賜平家信陵坊第一區，贈忠武軍節度使兼侍中」。同書卷六八富弼傳略同。卷五二吕夷簡傳、卷五四范雍傳、卷六三丁度傳均載劉平被俘後，死於此役。長編卷一二七康定元年（一〇四〇）夏四月乙巳條載，三川口之戰，宋將

黄德和臨陣脱逃，反誣劉平降夏，「文彦博等劾河中府獄，既得實，龐籍言黄德和退怯當誅，劉平等力戰而没，子孫宜加賞恤。韓琦亦言：『平以疲兵數千，敵賊十餘萬衆，晝夜力戰，爲德和所累，既被執，猶駡賊不已，忠勇不愧于古人。今坐誣言所惑，惘忠恤孤之典未下，邊臣豈不解體乎！』」「丁未，贈步軍副都指揮使、静江軍留後劉平爲忠武節度使、兼侍中。」同書卷一二八康定元年八月戊子條載：「改贈劉平爲朔方節度使，石元孫爲定難節度使。前贈忠武、忠正，皆非化外鎮。凡初除節度使，必先歷化外故也。」卷一八六嘉祐二年（一〇五七）十月辛未條載：「贈太尉兼侍中劉平謚曰壯愍。」李燾注曰：「本傳云壯武。會要與實録同，今從之。」治迹統類卷七康定元昊擾邊亦載劉平死事。春明退朝録卷上載武臣謚號，壯愍下記有劉公平。淮海集卷三四有録壯愍劉公遺事之文。據此，劉平被俘後不屈而死，宋朝贈謚號當作「壯愍」。

西夏紀事本末卷十二

烏程張鑑春治甫著

龍圖招諭

康定元年春二月丁亥，帝懲三川之敗，以夏守贇爲陝西經略安撫招討使，内侍王守忠爲都鈐轄。① 命知制誥韓琦安撫陝西，② 范仲淹知永興軍。③ 時賊尚圍塞門、安遠寨，延州諸將畏避，莫敢出救。

三月，詔近臣陳陝西攻守策。陳執中言：「元昊竊發西陲，以游兵困勁卒，以甘言悦守臣，一旦連犯亭鄣，延安幾不保。自金明破，而并邊籬落大壞。塞門至金明二百里，今宜别修三城，城屯千人，寇大至則入保，小至則出鬥。又以二千人屬盧關巡檢，以爲三寨之援。」上嘉納之。吴育因録真宗朝通西域諸蕃并元昊父祖本末上之。

戊寅，王嘏罷。初，天聖中，嘏使河北，過真定。時曹瑋爲總管，嘏見之，瑋謂曰：「君異日當柄用，願留意邊防。」嘏曰：「何以教之？」瑋曰：「吾聞趙德明常使人以馬權易漢物，不如意，欲殺之。其少子元昊年方十餘，諫曰：『我戎人，本從事鞍馬，而以資鄰國，易不急之物，已爲非策。又從而殺之，失衆心矣。』德明從之。吾嘗使人覘元昊狀貌異常，它日必爲邊患。」至是果驗。以夏竦爲陝西經略安撫使、范仲淹爲陝西都轉運使，召夏守贇、王守忠俱還。

夏五月甲子，元昊陷塞門寨，執寨主、內殿承制高延德，監押、左侍禁王繼元、蔡沂等死之。〔一〕

乙亥，元昊陷安遠寨。

六月，增募河、陝、京東西鄉弓手强壯。

秋七月己卯，除范仲淹龍圖直學士，④與韓琦并爲陝西經略安撫副使，同管勾都部署司事。

八月，仲淹以延州諸寨多失守，請自行，詔仲淹兼知延州。先是，詔分邊兵，部署領萬人，鈐轄領五千人，都監領三千人，有寇則官卑者先出。仲淹曰：「不量賊衆而出戰，以官爲先後，取敗之道也。」于是大閱州兵，得萬八千人，分爲六將，將三千人，分部教之，日夜訓練，量賊衆寡使更出禦賊，賊不敢犯，既而諸路皆取法焉。敵人聞之，相戒曰：「無以延州爲意，今小范老子腹中有數萬甲兵，不比大范老子可欺也。」「大范」蓋指雍云。仲淹請建鄜城爲軍，詔以爲康定軍。又修承平、永平等寨，稍招還流亡，定堡鄣，通斥堠，城十二寨，于是蕃漢之民歸業。

九月丙寅，〔二〕元昊寇三川寨，都巡檢楊保吉死之。

丁卯，涇原路都監劉繼宗、〔三〕李緯、王秉等分兵出戰，皆失利。涇州駐泊都監、開封王珪將三千騎來援，自瓦亭寨至師子堡，賊圍之數重。珪奮擊，賊披靡，殺賊將二人，獲首級甚多。賊遂留軍縱掠，凡三日。官軍戰没者五千餘人。都監周美請于仲淹曰：「賊新得志，其勢必復來。金明當邊衝，我之蔽也。今不亟修，將遂失之。」仲淹因屬美復城如故。數日，賊果來，其衆數萬，薄金明寨，陣于延安城北三十里。〔四〕美領衆二千力戰。會暮，援兵不至，乃徙軍山北，多設疑兵。賊望見，以爲救至，即引去。時諸將多不利，美十餘戰，平族帳二百，焚虜寨二十，〔五〕復故城堡甚衆。元昊又連陷乾溝、乾福、趙福三堡。

壬申，韓琦使環慶副總管任福等領兵七千，聲言巡邊，部分諸將夜趨七十里至白豹城。⑤福密出城，密部分諸將：使王懷政攻白豹城西，斷神樹睹來路；范全攻其東，斷金湯之路；談嘉震攻其北，斷葉市之路；王慶、石全攻其南；武英入城門鬥敵；福以大將駐于城外策應。平明，克之，破四十一族，焚其積聚而還。獲一酋孥季家妹，在慶州官員充奴婢，使押送慶州配士人爲妻。時塞門諸寨既陷，鄜州判官种世衡言：「延安東北二百里有故寬州，〔六〕請因廢壘而興之，以當寇衝，右可固延安之勢，左可致河東之粟，北可圖銀、夏之舊。」朝廷從之，命世衡董其役。夏人屢來争，世衡且戰且城。然處險無泉，議不可守。鑿地百五十尺，遇石横亙，工徒拱手曰：「是不可井矣。」世衡曰：「過石而下，將無泉耶？爾攻其石屑而出之。凡屑石一畚，定價百錢。」工乃致力，過石數重，泉果沛發，甘且不耗。萬人歡呼曰：「神乎！水大足，吾無困渴之患矣。」自兹西陝堡障患無泉者，悉如世衡募工致力，無不濟者。城成，賜名青澗，以世衡爲内殿承制，知城事。世衡開營田，募商賈，通貨利，城遂富實。教民習射，以銀爲的，中者與之。或争徭役，亦使之射，中者優免。有過失者，亦使之射，中則釋之。其餘僧道、婦女無不射也。其以銀爲的者，其銀重輕如故，而的漸厚且小，則射益工，由是人人能射。

冬十一月，仲淹以葛懷敏出師，出歸娘谷與夏人戰，敗之。

甲午，賜涇原駐泊都監王珪名馬二匹、黄金三十兩、裹創絹百匹。復下詔暴其功，以厲諸將。勒金字處置牌賜之，使得專殺。

丙申，以環慶部署兼知慶州任福爲龍神衛四廂都指揮使，賞白豹城之功也。尋命兼鄜延路副都部署。贈延州塞門寨主高延德、權兵馬監押王繼元官，兼録其子。故延州西路同巡檢張圭三子亦皆授官。

乙亥，贈鎮戎軍西路都巡檢使楊保吉爲深州防禦使。

十二月乙巳，詔涇原、鄜延路討元昊，命以正月上旬出兵。自元昊寇鎮戎，官軍不利，有詔切責夏竦，故有是命。知延州范仲淹言：「正月起兵，塞外雨雪大寒，萬一有失，噬臍何及？且元昊謂國家太平忘戰，邊城無備，是以傑慠。今邊備漸飭，至則輒擊，若用臣策，歲月無效，徐圖舉兵。先取綏、宥，據其要害，屯兵營田，爲持久之計，則横山人户，必挈旗來歸，拓疆禦寇，莫此之利。」上亦用其議，于是仲淹固守鄜延。

丁未，詔開封府、京東西、河東路括驢五萬，以備西討。館閣校勘歐陽修上書曰：「自元昊叛逆，三十萬之兵食于西者二歲矣，又有十四五萬之鄉兵，不耕而自食其民。自古未有四五十萬之兵連年仰食，而國力不困也。」上便宜三事：一、通漕運；二、盡地利；三、榷商賈。

慶曆元年春正月，元昊使人于涇原乞和，又遣塞門寨主高延德還延州，令見知州范仲淹約和。仲淹既見延德，察元昊未肯順事，且無表章，不敢聞于朝廷，乃自爲書，諭以逆順，遣監押韓周同延德還抵元昊。其書曰：「正月日具位，仲淹謹修誠意，奉書于夏國大王。曩者景德初，兩河休兵，〔七〕中外上言，以靈、夏數州本爲内地，請移河朔之兵，合關中之力，以圖收復。我真宗皇帝文德柔遠，〔八〕而先大王情向朝廷，心如金石，言西陲者一切不行，待先大王以骨肉之親，命爲同姓，全付夏土，旌旗車服，貴極王公，是我真宗皇帝有天地之造于爾也。自此朝貢之臣不絶于道，塞垣之下，逾三十年有耕無戰，養生送世，〔九〕令終天年。此真宗皇帝之至化，亦先大王忠順之功也。自先大王薨背，今皇帝震悼，累日嘻吁，遣使厚吊賻之禮，聽大王嗣守其國，爵命隆重，一如先大王。大王以青春襲爵，違先君之誓，遂僭位號，遣人歸納旌節。中外驚憤，請收行人，戮于都市。皇帝念先帝本意，故夏王忠順之功，不忍一朝驟絶，含容不殺，省初念終，天子何負大王哉？仲淹與大王雖未嘗高會，向者同事朝廷，于天子則父母也，于大王則兄弟也，豈有孝于父母而欲害于兄弟哉？可不爲大王一二而陳之。

「傳曰：『名不正則言不順，言不順則事不成。』大王世居西土，衣冠語言，皆從本國之俗，何獨名稱與中朝天子侔擬？名豈正言豈順乎？如衆情莫奪，亦有漢唐故事。單于、可汗皆本國極尊之稱，具在方册。仲淹料大王必以契丹爲比，故自謂可行。其契丹自石晋有援立之功，時已稱帝。今大王世受天子建國封土之恩，如諸蕃中有叛朝廷者，大王當爲霸主率諸侯以伐之，則世世有功，王王不絶。乃欲擬契丹之稱，究其體勢，昭然不同，徒使瘡痍萬民，拒朝廷之禮，傷天地之仁。易曰：『天地之大德曰生，聖人之大寶曰位，何以守位曰仁。』是以天地養萬物，故其道不窮；聖人養萬民，故其位不傾。又傳曰：『國家以仁獲之，以仁守之者，百世昔在。』唐末，天下恟恟，群雄咆哮，日尋干戈。血我生靈，腥我天地。滅我禮樂，絶我稼穡。皇天震怒，罰其不仁。五代王侯，覆亡相續。老氏曰：『樂殺人者，不可如志于天下。』誠不誣矣。後唐顯宗祈于上天曰：『願早生聖人，以救天下。』是年，我太祖皇帝應祈而生，及歷試諸艱，中外欣戴，不血一刃，受禪于周。廣南、江南、荆湖、西川，有九江萬里之阻，一舉而下，豈非應天順人之至乎！由是罷諸侯之兵，革五代之暴，垂八十年天下無禍亂之憂。太宗皇帝聖文神武，表正萬邦，吴越納疆，并晋就縛。真宗皇帝奉天體道，清净無爲，與契丹通好，受先大王貢禮，自兹四海熙然同春。今皇帝坐朝至晏，從諫如流，有忤雷霆，雖死必赦，故四海之心，望如父母，此所謂以仁獲之，以仁守之，百世之朝也。

「仲淹料大王建議之初，必有離間。妄言邊城無備，士心不齊，長驅而來，所向必下。今以强人猛馬，奔衝漢地，二年于兹，〔一〇〕漢之兵民蓋有血戰而死，無一城一將願歸大王者，此可見聖宋仁及天下，邦本不摇之驗也。與夫間者之説，無乃異乎？今天下久平，人人泰然，不習戰鬥，不熟紀律。劉平之徒，忠敢而進，不顧衆寡，自取其困，餘則或勝或負，殺傷俱多。大王國人，必以獲劉平爲賀。昔鄭人侵蔡，獲司馬公子燮，鄭人皆喜，惟子産曰：『小國無文德而有武功，禍莫大焉。』而後鄭國之禍，皆如子産之言。今邊士訓練漸精，〔一一〕恩威已立，有功必賞，敗事必誅，將帥而下，大知紀律，莫不各思奮力效命，争議進兵，如其不然，何時可了。今招討司統兵四十萬，〔一二〕約五路入界，〔一三〕著其律曰：『生降者賞，殺降者斬。獲精强者賞，害老幼婦女者斬。』遇堅必戰，遇險必奪，可取則取，可城則城，縱未能入賀蘭之居，彼之兵民降者死者，所失多矣。是大王自禍其民，官軍之勢不獲而已也。

「仲淹又念皇帝有征無戰、不殺非辜之訓，夙夜于懷。雖師帥之行，君命有所不受，奈何鋒刃之交，相傷必衆。且蕃兵戰死者，〔一四〕非有罪也，忠于大王耳；漢兵戰死者，非有罪也，忠于天子耳。使忠孝之人肝腦塗地，積累怨魄，爲妖爲灾，大王其可忽諸？朝廷以王者無外有生之民，皆爲赤子，何蕃漢之限哉？何勝負之言哉？仲淹與招討太尉夏公、經略密學韓公嘗議其事，莫若通問于大王，計而决之，重人命也。其美利甚多，大王如能以愛民爲意，禮下朝廷，復其王爵，承先大王之志，天下孰不稱其賢哉？一也。如衆多之情，〔一五〕三讓不獲，前所謂漢唐故事，如單于、可汗之稱，尚有可稽，于本國語言爲便，復不失其尊大，二也。但臣貢上國，存中外之體，不召天下之怨，不速天下之兵，使蕃漢邊人復見康樂，無死傷相枕、哭泣相聞之慘，三也。又大王之國，府用或缺，朝廷每歲必有物帛之厚賜爲大王助，四也。又從來入貢，使人止稱蕃吏之職，以避中朝之尊。按漢諸侯王相皆出真拜，又吴越王錢氏有承制補官故事，功高者受朝廷之命，亦足隆大王之體，五也。昨有邊臣上言，乞招致蕃部首領，仲淹亦已請罷。大王告諭諸蕃首領，不須去父母之邦，但回意中朝，則太平之樂，遐邇同之，六也。國家以四海之廣，豈無遺才？有在大王之國者，朝廷不戮其家，安全如故，宜善事主，以報國士之知，惟同心向順，自不失其富貴，而宗族之人必更優恤，七也。又馬、牛、駝、羊之産，金、銀、繒、帛之貨，有無交易，各得其所，八也。大王從之，則上下同其美利，生民之患，幾乎息矣。不從則上下失其美利，生民之患，何時而息哉？仲淹今日之言，非獨利于大王，蓋以奉君親之訓，救生民之患，合天地之仁而已。惟大王擇焉。不宣。仲淹再拜。」

二月，韓琦命環慶副總管任福進討，敗于好水川。奏聞，帝震悼。

夏四月，降范仲淹爲户部員外郎，知耀州。始，韓周等持仲淹書入西界，送者禮意殊善。行既兩日，聞山外諸將敗亡。周等抵夏州，留四十餘日。元昊俾其親信野利旺榮爲書報仲淹，別遣使與周俱還，且言不敢以聞。烏珠即「兀卒」。書詞益慢，仲淹對使者焚其書，而潛録副本以聞。書凡二十六紙，其不可以聞者二十紙，仲淹悉焚之，餘又略加删改。書既達，大臣皆謂仲淹不當輒與元昊通書，又不當輒焚其報。

西夏紀事本末卷十二

校記

〔一〕蔡沂等：宋史卷一〇仁宗本紀無此三字，疑爲衍文。

〔二〕九月：此二字原無。元昊寇三川寨，都巡檢楊保吉死之之事，長編卷一二八繫於康定元年（一〇四〇）九月丙寅，宋史卷一〇仁宗本紀繫於康定元年九月。今據本書體例補。

〔三〕宗：原作「宋」，據長編卷一二八康定元年（一〇四〇）九月丙寅條改。

〔四〕陣：此字原脱，據長編卷一二八康定元年（一〇四〇）八月壬子條、宋史卷三二三周美傳補。

〔五〕二十：宋史卷三二三周美傳作「二十一」。

〔六〕寬州：此同宋文鑑卷一三九种世衡墓誌銘。治迹統類卷八仁宗經制西夏要略作「宥州」。

〔七〕兩河休兵：東都事略卷一二七西夏傳作「河西休兵」。

〔八〕文德：東都事略卷一二七西夏傳作「文武之德」。

〔九〕送世：長編卷一三〇慶曆元年（一〇四一）春正月是月條、江蘇本作「送死」，范文正公集卷九答趙元昊書作「葬死」。

〔一〇〕二年：此同范文正公集卷九答趙元昊書。長編卷一三〇慶曆元年（一〇四一）春正月是月條作「頻年」。

〔一一〕士：長編卷一三〇慶曆元年（一〇四一）春正月是月條、范文正公文集卷一〇答趙元昊書均作「上」。

〔一二〕四十：此同范文正公集卷一九答趙元昊書、宋文鑑卷一一三、崇古文訣卷一六。長編卷一三〇慶曆元年（一〇四一）春正月是月條作「五十」。

〔一三〕五路：此同范文正公集卷一九答趙元昊書、宋文鑑卷一一三、崇古文訣卷一六。長編卷一三〇慶曆元年（一〇四一）春正月是月條作「諸路」。

〔一四〕蕃兵：江蘇本作「番兵」。下同。

〔一五〕情：此同范文正公集卷九答趙元昊書。長編卷一三〇慶曆元年（一〇四一）春正月是月條作「請」。

注釋

① 王守忠爲都鈐轄事，長編卷一二六繫於康定元年（一〇四〇）二月己丑。

②韓琦安撫陝西事，長編卷一二六繫於康定元年（一〇四〇）二月壬辰。

③范仲淹知永興軍事，長編卷一二六繫於康定元年（一〇四〇）三月戊寅。

④除范仲淹龍圖直學士事，長編卷一二七繫於康定元年（一〇四〇）五月己卯。

⑤任福攻白豹城事，東都事略卷五仁宗本紀載爲范仲淹遣。

西夏紀事本末卷十三

烏程張鑑春治甫著

好水之敗

慶曆元年春正月，帝以元昊勢益猖獗，遣晁宗慤即陝西問攻守之策。夏竦等具二說，帝取攻策，詔鄜延、涇原會兵，期以正月進討。仲淹言：「正月塞外大寒，不如俟春深。且乞留鄜延一路，以備招納。或擇利進城廢寨，以牽制元昊。」從之。既而元昊遣塞門寨主高延德還延州，令見知州范仲淹約和。仲淹不聞知朝廷，乃自爲書遺元昊，諭以禍福。于是韓琦聞之，謂人曰：「無約而請和者，謀也。」是知我欲大舉，而爲款兵之計，不然，懈我邊防，又將入寇。」命諸將戒嚴，而自行邊。時走馬承受崔宣亦以賊請和事奏，上謂輔臣曰：「賊多詭計，欲懈我師爾。」乃詔逐路益嚴備之。

二月，韓琦行邊至高平，元昊果遣衆寇渭州，逼懷遠城。琦乃趨鎮戎軍，盡出其兵，又募士萬八千人，〔一〕命環慶副總管任福將之。以將作監丞耿傅參行營軍事，〔二〕涇原都監桑懌爲先鋒，鈐轄朱觀、都監武英、〔三〕王珪各以所部從。初，夏竦令尹洙趨延州，與范仲淹議出兵，而仲淹固執前奏。竦又上言：「兩路協力，尚恐未能勝虜，而仲淹却以牽制爲名，止委涇原之師以嘗聚寇，〔四〕正墮賊計。」詔以竦奏示仲淹。龐籍亦言：「臣度朝議，以屯兵已久，上費國力，欲決于攻取。或且汰去冗兵，只留精鋭在邊，則數少而費寬，然後乘釁大舉，庶有萬全之策。」

先是，韓琦與判官尹洙詣闕，獻入攻元昊之計，欲自鄜延、涇原出師。夏竦作大帥，意不甚主。吕夷簡居上弼，天下之務，一斷于己。杜衍方副位樞地，深以入攻爲非。吕因謂人曰：「自劉平敗覆以來，言羌事者，人人震怯。今韓、尹健果如此，豈可沮之也。」韓、尹既遂請即馳驛而西，自畿甸近郡，配市驢乘、軍需入關，道路曉夜不絶，州縣不勝其擾。仲淹雖與琦同副帥任，已專守延安，不預此議。及師舉有期，仲淹固執不可，洙徑趨延安見仲淹，圖爲協力，仲淹終不從。

琦已駐鎮戎軍，召環慶副總管任福計事，即并諸路將佐，聚兵數萬，爲出討之計。會元昊閲兵折薑會，并兵來寇，欲逆折官軍之鋒。琦謂諸將曰：「今勇將鋭師悉萃于此，而賊輒來犯，其勝必矣。」福將行，琦授方略，令并兵合勢，自懷遠城趨得勝寨至羊牧隆城，出敵之後。諸寨相距纔四十里，道近，糧餉便，度勢未可戰，即據險置伏，要其歸路。

戒之再三，且曰：「苟違節制，有功亦斬。」福引輕騎數千趨懷遠捺龍川，〔五〕遇鎮戎西路巡檢常鼎、同巡檢内侍劉肅，與敵戰于張家堡南，斬首數百。賊人羸形誘之，時委老弱棄馬、羊、橐駝、牛畜，令官軍將獲之，衆益喜貪功，不可遏。琦在壁中，左右争請行，亦有不白而去者，追奔逐北，惟恐後。時桑懌引騎趨之，福亦分兵自將踵後。諜傳敵兵少，福等因易之。〔六〕薄暮，與懌合軍屯好水川，朱觀、武英爲一軍屯籠絡川，〔七〕隔山相距五里，約明日會兵川口，不使夏人匹騎逸去，不知其已陷于伏中矣。路既遠，芻餉不繼，士馬乏食者三日。時元昊自將精兵十萬營于川口，①候者言夏人有寨不多，故福等輕之。

明日癸巳，福與懌至龍竿城北方，遇賊大軍循好水川西行，〔八〕出六盤山下，距羊牧隆城五里，結陣以抗官軍。諸將知墮敵計，勢不可留，遂前格戰。懌于道旁得數銀泥合，封襲謹密，中有動躍聲，疑莫敢發。福至發之，乃懸哨家鴿百餘，自中决起，盤飛軍上，于是夏兵四合。懌馳犯其鋒，福陣未成列，賊縱鐵騎突之。自辰至午，陣動，衆傅山，欲據勝地，忽夏人陣中樹鮑老旗，懌等莫測。既而旗左麾，左伏兵起，右麾，右伏兵起。自山背下擊，士卒多墜崖塹相覆壓，懌、肅戰死。敵分兵數千，斷官軍後，福力戰，身被十餘矢。有小校劉進勸福自免，福曰：「吾爲大將，兵敗，以死報國爾！」揮四刃鐵簡，挺身决鬥，槍中左頰，絶其喉而死。子懷亮亦死之。

敵乃并兵攻觀、英。戰既合，珪自羊牧隆城引屯兵四千五百陣于觀軍之西，〔九〕渭州駐泊都監趙津將瓦亭騎兵二千繼至。〔一〇〕珪屢出略陣，陣堅不可破。英被重傷，不能視軍，敵兵益至，官軍大潰，英、津、珪、傅皆死，士卒死者萬三百人。〔一一〕惟觀以兵千餘保民垣，四向縱射，會暮，敵引去。時涇原部署王仲寶亦以兵來援，與觀俱還民垣，距福敗處纔里許，〔一二〕然不相聞也。始，珪以二千騎爲先鋒，〔一三〕自瓦亭至師子堡，賊圍之數重。珪奮擊，多獲首級，乘間叩鎮戎軍請益兵，不許，止縋糧與之。士卒既飽，珪語之曰：「兵法，以寡擊衆必在暮。我兵少，乘其暮可得志也。」乃馳入，賊一將以槍直其胸，傷右臂，珪左手以杵碎其脛。又一將復以槍進，珪挾其槍，運鞭擊死之。虜驚，遂引去，因改涇原都監。

至是，從福入好水川，連鬥三日，諸將俱没，乃東向再拜曰：「非臣負國，力不能也，獨有死爾。」乃復進戰，擊殺數百人。〔一四〕鐵鞭至撓曲，手掌破裂，猶奮目若電。〔一五〕馬三中箭，三易馬，最後得其下馬。左右馳擊，又殺數十人，飛矢中其目，遂死。英知必敗，勸傅避去，傅不答，指顧自若。及賊騎大至，英又勸傅，且嘆曰：「君文吏，無軍責，奈何與英俱死也？」觀亦戒傅少避鋒，而傅愈前不顧，身被數槍，乃殞。前一夕，傅在觀營，夜作書遺福，以其日小勝，前與賊大軍遇，深以持重戒之，自寫題觀名，以致福軍中。傅死後，或言福之敗由傅督戰太急，韓琦得其書上之，事始白。傅，尹洙友也，力薦于琦，使預謀議。洙乃因衆所歸咎，作憫忠、辨誣二篇以排之。

是時關右大震，元昊傾國入寇，福臨敵受命，所統皆非素撫之兵，又分出趨利，故致甚敗。琦還至半途，陣亡者之父、兄、妻、子數千人號于馬首，持故衣、紙錢招魂而哭曰：「汝昔從招討出征，今招討歸而汝死矣！汝之魂識亦能從招討以歸乎？」既而哀慟聲震天地，琦不勝悲憤，掩泣駐馬不能前者數刻。奏聞，上震悼，皆贈恤有差。琦上章自劾，乃奪琦一官，使權徙知秦州。

戊戌，夏人再寇劉璠堡，未退。尹洙遣權環慶路都監劉政將鋭卒數千往援，未至，賊引去。

西夏紀事本末卷十三

校記

〔一〕萬八千人：此同宋史卷三二五任福傳。四庫本長編卷一三一慶曆元年（一〇四一）二月己丑條作「八千人」，宋史卷四八五夏國傳作「萬人」。

〔二〕耿傅：隆平集卷一九、東都事略卷一一〇、端明集卷三二、宋史卷三二五皆有耿傅傳。長編卷一三一仁宗慶曆元年(一〇四一)二月己丑條、治迹統類卷七康定元昊擾邊,隆平集卷一五尹洙傳、孔宗旦傳及卷一九任福傳,東都事略卷六仁宗本紀及卷一一〇任福傳,古今紀要卷一八、端明集卷二七寄尹師魯書、宋史卷二九五尹洙傳及卷三二五任福傳等皆與此同。長編卷一三〇仁宗慶曆元年正月戊寅條、琬琰集中集卷四八韓忠獻公琦行狀、綱目備要卷一一,建炎要録卷一一九,河南先生文集卷三攻守策頭問耿傳一首、辨誣及卷二三奉詔分析董士廉奏臣不公事狀等皆作「耿傳」。疑作「耿傳」是。

〔三〕都監:此二字原脱,據長編卷一三一慶曆元年(一〇四一)二月己丑條,宋史卷三二五任福傳、卷四八五夏國傳補。

〔四〕聚:此字原脱,據長編卷一三一慶曆元年(一〇四一)二月辛巳條補。

〔五〕捺龍川:韓魏公集卷一一家傳作「捧龍川」。

〔六〕因:宋史卷三二五任福傳作「頗」。

〔七〕籠絡川:宋史卷四八五夏國傳作「籠洛川」,長編卷一三一慶曆元年(一〇四一)二月己丑條、宋史卷三二五任福傳作「龍落川」,韓魏公集卷一一家傳作「籠落川」。

〔八〕西行:長編卷一三一慶曆元年(一〇四一)二月癸巳條、宋史卷三二五任福傳作「行」。

〔九〕四千五百:宋史卷三二五任福傳作「四千」。

〔一〇〕渭州駐泊都監趙津將瓦亭騎兵二千繼至：「渭州」，原作「渭川」，據宋史卷四八五校勘記二〇改。「趙津」，此同宋史卷三二五任福傳、卷四八五夏國傳及四庫本河南先生文集卷六上呂相公書。長編卷一三一慶曆元年（一〇四一）二月己丑條、治迹統類卷七康定元昊擾邊、涑水記聞卷一二、韓魏公集卷一一家傳等作「趙律」。「二千」，長編卷一三一慶曆元年二月己丑條、韓魏公集卷一一家傳作「二千二百」，宋史卷四八五夏國傳作「三千餘」。

〔一一〕萬三百人：此同宋史卷四八五夏國傳。長編卷一三一、宋史卷三二五任福傳、韓魏公集卷一一家傳均作「六千餘人」。

〔一二〕里許：長編卷一三一慶曆元年（一〇四一）二月己丑條、宋史卷三二五任福傳均作「五里」。

〔一三〕二千：宋史卷三二五王珪傳作「三千」。

〔一四〕數百人：此同長編卷一三一慶曆元年（一〇四一）二月己丑條，宋史卷三二五王珪傳作「數十百人」。

〔一五〕奮目若雷：長編卷一三一慶曆元年（一〇四一）二月己丑條作「奮身躍馬」，宋史卷三二五王珪傳作「奮擊自若」。

注釋

① 西夏軍隊人數，此同宋史卷四八五夏國傳。涑水記聞卷一二載「虜兵且二十萬」。

西夏紀事本末卷十四

烏程張鑑春治甫著

渭州之變

慶曆元年，韓、范既各以事去。夏四月甲申，以陳執中同陝西安撫經略招討使，曹琮副之。時夏竦判永興軍，執中知軍事，議多異同，故分命竦屯鄜州，執中屯涇州。竦雅意在朝廷，及任以西事，頗依違顧避。嘗出巡邊，置侍婢中軍帳下，幾至兵變。竦又嘗揭牓塞上，云：「有得趙元昊頭者，賞錢五百萬貫，爵爲西平王。」元昊使人入市賣箔。陝西荻箔甚高，倚之食肆門外，并爲食訖，故遺去之。至晚，食肆竊喜，以爲有所獲也，徐展之，乃元昊購竦之牓，懸箔之端，有云：「得夏竦頭者，與錢兩貫。」〔一〕比竦聞之，急令藏掩，而已宣播遠近矣。竦大慚沮，其見輕侮如此。

初，劉、石之敗，曹琮請籍民爲義軍，〔二〕以張兵勢。于是料簡鄉弓手數萬人。賊寇山外，還天都，却儀、秦屬户，琮發騎士設伏以待之，賊遂引去。琮欲誘吐蕃犄角圖賊，得西州舊賈，使諭意，而沙州鎮國王子遣使奉書，〔三〕願率首領爲朝廷擊賊。帝善琮策，故使副執中。

五月戊午，以右班殿直趙珣爲陝西經略安撫招討都監。珣初隨其父振在西邊，訪得五路徼外山川、邑居、道里、利害，作聚米圖經五卷。韓琦言于帝，詔取其書，并召珣。至，又上五陣圖、兵事十餘篇。帝給步騎，使案陣，既成，臨觀之。于是陳執中薦珣爲沿邊巡檢使。吕夷簡、宋庠共奏：「用兵以來，策士無如珣者，即擢任之。珣自以年少新進，未有功，辭都監。受兵萬人，賜御鎧，〔四〕復自擇偏裨、參佐，〔五〕居涇原，兼治籠竿城。麻氈、党留百餘帳處近塞爲暴，珣白府，引兵三萬，〔六〕自静邊歷揆吴抵木寧襲賊，〔七〕俘獲數千計。静邊將劉滬殿後，〔八〕爲賊所掩。珣登阪望見，縱騎數百，復又拔滬之衆以出，士皆嘆服。

六月壬辰，詔陝西諸路總管司嚴邊備，毋輒入賊界，賊至則禦之。

秋七月丙辰，月掩心後星。

戊午，月掩南斗。元昊寇麟、府二州，折繼閔敗之。

八月戊寅，詔鄜延部署許懷德等以兵萬人援麟、府。麟州言元昊破寧遠寨，寨主、侍禁王世亶，兵馬監押、殿直王顯死之，焚倉庫樓櫓皆盡。復率兵攻府州。州城險且堅，東南各有水門，〔九〕崖壁峭絶，下臨大河。賊緣崖腹微徑，魚貫而前。城上矢石亂下，賊死傷殆盡。轉攻城北，士卒復力戰，傷者千餘人。賊乃引退，縱兵四掠，又復圍豐州。麟、府二州皆在河外，因山爲城，最爲險固。而麟扼西夏之衝，但城中無井，唯有一沙泉在城外。其地善崩，俗謂之「抽沙」，每欲包展入壁，而土陷不可城。初，河東轉運使文洎以麟州餉道回遠，軍食不足，欲按唐張説出兵故道，復通河關，未及就而卒。及洎子彦博爲河東轉運副使，遂通道銀城，而州有積粟可守，然其無水如故也。至是，有戎人謂元昊曰：「麟州無井，若圍之半月，即兵民渴死矣。」元昊即以兵圍之，數日不解。城中素乏水，圍既久，士卒渴乏，城中大窘。有軍士獻策于知州苗繼宣曰：「彼圍不解，必以無水窮我。今願取溝泥，使人乘高以泥草積飾陴，使賊見之，亦伐謀之一端也。」州將從之。①元昊仰視曰：「諜謂我無庸戰，不三日，〔一〇〕漢人當渴死。今仍有泥以護草積，是紿我也。」斬之城下，解圍而去。

乙未，元昊圍豐州，孤城無援，遂陷，知州王餘慶、權兵馬監押孫吉、指使侯秀死之。

九月庚戌，以張亢爲并、代鈐轄，管勾麟府軍馬公事。時元昊已破豐州，引兵屯琉璃堡，縱騎抄麟、府間，二州閉壁不出。民乏水飲，黄金一兩易水一杯。亢單騎扣府州城，門闔不啓。亢曰：「我新軍馬也。」出所受敕示城上，既入即開門，縱民采薪芻、汲澗谷。然賊騎猶時出抄掠漢田，亢以州東焦山有石炭穴，爲築東勝堡。下城旁有蔬畦，爲築金城堡。州北沙坑有水泉，爲築安定堡，置兵守之。募人獲于外，腰鐮與持兵衛送者均其得。時禁兵敗北，無鬥志，乃募役兵，夜潛隘道，邀擊賊游騎。比明，或持首級來獻，亢犒勞之，衣以錦袍，禁兵始慚奮曰：〔一一〕「我顧不若彼乎？」又縱使飲博，士窘乏幸利，〔一二〕皆願一戰。亢知可用，始謀擊琉璃堡。使諜伏賊寨旁草中，見老羌方炙羊髀占吉凶，驚曰：「明日當有急兵，且趨避之。」皆笑曰：「漢兒方藏頭膝間，何敢至此！」亢知無備，夜引兵襲擊，大破之，斬首二百餘級。賊棄堡遁去，乃築宣威寨于步駝溝捍寇路。然賊自是攻城寇掠不已。〔一三〕時將校張岊等戰比有功，名振一軍，卒皆不至顯官。以鄜延都監王信爲本路鈐轄，兼兩路都巡檢使。信初爲鄜延都監，始至之夕，賊衆號數萬傅城，軍吏氣懾，不知所爲。信領勁兵二千，夜出南城門，與賊戰，不利，失其前鋒，因按軍不動。遲明，潛上東山，整軍乘勢而下，擊走之，追襲，大獲而還。葛懷敏敗，信又出兵拒賊，俘斬甚衆。

先是，屯田員外郎、河内張旨通判府州。州依山無外城，〔一四〕旨將築之，州將曰：「吾州據險，敵必不來。」旨不聽。城垂就，寇大至，乃聯巨木補其罅，守以强弩。州無井，賊斷河飲路。旨夜開門擊賊，少却，以官軍壁兩旁，使民出汲。復以渠泥覆草積，督居民乘城力戰。賊死傷者衆，遂解去。壬申，遷旨都官員外郎。

麟州都監王凱數破賊有功。〔一五〕賊圍麟州，乘城拒鬥，晝夜三十一日，始解去。累遷麟府路沿邊都巡檢使。與同巡檢、府谷張岊護糧道于青眉浪，賊大至，與岊相失。乃分兵出其後夾擊之，復與岊合，斬首六十五級。〔一六〕又入兔毛川，遇賊衆三萬，凱以兵六千陷圍，流矢中面，鬥不解。至暮，賊潰，又斬首百八十六級，〔一七〕自蹂踐死者以數千。遷南作坊副使。時元昊遣兵分屯要害，以絶麟州餉道。楊偕請棄河外，保合河津，帝不許。會管勾麟府軍馬事張亢擊賊琉璃堡，破之。又戰于柏子寨及兔毛川，皆勝。

癸酉，降并代副署王元、鈐轄康德輿、楊懷志等官。〔一八〕先是，賊圍府州，德輿等案兵不出，但移文轉運副使彦博籍民輦運，〔一九〕至境以俟。德輿終不敢出，及豐州陷，纔出屯州城外數里，三日而還。居民望見，以爲寇復至，皆棄其所賫，入保城郭。彦博以其事聞，故責及之。然止坐不出戰，其它則朝廷不悉聞也。

冬十月，命知并州楊偕速修復寧遠寨，遂築建寧等五堡十餘柵，以援麟州，河外始固。

甲午，夏竦、陳執中罷，分秦鳳、涇原、環慶、鄜延爲四路，以韓琦知秦州，王沿知渭州，范仲淹知慶州，龐籍知延州，各兼經略安撫招討使，詔分領之。自元昊反延州，陷金明、承平、塞門、安遠、栲栳寨，破五龍川，城寨焚掠殆盡。籍至，稍葺治之。戍兵十餘萬，〔二〇〕無壁壘，皆散處城中，畏籍嚴，無敢亡去。金明西北有渾州川，其土平沃。川尾曰橋子谷，爲敵出入隘道。籍命部將狄青將萬人，〔二一〕築招安寨于谷旁，以斷寇出入之路。募民耕植，得粟以濟軍。又使周美襲取承平寨，王信築龍安寨，悉取虜所据地，築清水等十一城，延民以安。

初，元昊陰誘屬羌爲助，環慶酋長六百餘人約爲向導，後雖首露，猶懷去就。仲淹以其反覆不常，至部即奏行邊，以詔書犒賞諸羌，閲其人馬，爲立條約。諸羌皆受命，自是爲中國用，羌人親愛之，呼爲龍圖老子。仲淹以慶州西北馬鋪寨當後橋川口，南通鳳州、華州池，北接白豹、金湯，種落强悍而善耕，且在賊腹中，欲城之。度賊必争，密遣其子純祐與蕃將趙明先據其地。〔二二〕一日，擁兵出，諸將隨之，不知所向。行至柔遠，始號令告其地處所往。至于版築之用，大小畢具，旬日城成，即大順城也。賊覺，以三萬騎來戰，佯北，仲淹戒勿追，已而果有伏。大順既成，而白豹、金湯皆不敢犯，環慶自此寇盗益少，詔賜名曰大順城。環州屬羌明珠、滅臧二族，兵各萬餘人，皆附賊。仲淹又請復細腰城、葫蘆泉諸寨，招致二族以扼賊，又復近羌千三百餘帳。葛懷敏之敗定川也，關中民竄匿山谷，乃率部下兵赴援，而募兵關中，人心始安。仁宗聞定川之敗，頗以西方爲憂，謂近臣曰：「若得仲淹出援，涇原可無慮矣。」及聞其出師，甚喜。仲淹在邊，以長子純祐爲監簿。純祐自幼警悟，明敏過人。時年方冠，與諸將卒錯處，鉤深摘隱，得其材否。仲淹所料事，純祐必先知之。人或言純祐善能出神，凡虜情幾事皆預遥知，蓋出神之虜廷得之。仲淹每制勝料敵如神者，純祐之力也。自後出神，爲人所驚，故神觀不足，未幾而亡，年亦甚少。

二年春三月，仲淹巡邊至環州，〔二三〕屬羌多密與元昊相通。以种世衡素得屬羌心，而青澗城已完，乃奏徙世衡知環州以鎮撫之，詔從其請。有牛奴訛者，素倔强，未嘗出見州官，聞世衡至，乃來郊迎。世衡與約，明日當至其帳慰勞部落。是夕，大雪深三尺，左右言奴訛凶詐難信，且道險，不可行。世衡曰：「吾方以信結諸羌，可失期耶？」遂緣險冒雪而往。既至，奴訛尚卧，大驚，起曰：「吾世居此山，漢官無敢至者，公乃不我疑耶。」〔二四〕帥部落羅拜曰：「今而後，惟公所使。」皆感激心服。又有兀二族，受賊僞職，世衡遣人招之不至，命蕃官慕恩出兵討之，其後百餘帳皆自歸。

戊子，降詔獎諭知延州龐籍等，以興修橋子谷寨成也。②

夏五月癸卯朔，徙張亢爲高陽關鈐轄。③初，麟州猶未通，饋路閉隔，敕亢自護南郊賞物送麟州。賊既不得抄，隨以兵數萬趨柏子寨，邀我歸路。亢所將纔三千人，亢激怒之，曰：「若等已陷死地，前門則生，不然，爲賊所屠無餘也。」士皆感厲。會天大風，順風擊之，斬首六萬餘級，〔二五〕奪馬千餘匹。乃修建寧寨，賊數出争，遂戰于兔毛川。亢自以大陣抗賊，而使驍將張岊以短兵强弩數千伏山後。亢以萬勝軍皆京師新募，疲耎不能戰，賊目曰「東軍」，素易之，而虎翼卒勇悍，陰易其旗以誤賊，賊果趨東軍而值虎翼卒，搏戰良久，發伏，賊大潰，斬首兩千級。不逾月，築清塞、百勝、中候、建寧、鎮川五堡，麟州路始通。朝廷慮遼渝盟，徙亢高陽。

是月，范仲淹城白豹、金湯。

秋閏九月辛未朔。先是，元昊聲言入寇。攻鎮戎軍，王沿命副總管葛懷敏督諸寨兵禦之。

己卯，至瓦亭寨，遣本寨都監許思純、環慶都監劉賀以蕃兵五千餘人爲左翼，天聖寨主張貴爲殿後。

戊子，進屯五谷口。知鎮戎軍曹英，涇原路都監趙珣，西路都巡檢李良臣、孟淵皆自山外來會，沿邊都巡檢使向進、劉湛爲先鋒，趙瑜總奇兵爲援。及大軍次安邊寨，給芻秣未絶，懷敏即離軍，夜至開遠堡北一里而舍。〔二六〕

庚寅，領大軍自鎮戎軍西南，又先引從騎百餘以前。走馬承受趙政以爲距賊近，〔二七〕不可輕進，懷敏乃少止。晚，趨養馬城。曹英及涇原都監李知和、王保、王文，鎮戎都監李岳，西路都巡檢使趙璘等分兵屯鎮戎城西六里。〔二八〕夜則入城自守，凡三日，至是亦趨養馬城，見懷敏，聞元昊徙軍新濠外，乃議質明掩襲。趙珣謂懷敏曰：「賊遠來，利速戰，宜依馬欄城布柵，扼賊歸路，固守鎮戎，以便餉道，俟其衰擊之，可必勝。不然，必爲賊曹所屠。」懷敏不聽，命諸將分四路趨定川，劉湛、向進出西水口，趙珣出蓮花堡，曹英、李知和出劉璠堡，懷敏出定西堡。既而知和與英督軍夜發。

辛卯，劉湛、向進行次趙福新堡，遇賊，戰不勝，保向家峽。而趙珣、曹英、李良臣、孟淵等將趨定川，懷敏且令援趙福堡。未行，諜言賊已屯邊壕上，復召珣等入定川。會李知和麾下蕃落將報賊五千人列定川寨北，頃之，王文、李知和、定川寨主郭綸又報已拔柵踰壕。懷敏命趙珣與其子宗晟先行，日幾午，懷敏入保定川寨。賊毀版橋，斷其歸路，別爲二十四道以過軍，環圍之，〔二九〕又絶定川水泉上流。劉賀率蕃兵鬥于河西，不勝，衆潰。懷敏爲中軍屯寨門東偏，曹英等陣東北隅。賊四面俱至，先以鋭兵衝中軍，不動，回擊曹英。會黑風自東北起，部伍相失，陣遂擾，士卒攀城堞争入。英面被流矢，仆壕中。懷敏所部兵見之亦奔駭，懷敏爲衆所擁，蹂躪幾死，輿至瓮城，久之乃蘇。懷敏選士據門橋，揮刀手以拒入門者。〔三〇〕趙珣等擁刀斧手前鬥，及以騎軍四合禦賊，賊衆稍却。然大軍無鬥志，趙珣累馳入，勸懷敏還軍中。

是夕，賊大聚，圍城四隅，〔三一〕臨西北呼曰：「爾得非部署廳上點陣圖者邪？〔三二〕爾固能軍，乃入我圍中，今將何往？」夜四鼓，懷敏召諸將計議，莫知所出，遂謀結陣走鎮戎軍。趙珣請自籠竿城往，彼無險且出賊不意，衆不從。及旦，懷敏束馬東南馳二里許，至長城壕，路已斷，賊周圍之，懷敏及諸將曹英等十六人皆遇害，軍士九千四百餘人、馬六百餘匹悉陷于賊。懷敏子宗晟與郭京等還保定川。時韓質等領軍數千保蓮花堡，劉湛等領軍一千保向家峽，皆不赴援。于是賊長驅直抵渭州，幅員六七百里，焚蕩廬舍，屠掠居民而去。〔三三〕邠、涇以東，皆固壘自守。時天陰晦者十日，人情慘沮。范仲淹自將慶州兵來援，知涇州滕宗諒大設牛酒犒迎。于是士卒感發，邊民稍安。自劉平敗于延州，任福敗于鎮戎，懷敏敗于渭州，賊聲益振。〔三四〕然所以復守巢穴者，蓋鄜延路屯兵六萬八千，環慶路五萬，涇原路七萬，秦鳳路二萬七千，有以牽制之故也。事聞，時呂夷簡復居相位，語人曰：「一戰不及一戰，可駭也！」

冬十月，贈涇原路副都部署葛懷敏官，〔三五〕謚忠隱。涇原鈐轄曹英以下十六人亦并贈官有差。

十一月壬申，黑氣貫北斗柄。〔三六〕

辛巳，以韓琦、范仲淹、龐籍爲陝西安撫經略招討使，置司涇州。會仲淹附王懷德入奏：「乞與韓琦同經略涇原，并駐涇州，琦兼秦鳳，臣兼環慶。涇原有警，臣與琦合秦鳳、環慶之兵，犄角而進。若秦鳳、環慶有警，亦可率涇原之師爲援。臣當與琦練兵選將，漸復横山，以斷賊臂，不數年可期平定。願詔龐籍兼領環慶，以成首尾之勢。秦州委文彦博，慶州用滕宗諒總之，渭州一武臣足矣。」帝采用其策。

琦與仲淹在兵間久，名重一時，人心歸之，朝廷倚以爲重。二人號令嚴明，愛撫士卒，諸羌來者，推誠撫接，咸感恩畏威，不能輒犯邊境。邊境人爲之謡曰：「軍中有一韓，西賊聞之心膽寒。軍中有一范，西賊聞之驚破膽。」是冬，元昊求納款，請歲入烏白池青白鹽十萬石，售于縣官，不許。先是，种世衡不利于定川，〔三七〕以仲淹爲領兵援。初，關右人心摇動，及見仲淹耀兵，號令整飭，人心遂安，相賀曰：「邊上自有龍圖公爲長城，吾屬何憂！」

西夏紀事本末卷十四

校記

〔一〕兩貫：此同孔氏談苑卷一夏竦西伐。長編卷一四〇慶曆三年（一〇四三）四月乙巳條、宋史卷二八三夏竦傳作「三千」。

〔二〕曹琮：原作「陳琮」，據長編卷一三一慶曆元年（一〇四一）四月甲申條、宋史卷二五八曹琮傳改。

〔三〕沙州鎮國：此同長編卷一三一慶曆元年（一〇四一）四月甲申條。宋史卷二五八曹琮傳無「國」字。

〔四〕鎧：長編卷一三二慶曆元年（一〇四一）五月戊午條、宋史卷三二三趙珣傳均作「鎧仗」。

〔五〕參佐：「佐」字原脱，據長編卷一三二慶曆元年（一〇四一）五月戊午條、宋史卷三二三趙珣傳補。

〔六〕三萬：長編卷一三二慶曆元年（一〇四一）五月戊午條、宋史卷三二三趙珣傳均作「二萬」。

〔七〕揆吳：原作「擦吳」，據長編卷一三二慶曆元年（一〇四一）五月戊午條、宋史卷三二三趙珣傳改。

〔八〕殿後：「殿」字原脱，據長編卷一三二慶曆元年（一〇四一）五月戊午條、宋史卷三二三趙珣傳補。

〔九〕各：原作「谷」，據長編卷一三三慶曆元年（一〇四一）八月戊子條改。

〔一〇〕三日：此同長編卷一三三慶曆元年（一〇四一）八月戊子條。治迹統類卷七康定元昊擾邊作

「二日」。

〔一一〕慚：原作「暫」，據長編卷一三三慶曆元年（一〇四一）九月庚戌條、宋史卷三二四張亢傳改。

〔一二〕士：此同長編卷一三三慶曆元年（一〇四一）九月庚戌條。宋史卷三二四張亢傳作「方」。

〔一三〕掠：原作「括」，據綱目備要卷一一、江蘇本改。

〔一四〕依：原作「俯」，據長編卷一三三慶曆元年（一〇四一）九月壬申條、宋史卷三〇一張旨傳改。

〔一五〕麟州：原作「鄜州」，據長編卷一三三慶曆元年（一〇四一）九月壬申條、宋史卷二五五王凱傳及下文改。

〔一六〕六十五級：此同長編卷一三三慶曆元年（一〇四一）九月壬申條、治迹統類卷七康定元昊擾邊。宋史卷二五五王凱傳作「百餘級」。

〔一七〕百八十六級：此同長編卷一三三慶曆元年（一〇四一）九月壬申條。宋史卷二五五王凱傳作「百餘級」，治迹統類卷七康定元昊擾邊作「八百十六級」。

〔一八〕楊懷志：原作「楊懷志」，據長編卷一三三慶曆元年（一〇四一）九月癸酉條改。

〔一九〕籍民：原作「藉民」，據長編卷一三三慶曆元年（一〇四一）九月癸酉條、宋史卷三二六康德輿傳、江蘇本改。

〔二〇〕十餘萬：此同長編卷一三五慶曆二年（一〇四二）四月戊子條。宋史卷三一一龐籍傳無「餘」字。

〔二一〕萬：長編卷一三五慶曆二年（一〇四二）四月戊子條、宋史卷三一一龐籍傳均作「萬餘」。

〔二二〕純祐：原作「純佑」，據長編卷一三六慶曆二年（一〇四二）五月庚申條、宋史卷三一四范純祐傳改。下同。

〔二三〕至：原作「知」，據長編卷一三五慶曆二年（一〇四二）三月庚午條改。

〔二四〕乃：原作「了」，據宋史卷三三五种世衡傳改。

〔二五〕六萬餘：此同長編卷一三六慶曆二年（一〇四二）五月甲辰條。治迹統類卷七康定元昊擾邊、宋史卷三二四張亢傳、安陽集卷四七張公（亢）墓誌銘作「六百餘」。此處所記疑誤。

〔二六〕開遠堡：此同宋史卷二八九葛懷敏傳。長編卷一三七慶曆二年（一〇四二）閏九月癸巳條作「安遠堡」。

〔二七〕趙政：此同長編卷一三七慶曆二年（一〇四二）閏九月癸巳條。宋史卷二八九葛懷敏傳作「趙正」。

〔二八〕趙璘：此同宋史卷二八九葛懷敏傳。長編卷一三七慶曆二年（一〇四二）閏九月癸巳條作「趙麟」。

〔二九〕二十四道：此同長編卷一三七慶曆二年（一〇四二）閏九月癸巳條、宋史卷二八九葛懷敏傳。治迹統類卷七康定元昊擾邊作「橋十四道」。

〔三〇〕刀手：長編卷一三七慶曆二年（一〇四二）閏九月癸巳條作「手刀」。宋史卷二八九葛懷敏傳作「手刃」。

〔三一〕四隅：此同宋史卷二八九葛懷敏傳。長編卷一三七慶曆二年（一〇四二）閏九月癸巳條作「西隅」。

〔三二〕得：江蘇本作「等」。

〔三三〕居民：此同長編卷一三七慶曆二年（一〇四二）閏九月癸巳條。宋史卷二八九葛懷敏傳作「民畜」。

〔三四〕賊：原作「敗」，據長編卷一三七慶曆二年（一〇四二）閏九月癸巳條改。

〔三五〕部：此字原脱，據宋史卷二八九葛懷敏傳補。

〔三六〕柄：此字原脱，據宋史卷一一仁宗本紀、卷六〇天文志補。

〔三七〕定川：原作「定州」，據宋史卷三三五种世衡傳及江蘇本改。

注釋

① 宋史卷三〇一張旨傳載，張旨亦有以污泥飾埤以迷惑元昊事。

② 據長編卷一三五，降詔獎諭知延州龐籍等事在慶曆二年（一〇四二）四月戊子。

③ 長編卷一三六載徙張亢爲高陽關鈐轄事在慶曆二年（一〇四二）五月甲辰。

西夏紀事本末卷十五

烏程張鑑春治甫著

二廂被間

慶曆元年夏六月，詔西邊嚴備。初，陝西經略判官田况上兵策十四事，有曰：「賊將野利剛浪唆、遇乞之徒分廂主兵，皆近漢界，出入從者不過一二人，若能陰募死士，陷胸碎首，是去賊之手足。〔一〕但朝廷不惜美官重賂，則功豈難圖。」

三年春正月，①种世衡已自青澗知環州，乃設間。始元昊分山界戰士爲二廂，命兩將統之，野利統明堂左廂，遇乞統天都右廂。二將能用兵，山界人户善戰，元昊倚爲腹心。中間劉平、石元孫、任福、葛懷敏之敗，皆二將之策也。方种世衡在青澗時，即謀有以去之。有悟空寺僧光信者，②青澗人，本姓王，落魄耽酒，超勇善射，習知虜中山川，邊人謂之王和尚，多往來蕃部中。世衡察其堅樸，誘令冠帶，因出師以賊級予之，白于帥府，使爲向導，授三班借職，充經略司指使。且力爲辦其家事，凡屋室、騎從、衣食之具，悉出世衡，光信感恩既深。

一日，世衡忽怒謂光信曰：「我待汝如此，而陰與賊連，何相負也？」拽下，械係棰楚，極其苦楚。凡一月，瀕于死者數矣，光信終不伏，曰：「光信，丈夫也！公聽奸人言，欲見殺則死矣！」終不以不義自誣，毅然不顧，雖不勝其苦，卒無一詞怨望。世衡知可任事，居半年，召光信謂之曰：「吾將以事使汝，吾戒汝所不言。其苦雖有甚于此者，汝能爲卒不言否？」光信泣對曰：「蒙將軍恩教，致身榮顯，常誓以死報，而未知其所，況敢辭捶楚乎？」世衡乃草遺野利書，書詞大抵如世間問起居之儀，惟以數句隱詞，如嘗有私約而勸其速行之意于尺素，且膏以蠟。臨發，復召飲之酒，而謂曰：「塞外苦寒，吾爲若納一襖，可衣之以行，回日當復以歸我。」因置書于襖間，密縫之，告光信非瀕死不得洩，如洩之，當以負恩不能成吾事爲言。并以畫龜一幅、棗一部爲信，俾遺野利。

光信受教，始及出界，即爲邏兵所得，送野利處，致世衡命，出棗、龜投之。野利知見侮，笑曰：「吾素奇种將軍，今何兒女子見識？」度光信別有書，光信佯目左右，既而答以無有。野利不敢匿，乃與光信自所治以歸元昊，鎖光信囚于地牢。數日，元昊召野利與光信俱西北行數百里，至一大城曰興州，先詣一官寺曰樞密院、曰中書，有數胡人雜坐，野利與焉。召光信廷詰世衡書，問所在，光信堅執前對。稍稍去巾櫛、加執縛，至于捶楚極苦，光信終不易其言。又數日，召入一官寺聽事，〔二〕廣楹皆垂斑竹箔，緑衣小豎立其左右，光信意以爲元昊宫室也。少頃，箔中有人出，又以前問責之曰：「若不速言，死矣！」光信對如前，遂縛光信拷掠千餘，至脅以兵刃，光信終言無它。乃命曳出誅之，光信大號，且言曰：「始將軍遣光信密遺野利王書，戒不得妄洩，今不幸空死，不了將軍事，吾負將軍！吾負將軍！」箔中急使人追問之，光信具以對，乃褫其襖，取書以進。書入移刻，始命光信就館，優待以禮。元昊于是疑野利，陰遣愛將假爲野利使，使于世衡。世衡知元昊所遣，未即見，命屬官日館勞之。問虜中山川地形，其在興州左右者言之則詳，在野利所部多不能悉。適擒生虜數人，因令隙中視之，生虜能言其姓名，果元昊使。世衡意決，乃見之。使者傳野利語，世衡謾駡元昊而稱野利有心内附，乃厚遺使者，曰：「爲吾語若主，速決毋遲留也。」使者歸，元昊大怒，自此奪野利之兵，既又殺之。世衡知謀已行，因并欲間遇乞。

遇乞者，又嘗爲元昊謀主，守天都山，號天都大王，與元昊乳母白姥有隙。會歲除日，天都引兵巡邊，深涉漢境數宿，白姥乘間乃譖其欲叛，元昊疑之。世衡嘗得蕃酋之子蘇吃曩，厚遇之。聞元昊嘗賜遇乞寶刀，而吃曩之父得幸于天都，世衡因使吃曩竊天都利刀，許之以緣邊職任、錦袍、真金帶。吃曩得刀以還，世衡乃倡言天都已爲白姥譖死，設祭境上。爲祭文，叙歲除日相見之歡。多述天都與野利相結，有意本朝，悼其垂成。其文書之于版雜紙幣中，入夜乃火燒紙錢，川中盡明。虜見火光，引騎近邊窺覘。伺有虜至，急爇之，版字不可遽滅，乃佯委祭具，而銀器凡千餘兩，悉棄之。虜人争取器皿，得元昊所賜刀及香爐，中見祭文已燼，尚存數十字。元昊得之，又識其所賜刀，遂賜天都死。天都有大功，死不以罪，自此君臣猜貳，至不能軍。元昊既失二將，久之，始悟爲世衡所賣，遂定講和之策。鑑按：此事長編載世衡長子古于皇祐元年詣闕，〔三〕訟父功爲龐籍所掩，龐因爲辯析。今不取，但以沈氏筆談爲正。

光信後歸，盡得虜中事以報，朝廷録其勞，補右侍禁，歸姓爲王嵩，〔四〕後官至諸司使。世衡又嘗以非罪怒一蕃落將，〔五〕杖其背，僚屬爲之請，莫能得。其人杖已，即奔元昊。元昊甚親信之，得出入樞密院。歲餘，盡洞得其機事以歸，衆乃知世衡用其爲間也。羌酋有蘇息慕恩者，部落最强，世衡皆撫而用之。嘗夜與慕恩飲，出侍姬以佐之。既而世衡起入内，潛于隙中伺之。慕恩竊與侍姬戲，世衡遽出掩之。慕恩慚懼請罪，世衡笑曰：「君欲之邪？」即以遺之，由是得其死力。諸部有貳者，使慕恩討之，無不克。及卒，羌酋臨者數日，青澗及環人圖其像而祀之。上嘗降詔曰：「邊臣如此，朕復何憂！」

西夏紀事本末卷十五

校記

〔一〕是：此字原脱，據長編卷一三一慶曆元年（一〇四一）五月甲戌條補。

〔二〕聽事：原作「廳事」，據東都事略卷六一种世衡傳改。

〔三〕古：此同長編卷一六七皇祐元年（一〇四九）十一月丙申條、范文正公集卷一三東染院使种君墓誌銘、宋史卷三三五种世衡傳。東都事略卷六一种詁傳、宋文鑑卷一三九种世衡墓誌銘（范仲淹撰）均作「詁」。

〔四〕王嵩：原作「王崧」，據長編卷一三五慶曆二年（一〇四二）三月庚午條，涑水記聞卷九，宋史卷三三五种世衡傳、卷四八五夏國傳改。

〔五〕非：涑水記聞卷九無此字。

注釋

①長編卷一三八繫離間事於慶曆二年（一〇四二）。

②夢溪補筆談卷二載，法崧即光信，爲紫山寺僧人。

西夏紀事本末卷十六

烏程張鑑春治甫著

曩霄受款

慶曆元年，元昊雖數勝，然死亡瘡痍者亦殆半。人困于點集，財力不給，〔一〕國中爲「十不如」之謡以怨之。又誅殺不常，肘腋數反，終不能大斥境土。而中國兵益練習，名將稍出，頗究知敵中情狀，元昊始欲臣矣。

冬十月壬寅，張方平疏：「今賊中尺布可直錢數百，以此揣賊情，安得不困。」

十一月，右正言吴育言：「元昊名爲藩臣，其尺賦斗租不入縣官。窮漠之外，服叛不常。且已僭輿服，夸示酋豪，勢必不能自削。宜援國初江南故事，稍易其名，可以順撫而收之。」

十二月，密詔知延州龐籍招納元昊：①「元昊苟稱臣，雖仍其僭號亦無害。若改稱單于、可汗，則固大善。」籍以爲元昊驟勝方驕，若中國自遣人説之，彼益偃蹇。時西鄙用兵日久，帝心亦厭之。

二年秋閏九月，知延州龐籍言夏境黃鼠食稼，且天大旱，元昊思納款。詔命知保安軍劉拯諭元昊親信野利剛浪㖫、遇乞兄弟，言公方持靈、夏兵，儻陰圖内附，當以西平茅土分册之。野利剛浪㖫、遇乞者，二人皆元昊黨，〔二〕有材謀。剛浪㖫即旺榮也，親信用事，時邊臣多欲以謀間之。會剛浪㖫令浪埋、賞乞、媚娘等三人按：東都事略作旺榮與弟旺令、嵬名環、卧譽諍三人，未知孰是。列名爲書，詣知青澗城种世衡請降，欲議罷兵以款我師。世衡知其詐，不若因以爲間。使悟空寺僧王光信至野利處，語在二廂受間紀事。元昊于是頗疑其臣之貳己，乃遣其教練使李文貴以剛浪㖫旨至青澗報世衡，〔三〕且言：「不達所遣書意，豈欲通和乎？用兵以來，資用困乏，人情實便于和。」世衡以告龐籍，籍疑其詐，留文貴青澗城數月，賊果大入，敗懷敏于定川。〔四〕

于是籍自青澗召文貴至，謂之曰：「汝之先王及今王之初，皆不失臣節。汝曹忽無故妄加之名，使彼之民肝腦塗地，〔五〕皆汝群下之故也。我國家富有天下，雖偏師小衄，未至大損。汝一敗，則社稷可憂矣！汝歸語汝王，若能悔過稱臣，朝廷所以待汝王者，禮數必優于前。」文貴頓首曰：「此固西人日夜之願也。」籍乃厚贐使還報。時元昊國中疲困，欲納款而耻先言，及文貴還，具述籍意，乃出王光信，禮之甚厚，使與文貴復持旺榮等書來抵籍議和。籍嫌其言不遜，未敢復書，請于朝。時朝廷厭兵，且議招懷，使籍以書許其和，而稱旺榮爲太尉。籍復請曰：「太尉，天子上公，使旺榮稱之，則元昊不可得臣矣。今其書自謂『寧令』或『謨寧令』，皆虜中官稱，于義無嫌。」詔從籍言。既而旺榮等又以書來，欲仍其僭號而稱臣納款。籍曰：「此非邊臣所敢知也。」時方議修涇原城寨，籍恐元昊敗其功，故與往復計議，不絕其請。既而元昊仍使李文貴至延州議和，然猶倔强不肯削僭號，且云「如日方中，止可順天西行，安可逆天東下」。籍以其言未可屈服，乃報之此非邊臣所議，宜遣人自請。詔籍復許之。

三年春正月辛卯，建渭州籠竿城爲德順軍，用王堯臣議也。初，元昊反，以堯臣爲陝西體量安撫使，視四路山川險易。還言某路宜益兵若干，某路賊所不到，某路宜急爲備。至于諸將，可用者二十餘人，皆爲名臣。

癸巳，元昊知朝廷許和有緒，乃遣僞六宅使、伊州刺史賀從勖來納款。先，龐籍因李文貴還，答旺榮書，約以元昊自奉表削僭號，始敢聞于朝廷。于是文貴與從勖持元昊書，至保安軍。其書自稱「男邦泥定國兀卒曩霄上書父大宋皇帝」。兀卒，譯言即「吾祖」

也。②但稱其新所改名曩霄，而不稱臣。從勖又致遼使人諭令早議通和之意，又言：「本國自有國號，無奉表體式，其稱兀卒，蓋如單于、可汗之類。若南朝使人至本國，坐蕃宰相上。兀卒見使人時，離雲牀問聖躬萬福。」籍使謂之曰：「天子至尊。荆王，叔父也，猶稱臣。今名體未正，不敢以聞。」從勖因請詣闕，曰：「子事父，猶臣事君也。若得至京師，而天子不許，更歸議之。」籍乃具以聞，且言：「元昊詞稍順，必有改事中國之心。願聽從勖詣闕，更選使者往其國申諭之，彼必稱臣。凡求丐之物，當力加裁損。」時元昊與遼有釁，故請款塞，而當時議邊事者虚揣臆度，迄不得其要領。

二月庚戌，右正言梁適使延州，與龐籍議所以招懷元昊之禮，于是許賀從勖赴闕。乙卯，范仲淹、韓琦言：「元昊如大言過望，爲不改僭號之請，則有不可許者三。如卑詞厚禮，從兀卒之稱，亦有大可防者三。」

夏四月癸卯，朝廷以元昊名分未正，使僉署保安軍判官事邵良佐假著作郎，與從勖至夏州更議之。先是，良佐與賀從勖詣闕，館于都亭西驛。承受使臣取元昊書至中書、樞密院，諭從勖以「所賫來文字，名體未正。名上一字又犯聖祖諱，不敢進，却令賫回。其稱男，情意雖見恭順，然父子亦無不稱臣之禮。自今上表，只稱舊名，朝廷當行封册爲夏國主。賜詔不名，許自置官屬。其宴使人，坐朵殿之上，或遣使往彼，一如接見契丹使人禮。如欲差人于界上承領所賜，亦聽之。置榷場于保安軍，歲賜絹十萬匹、茶三萬斤，生日與十月一日賜賚之。許進奉乾元節及賀正。其沿邊興復寨栅，并如舊」。仍命良佐與從勖等往議之。其大臣或謂良佐曰：「今兹用兵，如富者與貧者賭博，貧者只宜常勝，使富者勝，貧者必匱。」其不遜如此。元昊又語衆曰：「我求罷兵，而南朝不許。」用此以歸怨激衆。

秋七月乙酉，元昊復遣如定聿捨等與邵良佐俱來，所要請凡十一事。其欲稱男而不爲臣，猶執前議也。歐陽修言：「聞朝廷欲以殿中丞任顓館伴元昊所遣來人，聞邵良佐昨來自彼，僅免屈辱而還。今元昊來人，欲乞更不差官館待，送置驛中，不須急問。至于監視饋犒，傳道語言，一了事班行足矣。」不從。諫官蔡襄言：「元昊始以『兀卒』之號爲請，邵良佐還，欲更號『吾祖』，足見羌戎悖慢之意。縱使元昊稱臣，而上書自稱曰『吾祖』，朝廷賜之書，亦曰『吾祖』，是何等語耶？」會鹽鐵判官任顓爲館伴，一切折以大義，使者詞屈。

八月，元昊使辭，群臣班紫宸殿門。以大理寺丞張子奭爲秘書丞，與右侍禁王正倫使夏州。

冬，元昊復遣其臣孫延壽等繼來議和及歲幣。〔六〕時元昊已稱臣而猶欲自賣買，及以書幣通中國，增歲賜至三十萬。詔惟許置榷場于保安軍及高平寨，博易用牛、羊、馬、駝、氈、褐，禁青鹽。生屬之部更不得侵犯。增歲賜絹、銀、茶、彩共二十五萬五千，如欲于界上承所賜，亦聽其議。乃顯所陳者。朝廷因元昊請和，遂召韓琦、范仲淹爲樞密副使，命知永興軍鄭戩代之。時元昊猶倚契丹邀索亡厭。戩至，巡邊至鎮戎軍，趣蓮花堡。天寒，與將佐置酒高會，元昊方擁兵近塞。會暮塵起，有報賊騎至，戩曰：「此必諸將按邊回爾，非賊騎也。」已而果然。元昊謂其下曰：「我已遣人使稱臣朝廷，何爲復用此公護諸將耶？」及疆事少寧，即還知永興。而晏殊等厭兵，將一切從之，琦力陳不便，帝嘉納之。

四年夏五月丙戌，元昊始稱臣，自號夏國主，復遣其臣尹與則、楊守素來議事，且上誓表言：「兩國不通和好，已歷七年，邊陲屢經久敵。今立誓之後，其前掠奪過將校及蕃漢人户，各更不取索。自今緣邊蕃漢人逃背過境，不得遞相襲逐酬賽，并逐時送還宥州保安軍，無或隱避。臣近者以本國城寨進納朝廷，其係栲栳、鐮刀、南安、承平四處地分，及他處邊境見今蕃漢人户住坐之處，并乞以蕃漢爲界，仍于本界修築城堡，各從其便。朝廷每年所賜絹一十三萬匹、銀五萬兩、茶三萬斤，〔七〕進奉乾元節回賜銀一萬兩、絹一萬匹、茶五千斤，〔八〕進奉賀正回賜銀五千兩、絹五千匹、茶五千斤，每年賜中冬時服銀五千兩、絹五千匹，并賜臣生日禮物銀器二千兩、細衣著一千匹，〔九〕伏乞無致改更，臣更不以他事輒幹朝廷。只今本國獨進誓文不合，亦乞頒賜誓詔，〔一〇〕蓋欲世世遵承，永以爲好。儻君親之義不存，臣子之心渝變，使宗祀不永，子孫受誅。其誓表伏請藏于盟府。」

先是，韓琦、范仲淹并對上四策曰：「元昊定川之戰，作僞詔，誘邊人，欲定關中。蓋漢多叛人，陷于窮漠，必以苻秦、元魏事游説元昊，使其侵取漢地，而以漢人守之，則富貴可如其意。乃知非獨元昊志在侵漢，實漢之叛人爲賊謀也。」其三曰：「元昊巢穴，實在河外。河外之兵，懦而罕戰。惟横山一帶，人馬精勁，悦習戰鬥，與漢界相附，每入寇必爲前鋒。請于鄜延、環慶、涇原路各爲三軍，觀賊之隙，使三軍互掠于横山。元昊若失横山之勢，可謂斷去右臂，此攻策之得也。」至是，諫官余靖亦言：「景德中，契丹舉國深入，先帝與之對壘河上，止以三十萬通和。今元昊解仇，與物遂至二十六萬。且元昊書其名雖順，其詞甚悖，自言通和之事，非其本心。今與物雖多，豈敢撤備？又契丹聞元昊得物之數，寧不生心？凡元昊所求，不宜盡許，惟審計之。」不從。

是月，鄜延經略司言，西賊寇青澗城，宣武副都頭劉岳等與之戰，敗之。

九月，元昊復遣楊守素來議事。

冬十月庚寅，賜西夏詔曰：「敕省所進誓表事，具悉。朕臨制四海，廓地萬里，西夏之土，世以爲胙。今乃納忠悔咎，表于信誓，質之日月，要之鬼神，及諸子孫，永無渝變。申忱覆懇，朕甚嘉之。俯閱來誓，一皆如約。所宜明諭國人，藏書祖廟。自今以往，永保安和。」

十二月乙未，遣祠部員外郎張子奭等册元昊爲夏國主，更名曩霄。其詞曰：③「維慶曆四年，歲次甲申，十二月戊子朔，二十四日辛亥，皇帝若曰：於戲！昔夏后薄四海，建方伯，化克乂安；漢氏載甲令，胙萬國，〔一一〕德以長楙。何則？外爲余屏，既有以效其績；内信厥賞，亦所以異其寵。今兹錫命，是焉稽古。咨爾曩霄，沉毅而敏，靖恭以柔，撫愛有衆，〔一二〕保于右壤。惟爾考一其心力，服勤王事，寵以書社，光啓乃邦。我國家歲時賚賜，使介存恤，著在盟府，號爲懿勛。洎爾承嗣，率乃舊服。〔一三〕向以稱謂非正，疆候有言，鄙民未孚，師兵久戍。而能追念前眚，自歸本朝。騰章累請，遣使遝道。忠悃内奮，誓言外昭。要質天地，暴情日月。朕惟春秋功除之法，易象復順之常，嘉其自新，待以殊禮。况繼世維烈，委質有初，推顯舊勞，開迪大順。是用錫以典册，副之印綬。今遣尚書祠部員外郎張子奭充册禮使，東頭供奉官、閤門祗候、延州都監張士元充副使，持節册命爾爲大夏國主，〔一四〕永爲宋藩輔。夫濟美莫若孝，奉上莫如忠。保人禁暴，克綏爾功。朕固不忘底定于西陲也。往欽哉！其光膺寵命，可不慎歟！」仍賜對衣、〔一五〕黄金帶、銀鞍勒馬、銀二萬兩、絹二萬匹、茶三萬斤，册以漆書竹簡，賜金塗銀印，文曰「夏國主印」。約稱臣，奉正朔，改所賜敕書爲詔而不名，許自置官屬。使至京，就驛貿賣，宴坐朵殿。朝廷使至其國，相見用賓客禮。置榷場于保安軍及高平寨，第不通青鹽。子奭既行，尋有詔即所在止之，候契丹使至别議。

十二月，余靖使遼還，知契丹已與夏和，乃遣子奭遂事，命國子博士高良夫等會夏人畫疆界。然朝使往，止留館宥州，終不復至興、靈，而元昊帝其國中自若也。

五年春二月壬辰，夏國主曩霄初遣使來賀正旦，自是歲以爲常。詔陝西、河東經略司：「夏國雖復稱臣，其令邊臣益練軍，〔一六〕毋得輒弛邊備。」

三月，樞密副使龐籍言，曩霄已受封册，望早令延州、保安軍立定封界。

夏四月，夏國主曩霄初遣使來賀乾元節，自是歲以爲常。

閏五月丙午，夏國主遣使謝册命。

秋八月癸酉，詔：「夏國比進誓表，惟延州、保安軍别定封界，自餘皆如舊境。其令陜西、河東嚴戒邊吏，務守疆土，無得輒有生事。」鄜延經略司言，④夏國未肯明立封界，詔保安軍移文宥州，令遵守誓約指揮。

冬十月辛未，始班曆于夏國。

六年春正月己丑，賜夏國主詔曰：⑤「向膺典册，詔啓國封，方逾歲月之周，自固丹青之信。忽披奏牘，且覽繪圖，具詳忠順之誠，務爲悠久之計。爰因敷請，亦盡輸陳。去冬嘗有邊屬户蕃部先没在西界，不因招誘而歸。骨肉住坐，本不係逃背之人。兼誓詔所不載，適因來奏，更設誓條。已敕邊臣，自今如有逃過漢界，雖係舊邊户，亦不爲容納。其緣邊封境，只以誓詔所載爲定。其堅永好，以副朕懷。」

夏四月甲戌，賜詔曰：⑥「自膺典册，已歷歲年。敦守信盟，確然不易。朕于君臣之義，尤篤初終。昨詔自今更有人民逃過漢界，雖係舊屬户蕃部，亦不容納，即當部送本處。今所請欲以此一事，附人前來誓詔，用以秘藏，以彰悠遠。朕嘉從國主之意，兼所益事條，已頒下邊將遵守。彼所睹聞，更在嚴飭疆吏，勿縱侵犯。安民保福，以永無窮。」

秋九月甲午，賜詔曰：⑦「向受册封，備觀誠節。心既傾于忠順，誼益保于悠長。比閱奏函，尚陳疆事，斯則前皆立制，已有定規，然其間或有事理，更須通曉。今差尚書刑部員外郎張子奭于保安軍計會，差來人將邊界事節面更商議。」

冬十月丁未朔，詔：「比遣張子奭往延州與夏國議畫事，其豐州地，當全屬漢界。或所議未協，聽以横陽河外向所侵耕四十里爲禁地。若猶固執，即以横陽河爲界。」初，夏國既獻臥貴龐、吴移、〔一七〕已布等九寨，又納豐州故地，欲以没寧浪等處爲界，下河東經略鄭戩。戩言没寧浪等處并在豐州南，深入府州之腹，若如其議，則麟、府二州勢難以守，直宜以横陽河爲界。帝乃以戩所上地圖付子奭往議之。

十一月己卯，遣著作佐郎楚建中往延州同議夏國封界事，以張子奭道病故也，即以建中管勾鄜延經略司機宜。時元昊納款，建中數白主帥請備之，乃命建中築安定、黑水等八堡，以按東路之衝。〔一八〕元昊犯邊，以鄜延有備，不敢入。建中事見合璧事類，作哲宗，實録疑有誤。

西夏紀事本末卷十六

校記

〔一〕財：原作「則」，據宋史卷四八五夏國傳改。

〔二〕二：原作「三」，據長編卷一三八慶曆二年（一〇四二）是歲條、涑水記聞卷九改。

〔三〕使：原作「都使」，據長編卷一三八慶曆二年（一〇四二）十二月是歲條、宋史卷四八五夏國傳改。

〔四〕定川：原作「定州」，據長編卷一三八慶曆二年（一〇四二）十二月是歲條、宋史卷三一一龐籍傳、江蘇本改。

〔五〕彼：長編卷一三八慶曆二年（一〇四二）十二月是歲條作「彼此」。

〔六〕孫：長編卷一四五慶曆三年（一〇四三）十二月丙申條、宋史卷四八五夏國傳均作「張」。

〔七〕三萬：長編卷一五二慶曆四年（一〇四四）十月己丑條、宋大詔令集卷二三三作「二萬」。

〔八〕五千：此同長編卷一五二慶曆四年（一〇四四）十月己丑條。宋大詔令集卷二三三作「五萬」。

〔九〕細衣著一千匹：宋大詔令集卷二三三此下另有「衣着一千疋」。長編卷一五二慶曆四年（一〇四四）十月己丑條此下另有「雜帛二千匹」。

〔一〇〕頒：原作「領」，據長編卷一五二慶曆四年（一〇四四）十月己丑條、宋大詔令集卷二三三改。

〔一一〕萬：宋大詔令集卷二三三作「方」。

〔一二〕愛：此原同長編卷一五三慶曆四年（一〇四四）十二月乙未條作「爰」，今據宋大詔令集卷二三三改。

〔一三〕服：長編卷一五三慶曆四年（一〇四四）十二月乙未條、宋大詔令集卷二三三均作「物」。

〔一四〕爾：此字原脱，據宋大詔令集卷二三三、長編卷一五三慶曆四年（一〇四四）十二月乙未條補。
〔一五〕對：原作「御」，據長編卷一五三校勘記二四、宋史卷四八五夏國傳改。
〔一六〕軍：此字原脱，據長編卷一五四慶曆五年（一〇四五）二月己亥條補。
〔一七〕吴：此字原脱，據長編卷一五九慶曆六年（一〇四六）十月丁未條補。
〔一八〕按：宋史卷三三一楚建中傳作「控」。

注釋

①長編卷一三八繫密詔事於慶曆二年（一〇四二）。
②西夏文「皇帝」二字漢語發音爲「兀卒」。部分宋朝人認爲「兀卒」意爲「吾祖」，實誤。
③此詔令即宋大詔令集卷二三三册夏國主文。
④據長編卷一五七慶曆五年（一〇四五）八月庚辰條，鄜延經略司言事在八月庚辰。
⑤此詔令載於宋大詔令集卷二三四。
⑥此詔令即宋大詔令集卷二三四賜夏國主詔。
⑦此詔令即宋大詔令集卷二三四賜夏國主詔。

西夏紀事本末卷十七

烏程張鑑春治甫著

寧令弑逆

慶曆八年春正月辛未，夏國主曩霄殂。曩霄凡五娶，一曰遼興平公主。遼太平十一年，興宗即位，以興平公主下嫁李元昊，以元昊爲駙馬都尉。蓋遼真宗之姊也。元昊待之甚薄，因病被脱，元昊亦不視之。真宗雖忿恨，然亦無如之何。重熙七年四月己巳，遼以興平公主之薨，遣北院承旨耶律庶成持詔問夏國王李元昊，公主生與元昊不睦，没詰其故，亦但慰問而已。二曰宣穆惠文皇后没藏氏，生諒祚。三曰憲成皇后野力氏。四曰妃没啰氏。五曰索氏。

或曰曩霄凡七娶，而後房所愛者不與焉。一曰米母氏，〔一〕舅女也，生一子，以貌類它人，殺之。二曰索氏。三曰都羅氏，早死。四曰咩迷氏，生子阿理，謀弑曩霄，爲卧香乞所告，〔二〕沈于河，并殺咩迷氏。五曰野利氏，遇乞從女也，〔三〕頎長，有智謀，曩霄畏之，戴金起雲冠，令它人不得冠。生三子，曰寧明，喜方術，從道士學辟穀，氣忤而死。次寧令哥。寧令者，華言「大王」也，國語謂「歡喜」爲「寧令」〔四〕。亦「兩岔」，河名也。①母没藏氏從元昊出獵，②至此而生，因以名焉。曩霄以貌類己，特愛之，以爲太子。次薛埋，早死。後復納没移皆山女，營天都山以居之。野利之族宣言曰：「吾女嫁二十年，止故居，而得没移女，乃爲修内。」曩霄怒。會有告遇乞兄弟謀以寧令哥娶婦之夕作亂者，曩霄遂族遇乞、剛浪淩、城逋等三家。既而野利氏訴，我兄弟無罪見殺，曩霄悔恨，下令訪遺口，得遇乞妻閤于三香家，後與之私通。野利氏覺之，乃出之爲尼，號密藏大師。六曰耶律氏。七曰没藏氏，爲没藏訛哤之妹。初欲爲寧令哥妻，曩霄見其美，自娶之，號爲「新皇后」。元昊愛之，後乃生諒祚者也。

寧令哥之母野利氏，既怨曩霄之移愛于没藏，而寧令哥亦憤怒，諒祚之母之兄没藏訛哤者亦黠虜，因勸寧令哥以弑逆之謀。會野利氏欲除没藏，授戈于寧令哥，使圖之。寧令哥間入曩霄之室，猝與曩霄遇，遂刺之。不殊，劓其鼻而去，匿大佐没藏訛哤家，爲訛哤仆而梟之。明日，曩霄因鼻創死，年四十六。曩霄既死，國人謚曰武烈皇帝，廟號景宗，墓曰泰陵。二十五日，賜夏國主賻贈詔曰：「詔夏國主：喪葬之儀，孝子之大節；賵賻之禮，國家之至恩。眷惟忠順之邦，宜厚哀榮之恤。緬惟荼毒，深用惻傷，俾遺使車，勉膺慰錫。今差文思使張惟忠充弔慰使，〔五〕兼賜安葬故母物色，具如別録，至可領也。故茲詔示，想宜知悉。冬寒，比平安好否？書指不多及。」③

没藏氏者既娠而曩霄死，乃爲尼，寓于興州之戒壇院。曩霄遺言立從弟委格寧令，其大酋諾伊尚都等與没藏訛哤議所立。没藏，大族也，訛哤爲之長。衆欲如遺言立委格寧令，没藏訛哤獨弗許，曰：「委格寧令非子，且無功，安得有國！」諾伊尚都曰：「國今無主，然則何所立？不然，爾欲之乎？爾能保有夏土，則亦衆所願也。」訛哤曰：「予何敢哉？夏自祖考以來，父死子繼，國人乃服。今没藏尼娠，先王之遺腹，幸而生子，則可以嗣先王矣。誰敢不服！」衆曰：「然。」遂立没藏尼爲太后。曩霄死三月而生男，是爲諒祚，以毛惟昌、高懷正之妻更乳之，而政在没藏氏。惟昌、懷正皆中國人，本遇乞帳下，故親待之。已而懷正貸銀夏人，惟昌竊衣曩霄所與盤龍服，皆爲訛哤所族。

二月，夏遣使楊守素來告其主曩霄之喪。時京西轉運使任顓適奏計京師，乃仍命顓爲館伴。顓問守素曩霄所以死，守素不能對，訖還，不敢肆。命開封府判官曹穎叔爲祭奠使，六宅使鄧保信爲吊慰使，〔六〕賜絹、布、羊、米、面、酒如例。夏亦遣使告于遼，遼遣使夏慰奠。

夏四月己巳，册諒祚爲夏國主，以祠部員外郎任顓等爲册禮使。〔七〕諒祚生甫三月，諸將未和，議者請因諒祚幼弱，母族專國，以節鉞啖其三大將，使各有部分，以披其勢，可以得志。陝西安撫使程琳曰：「幸人之喪，非所以柔遠人，不如因而撫之。」帝乃遣使册。時夏人方圍慶陽，琳復止詔使于鄜，曰：「敵人貪此，可紓慶陽之難。」乃具禮幣賜予之數移報之。果喜，即日迎册使，而慶陽之圍亦解。

西夏紀事本末卷十七

校記

〔一〕米母氏：長編卷一一五景祐元年（一〇三四）十月丁卯條、綱目備要卷一〇、宋史全文卷七下、東都事略卷一二七西夏傳均作「母米氏」。

〔二〕告：此字原脱，據長編卷一六二慶曆八年（一〇四八）春正月辛未條補。

〔三〕野利氏遇乞從女：「野利氏」，此同宋史全文卷八下、西夏書事卷一八。宋史卷四八五夏國傳作「野力氏」，未言野力氏與遇乞的關係。

〔四〕歡喜：宋史卷四八五夏國傳作「歡嘉」。

〔五〕使張惟志：「使」，此同宋大詔令集卷二三四賜夏國主賵贈詔、文忠集卷八五賜夏國主（賵賻）詔。

長編卷一八四嘉祐元年（一〇五六）十二月戊辰條、宋史卷四八五夏國傳作「副使」。「張惟志」，此同文忠集卷八五賜夏國主（賵賻）詔。長編卷一八四嘉祐元年（一〇五六）十二月戊辰條、宋史卷四八五夏國傳作「張惟清」，宋大詔令集卷二三四賜夏國主賵贈詔作「張惟忠」。

〔六〕鄧保信：原作「鄧報信」，據長編卷一六三慶曆八年（一〇四八）二月丁丑條、宋史卷四八五夏國傳改。

〔七〕祠部：此同長編卷一六四慶曆八年（一〇四八）夏四月己巳朔條。宋史卷四八五夏國傳、西夏書事卷一八作「刑部」。

注釋

① 西夏書事卷一八慶曆七年春二月條記諒祚「始名寧令兩岔」。夢溪筆談卷二五雜志載，「寧令」漢語意爲「大王」。隆平集卷二〇夏國傳、長編卷一六二慶曆八年春正月載，「寧令哥」爲諒祚兄之名。從宋史夏國傳對諒祚小字的釋義來看，小字應該是叫「寧令兩岔」。爲紀念諒祚誕生在兩岔河，所以取名中有河名，這樣才符合宋史對小字的解釋。本書卷首西夏地形圖中，在靈州境内標有一處叫「分山口」的山口名，其下標注爲「夏賊犯邊之路」。其左旁標注「寧令口」。取名「寧令口」，很可能是爲了紀念夏毅宗諒祚的誕生。故「分山口」之「分山」二字很可能是在地圖的

傳抄過程中致誤，原本是河名的「兩岔」慢慢訛變成山口名。

② 母没藏氏，此同宋史卷四八五夏國傳。據長編、東都事略等及文意，寧令哥爲元昊妻野利氏之子，此處疑誤。

③ 據宋大詔令集卷二三四，本詔實爲宋賜夏國主諒祚之母喪詔，本書卷二〇諒祚淫狡嘉祐元年冬十二月條即載此詔。此處誤載。另，寧夏銀川市西夏陵墓出土西夏文殘碑M108∶2＋19（參見李範文編釋西夏陵墓出土殘碑粹編圖版柒伍）中有「風角」字樣。西夏文文獻妙法蓮華經序中有「其後，風角城皇帝以本國語言，興起番禮，創造文字，翻譯經典」等語。譯文參見史金波著西夏佛教史略第二三六頁。據考證，「風角城皇帝」即夏景宗元昊，參見李範文撰西夏皇帝稱號考，載西夏研究論集，第七六頁至第七八頁。

西夏紀事本末卷十八

烏程張鑑春治甫著

南壁債軍

慶曆二年春二月，知保州王果言：「遼人潛與元昊相結，謀興師，請豫備。」因詔北邊戒嚴。

三月己巳，遼遣南院宣徽使蕭特末、〔一〕翰林學士劉六符來求關南之地，且問興師伐夏之故。其書略曰：「李元昊于北朝爲甥舅之親，設罪合致討，曷不以一介爲報。儻思久好，共遣疑懷，以晉陽舊附之區、關南元割之縣見歸敝國，亦共康黎元之意也。」

夏六月，富弼使遼。遼主曰：「南朝違約，塞鴈門。」弼曰：「塞鴈門者，備元昊也。」

三年春正月辛未，遼遣同知析津府事耶律敵烈、樞密院都承旨王惟吉諭夏國與宋和。并遣使來言元昊欲歸款。

癸巳，元昊上書請和。

夏四月庚子，夏遣使進馬、駝于遼。

秋七月庚寅，元昊遣使上表于遼，請出師南伐，遼主不從。時元昊遣吕你、如定至宋講和已有成説矣。遼遣使來請勿納元昊，朝廷未知所答。禮部郎中吴育因上疏曰：「契丹受恩，爲日已久，不可納一叛羌，失繼世兄弟之歡。宜使人諭元昊曰：『契丹汝世姻，一旦自絶，力屈而歸我，我所疑也。若無佗者，〔二〕當順契丹如故，然後許汝歸款。』告契丹曰：『已詔元昊，如能投謝轅門，即聽内附。若猶堅拒，當爲討之。』如此，則彼皆不能歸罪我矣。」于是召兩制出契丹書，令兩制同上對，不易育議。

冬十月壬子，遼以夏人侵党項，遣延昌宫使高家奴讓之。元昊辭不報，自稱西朝，謂契丹爲北邊。又言請戢所管部落，所貴不失兩朝歡好。遼主既以强盛夸于中國，深恥之。

四年夏四月甲寅，遼南院大王耶律高十奏，党項等部及夾山部落呆兒族八百户叛附夏國。〔三〕

丙辰，西南招討都監羅漢奴、詳穩斡魯母等奏，山西部族節度使屈烈以五部叛入西夏，〔四〕乞南北府兵援送，實威塞州户。詔富者遣行，餘留屯天德軍。遼復命耶律侯哂巡西邊沿河要地，多建城堡以鎮之。

五月壬戌朔，遼羅漢奴奏，所發部兵與党項戰不利，招討使蕭普達、四捷軍詳穩張佛奴歿于陣。李元昊來援叛黨。

戊辰，遼詔徵諸道兵會西南邊以討元昊。

丙戌，元昊始來稱臣，自號夏國主。復遣尹與則、楊守素來議事。先至延州道，元昊語曰：「朝廷果欲議和，但當下輸本國，何煩遠求契丹？」

六月，元昊遣使窊邑改乞援于阻卜，今準布。阻卜酋長烏八遣其子執窊邑改以聞于遼，且乞以兵助戰。許之。

甲午，遼主駐永安山，以將伐元昊。

秋七月癸未，遣使耶律元衡來告宋曰：「請爲中國討賊，慎無與和也。」時朝廷欲加元昊封册，而遼使適至，帝疑遼與元昊同謀以見欺，欲調發爲備，召群臣議之。富弼言：「契丹實有怨于元昊耳，保無他也。」余靖言：「契丹挾詐，不可輕許。」

戊戌，以右正言余靖如遼爲回謝使，致賵禮，且觀其誠否。其復書略曰：「若以元昊于北朝失事大之體，則自宜問罪。或謂元昊于本朝稽效順之故，則何煩出師。矧延州昨奏，元昊已遣楊守素將誓文入界，儻不依初約，則猶可沮還，如盡遵承，則亦難却也。」因留夏國封册不發。

是月，夏遣使朝于遼。

八月乙未，遼以夏使對不以情，羈之。

丁巳，夏復遣使如遼，詢以事宜，又不以實對，笞之。

九月壬申，遼主乃舉衆西伐。自雲州西約五百里夾山之側，會大軍于九十九泉，以皇太弟重元、北院樞密使韓國王蕭惠將先鋒，東京留守趙王蕭孝友率師以從。國内騷動，糧饋相繼。先是，契丹預峙芻茭以備冬，元昊密令人焚之殆盡，兵多餓死。

冬十月，遼興宗親將騎兵十萬出金肅城，遣弟重元將騎兵七千出南路，樞密使蕭惠將騎兵六萬出北路，三路濟河長驅。又以蕭朮哲將衛兵，耶律義先爲十二行糾都監。

庚寅，祭天地。

丙申，獲党項偵人，射鬼箭。入夏境四百里不見敵，據德勝寺南壁以待。〔五〕惠與元昊戰于賀蘭山，〔六〕以古迭爲先鋒。夏人伏兵掩之，古迭力戰，麾下士多没，乃單騎突出。遇夏王李元昊來圍，勢益急。古迭馳射，應弦輒仆，躍馬直擊中堅，夏兵不能當。晡，乃還營。迭里得亦將偏師首入敵境，多所俘掠。

元昊見契丹兵盛，丁酉，上表謝罪，退師十里。

己亥，元昊遣使如遼，欲收叛黨以獻，從之。

辛亥，元昊遣使且進方物，遼主詔北院樞密副使蕭革迓之。

壬子，軍于河曲。革言元昊親率党項三部以待罪。遼命革詰其納叛、背盟之故，元昊伏罪。時兩甄各據山，嚴兵相待，曩霄親奉巵酒爲壽，大合樂，仍折箭爲誓。遼主亦賜元昊酒，許其自新，遣之。遼主欲還，蕭惠曰：「元昊忘奕世恩，萌奸計，車駕親臨，不盡歸所掠。天誘其衷，使彼來迎。天與不圖，後悔何及！且大軍既集，宜加討伐，不可許和。」

先是，元昊與遼兵戰，屢勝。而契丹至者日益衆，元昊望之大駭，曰：「何如此之衆也？」乃使人行成，退數十里以避之。契丹不許，引兵壓西師而陣。元昊以未得成言，又退師三十里以候。凡三退，將百里，〔七〕每退必赭其地，契丹馬無所食，因許和。元昊乃遷延以老之，度其馬飢士疲，因縱兵急攻惠營。

詰旦，癸丑，①遼督數路兵掩襲，夏人列拒馬于河西，蔽盾以立，惠擊敗之。元昊走，惠麾先鋒及右翼邀之。夏人千餘潰圍出，遼師逆擊。大風忽起，飛沙眯目。軍亂，夏人乘之，〔八〕蹂踐而死者不可勝計。元昊乘勝攻南壁，遼師大敗。〔九〕遼主從數騎走，〔二〇〕幾不得免，元昊命勿追。初，元昊獲遼人，輒劓其鼻，有奔北者，惟恐追及。遼主之免也，伶官羅衣輕止之曰：「且觀鼻在否？」遼主怒，以毳索繫帳後，將殺之。既而元昊入樞密使蕭孝友寨，執駙馬蕭胡覩以去。

丁巳，元昊遣使以先被執者來歸，遼亦遣所留夏使還之。遼主懼爲宋所知，乃出牓幽州，稱元昊歸款，以自夸大。其略曰：「元昊曩自先朝求爲鉅援，據一方之裂壤，迨三世以襲封。」又曰「鴞音易變，犬態多端。忘牢養之深恩，恃狂悖之凶性。擅誘邊俗，巧諜歡鄰。罪既貫盈，理當難赦。是用躬驅鋭旅往覆危巢，方邇賊庭乞修覲禮」云云。然燕人皆知其妄。我之諜者又見其輿尸、重傷者，自西相繼而至，其敗益明。

十一月辛酉，遼主第將校功罪，欲誅蕭孝友，以太后救免。是役也，耶律宜新一軍獨全。

甲子，班師。

十二月，遼遣同知點檢司事耶律裹履奉詔索駙馬都尉蕭胡覩于夏。三返。

戊申，蕭胡覩自夏歸于遼。

五年春正月丙子，遼遣使來告討夏人回。時夏人乞款于遼，遼主以其前後反覆，命遣右夷離畢蕭滴冽往覘誠否。滴冽因爲夏主陳述禍福，聽命乃還。

甲申，夏遣使進鶻于遼。

夏六月庚辰，夏遣使貢于遼。

冬十月乙卯，遼遣使來致九龍車及所獲夏國羊馬。〔三〕

西夏紀事本末卷十八

校記

〔一〕蕭特末：長編卷一三五慶曆二年（一〇四二）三月己巳條，宋史卷一一仁宗本紀、卷三一三富弼傳作「蕭英」。按「蕭英」爲「蕭特末」漢名。

〔二〕佗：江蘇本作「它」。

〔三〕呆兒族：此同宋史卷三一三富弼傳、卷四八五夏國傳，東都事略卷六八富弼傳、琬琰集上集卷五富鄭公弼顯忠尚德之碑（蘇軾撰）、南陽集卷二九富文忠公（弼）墓誌銘、范忠宣集卷一七富公（弼）行狀、東坡全集卷八七富鄭公（弼）神道碑等。宋史全文卷八下、范文正奏議卷下奏乞宣諭大臣定河東捍禦、儒林公議卷下均作「呆家族」，東都事略卷一二七西夏傳作「保家族」，東都事略卷五六杜衍傳、宋名臣言行録前集卷七杜衍、琬琰集中集卷四杜祁公衍墓誌銘（歐陽修撰）、宋宰輔編年録卷五等作「銀瓮族」。

〔四〕部族：原作「郡族」，據遼史卷一九興宗本紀、江蘇本改。

〔五〕德勝寺：宋史卷四八五夏國傳作「得勝寺」。

〔六〕山：宋史卷四八五夏國傳作「山北」。

〔七〕百里：宋史卷四八五夏國傳作「百餘里」。

〔八〕軍亂夏人乘之：「亂夏」二字原脱，據遼史卷九三蕭惠傳補。

〔九〕大敗：江蘇本作「大潰」。

〔一〇〕數騎：長編卷一五二慶曆四年（一〇四四）冬十月癸丑條作「數十騎」。

〔一一〕九：原作「元」，據長編卷一五七慶曆五年（一〇四五）冬十月乙卯條、宋史卷一一仁宗本紀改。

注　釋

①遼史卷九三蕭惠傳、續資治通鑑卷四七未載明時間爲「癸丑」。

西夏紀事本末卷十九

烏程張鑑春治甫著

蕭惠再敗

慶曆八年，遼重熙十七年也。春正月，夏國主李元昊薨，其子諒祚使告哀于遼，①遼即遣永興宫使耶律褭里、右護衛太保耶律興老、將作少監王全慰奠。

三月丙午，〔一〕夏諒祚遣使上其父元昊遺物于遼。

丁卯，鐵不得國使遼，乞以本部軍助遼攻夏，不許。

冬十一月乙未朔，遼遣使括馬，以將伐夏故也。遼主將城西邊，命東北路統軍使鐸軫相地，〔二〕鐸軫因成樓船百三十艘。上置兵，下立馬，規制堅壯，遼主嘉之。

皇祐元年春正月甲午朔，日有食之。

三月，〔三〕遼將伐夏。戊戌，遼留夏國賀正使不遣。

己亥，遣使以伐夏來告。

夏六月壬戌朔，遼以韓國王蕭惠爲河南道行軍都統，趙王蕭孝友、漢王貼不副之。時遼軍分三道，惠等所將爲南道，其北道則行軍都統耶律和克敵魯古將之，〔四〕中道則遼主自將。尚未發也。

己巳，以遼師伐夏，遣錢明逸致贐禮，且報聘也。

辛巳，夏使貢于遼，遼留之不遣。②

秋七月戊戌，遼主親帥師伐夏，以太弟重元、北院大王耶律仁先爲前鋒。蕭迭里得奏：「軍馬器械之事，〔五〕務在選將。夏人豈爲難制，但嚴設斥堠，不用掩襲計，何慮不勝？」遼主曰：「卿其速行，無後軍期。」既而迭里得失利。

八月辛酉，遼師渡河，不見敵而還。時耶律鐸軫方奉詔由別道會于河濱，敵兵阻河而陣，遼主御戰艦絶河擊敵。退，因以大捷聞。遼主遂親賜鐸軫卮酒，問其所欲。鐸軫曰：「臣幸被聖恩，得效駑力，萬死不能報國，〔六〕又將何求？」遼主益喜，手書鐸軫衣裾曰：「勤國忠君，舉世無雙。」

九月，北院樞密使蕭惠帥師自河南進，戰艦、糧船綿亘數百里。〔七〕既入敵境，偵候不遠，〔八〕鎧甲載于車，軍士不得乘馬。諸將咸請備不虞，惠曰：「諒祚必自迎車駕，何暇及我？無故設備，徒自弊耳。」數日，軍未立營。候者報夏師至，惠方詰妄言罪。諒祚從阪而下，惠與麾下不及甲而走。追者射惠，幾不免，軍士死傷尤衆。

冬十月，遼北道行軍招討使都統敵魯古率阻卜諸軍攻夏涼州，至賀蘭山，獲夏國主嫡母及其官僚家屬以歸。夏以三千人扼險力戰，破之。烏古敵烈部都詳穩蕭慈氏奴、南剋耶律斡里死焉。慈氏奴，蕭惠子也。師還，信先、興宗等皆被責，獨以惠子慈氏奴中流矢歿于陣，詔釋其罪，贈慈氏奴平章事。

是歲，夏改元延嗣寧國。

二年春正月庚子，論伐夏諸將士功罪，封耶律敵魯古爲漆水郡王，其所屬將校阻卜等部長，各進爵有差。

辛丑，遼遣使問罪于夏。

二月丁亥，夏將洼普、猥貨、乙靈紀等來攻金肅城，南面林牙耶律高家奴及攝西南面招討使耶律僕里篤、〔九〕林牙耶律撻不也與同知金肅軍事耶律獨攧等破之，斬首萬餘級。洼普被創遁去，殺猥貨、乙靈紀。

三月戊戌，遼殿前都點檢蕭迭里得率輕兵督戰，與夏人戰于河南三角川，敗之。斬候者八人，擒觀察使，以功命知漢人行宫都部署事。

庚子，遼遣殿前副點檢耶律益等來告伐夏國還。

癸卯，命西南面招討使蕭蒲奴、北院大王宜新、林牙蕭撒抹帥師伐夏。〔一〇〕以行宫都部署别古得監戰，案軍邊城，以爲聲援。

夏五月癸巳，遼蕭蒲奴等入夏境，不與敵遇，縱軍俘掠而還。蕭奪剌至蕭惠敗績之地，獲偵候者，知人煙聚落多國人陷没而不能還者，盡俘以歸。

丁酉，夏洼普降于遼。

秋九月壬寅，夏侵遼邊界，漆水郡王敵魯古遣六院軍將海里擊敗之。夏人數不得志于遼，始議通使。

冬十月辛未，夏國主諒祚母没藏氏遣使，乞依舊稱藩。遼因其使還，詔别遣信臣至，當徐圖之。

十二月壬子，夏國諒祚遣使上表于遼，言遵母訓，乞依舊臣屬。夏改元天祐垂聖。

三年春二月甲申，遼遣前北院都監蕭友括等使夏國，〔一一〕索党項叛户。

夏五月癸丑，蕭友括等使夏還。夏國主諒祚之母上表，乞如党項權進馬、駝、牛、羊等物。

己巳，夏遣使如遼，求唐隆鎮及乞罷所建城邑，遼主以詔答之。

丙戌，遼以所獲夏國王李元昊妻及前後所俘夏人安置蘇州，以伐夏所獲物遣使來遺。

四年冬十月丁亥，夏國諒祚遣使如遼，乞弛邊備。遼即遣蕭友括奉詔諭之。

五年春三月癸亥，夏諒祚以遼賜詔許降，遣使謝。

秋九月，夏及遼平。

壬辰，夏主遣使進降表于遼。

甲午，遼遣南面林牙高家奴等奉詔諭之。

是歲，夏改元福聖承道。

至和元年春正月戊子，夏遣使貢方物于遼。

夏五月己巳，夏乞進馬、駝于遼，遼主命歲貢之。

壬辰，夏遣使貢于遼。

秋七月己巳，夏諒祚遣使如遼求昏。

冬十月，夏進誓表于遼。

二年春二月甲寅，夏遣使如遼，賀加尊號。

秋八月己丑，遼興宗殂，遣使報哀于夏。

九月壬午，遼遣使賜夏國先帝遺物。

嘉祐三年夏五月癸酉，夏遣使如遼，會葬欽哀太皇太后。

八年春正月辛未，〔一二〕遼禁民鬻銅于夏。③

英宗治平二年夏五月辛巳，夏遣使貢于遼。

三年春正月，契丹始改國號曰大遼。

四年冬十一月壬辰，夏國遣使進回鶻僧、金佛、梵覺經于遼。

十二月，夏國主諒祚殂，年二十一。國人謚曰昭英皇帝，廟號毅宗，葬安陵。子秉常即位，時年七歲，梁太后攝政。

神宗熙寧元年春三月，夏遣使告哀于遼，遼亦遣人吊祭。

西夏紀事本末卷十九

校　記

〔一〕三月：原作「二月」，據遼史卷二〇興宗本紀、西夏書校補卷五載記一景宗改。

〔二〕東北路：原作「東路」，據遼史卷九三耶律鐸珍傳改。

〔三〕三月：此二字原脱，據宋史卷一一仁宗本紀及本書體例補。

〔四〕古：原作「中」，據遼史卷二〇興宗本紀、江蘇本改。

〔五〕馬：此字原脱，據遼史卷一一四蕭迭里得傳補。

〔六〕萬：原作「乃」，據遼史卷九三蕭惠傳、續資治通鑑卷五〇、西夏書校補卷六載記二毅宗改。

〔七〕百里：遼史卷九三蕭惠傳作「數百里」。

〔八〕遠：原作「還」，據遼史卷九三蕭惠傳改。

〔九〕西南面招討使耶律僕里篤：「南」「篤」二字原脱，據遼史卷九一耶律僕里篤傳補。

〔一〇〕蕭撒抹：此三字下原衍「散」，據遼史卷二〇興宗本紀、卷九二蕭奪剌傳删。

〔一一〕蕭友括：此同遼史卷二〇興宗本紀。遼史卷一一五西夏外記作「蕭爻括」。下同。

〔一二〕八年：此二字下原衍「秋」字，據江蘇本删。

注　釋

①諒祚使告哀於遼事，遼史卷二〇興宗本紀繫於遼興宗重熙十七年（一〇四八）二月。

②遼留夏使時間，此同遼史卷二〇興宗本紀。遼史卷七〇屬國表繫於皇祐元年即重熙十八年（一〇四九）七月。

③遼禁民鬻銅於夏事，遼史卷二二道宗本紀繫於九年春正月。

西夏紀事本末卷二十

烏程張鑑春治甫著

諒祚淫狡

元昊既薨，慶曆八年夏四月己巳，册夏國主諒祚文：①「皇帝若曰：於戲！昔周建侯以賢而王業昌，漢襲土以嫡而民風順。稽古申命，蓋天下之成憲也。咨爾諒祚，生而沈正，幼且惇懿。維撫有衆，保于西畺，惟爾能壹乃心，祗率王命，載于甲令，顯有休庸，惟爾考易節效順，光膺寵禄。禀齡不永，殂謝以聞。亟閲遺章，俾爾嗣服。矧惟濟美而胙國，委贄而勤王。啓迪至懷，克篤前烈。今遣尚書户部員外郎任顓充册禮使，供備庫副使宋守約充副使，持節册命爾爲夏國主，永爲宋藩輔。夫非忠無以事于上，非孝無以繼其先。欽哉，祗承禮命，可不慎歟！」是時，諒祚生三月矣。諸將未和，日與遼構釁。

皇祐元年春正月，夏國主進奉賀正馬、駝，賜詔曰：②「詔夏國主，省所差人進奉賀正馬、駝共一百匹頭事。具悉。履端紀歲，萬邦咸稟于王正；效貢以時，奕世克修于藩職。載閱充庭之實，深惟守土之勤。遐體傾輸，不忘嘆獎。今回賜銀、絹、茶等，具如別録，至可領也。其差來人所賜物色亦具賜目。故兹詔示，想宜知悉。春寒，比平安好否？書指不多及。」

嘉祐元年冬十二月戊申朔。甲子，夏國主諒祚遣使來告其母没藏氏之喪。初，有李守貴者，嘗與遇乞掌出納。寳保細乞多已者嘗侍曩霄及没藏氏于佛舍，〔一〕故出入無所間。没藏氏既通于李守貴，又通于寳保細乞多已，守貴憤怒，殺寳保細乞多已及没藏氏。諒祚母族訛哤乃族殺守貴，獨保養諒祚，以其女妻焉。時諒祚生九歲矣。

乙丑，輟朝，以諒祚母喪故也。

二十五日，賜夏國主詔，詔曰：③「詔夏國主：喪葬之儀，孝子之大節；贈賻之禮，國家之至恩。眷惟忠順之邦，宜厚哀榮之恤。緬知荼毒，深用惻傷。俾遣使車，勉膺慰錫。今差文思院使張惟志充吊慰使，〔二〕兼賜安葬故母。物色具如別録，至可領也。故兹詔示，想宜知悉。冬寒，比平安好否？書指不多及。」此歐陽修詞也。

二年夏五月，〔三〕夏人寇邊，管勾麟府軍馬郭恩死之。初，屈野河西地，夏人數侵耕。知麟州武戡已築一堡于白草平爲候望，會經略使龐籍檄并州通判司馬光行邊，與戡議，更增二堡，籍遂檄麟州如其議。于是恩及走馬承受黄道元等以巡邊爲名往按視，遂爲所襲。恩衆大潰，戡走還。恩、道元及府州都監劉慶皆被執，〔四〕軍士死者三百餘人，亡失器甲萬七千有餘。恩不降，見害。事聞，贈觀察使。

六月戊午，夏國主諒祚遣人來謝吊祭。

秋七月壬辰，④麟州武戡除名，編管江州，〔五〕坐與夏人戰斷道隖，而棄軍先入城也。

冬十二月，賜夏國主詔：⑤「詔夏國主：省所差人進賀正馬、駝共一百頭匹事。具悉。履端紀歲，萬邦咸稟于王正；效貢以時，奕世克修于藩職。載閲充庭之實，深惟守土之勤。遐體傾輸，不忘嘆獎。今回賜銀、絹、茶等，具如别録，至可領也。其差來人所賜物色，亦具賜目。故兹詔示，想宜知悉。春寒，比平安好否？書指不多及。」

是歲，夏改元𩰚都。

三年，賜夏國主贖大藏經詔曰：⑥「詔夏國主：省所奏，〔六〕伏爲新建精藍，載請贖大藏經帙、籤牌等，其常例馬七十匹，充印造工直，俟來年冬賀嘉祐四年正旦使副附進，至時乞給賜藏經事。〔七〕具悉。封奏聿來，秘文爲請。惟覺雄之演説，推善利于無窮。嘉乃純誠，果于篤信。所宜開允，當體眷懷。所載請贖大藏經并經帙、籤牌等已令印造，候嘉祐七年正旦進奉人到闕，至時給付。〔八〕故兹詔示，想宜知悉。春寒，比平安好否？書指不多及。」

四年十二月，賜夏國主進奉賀正旦馬、駝，詔有曰：「王正首歲，皇曆頒春。〔九〕眷惟繼世之忠，克效守藩之職。勤修時貢，來旅明庭。言念傾輸，良深嘆獎。」

六年冬十一月，諒祚益長而驕，心忌訛咙專，且通訛咙之子妻梁氏。訛咙患之，梁氏密告訛咙將叛。又有漫咩者，其官高于訛咙，然勢力反出其下，于是亦惡訛咙。諒祚乃與漫咩等舉兵誅訛咙，滅其族，并殺其妻没藏氏，而以梁氏忠于己，因以爲妻。⑦諒祚性狂傥無常，好爲亂。時過酋豪大家，輒私其婦女，酋豪多怨。納叛人景詢，〔一〇〕親而用之，以爲樞密使。棄蕃禮，用漢制。至是，諒祚言：「本國竊慕漢衣冠，令國人皆不用蕃禮，〔一一〕明年欲以漢儀迎待朝廷使人。」許之，詔曰：⑧「詔夏國主：省所奏，昨因宥州申覆，稱迎接朝廷使命，館宇隘陋，軒檻阽危，儻不重修，誠爲慢易。于是鳩集材用，革故鼎新。來年七月臣生日，〔一二〕用蕃禮館接使命。十月中冬，用漢儀迎接事。具悉。使傳之馳，爲規固久。候亭之陋，能飾而新。既肩世服之忠，又樂邦儀之慕。忽披來牘，具體乃誠。如用漢儀，只依昨來張宗義所行儀式次第，餘并依誓詔。」

七年春正月，夏國主遣賀正旦使大首領祖儒嵬名聿正、副首領樞銘靳允中來進馬、駝，賜詔曰：⑨「詔夏國主：省所差人進奉賀正旦馬、駝共一百頭匹事。具悉。春元應律，王朝班常。載惟藩守之虔，爰任風宜之貢。有堅勤節，良厚褒懷。今回賜銀、絹、茶等，具如别幅，至可領也。其差來人所賜物色，亦具賜目。」祖儒、樞銘者，乃西夏之官稱。大者姓嵬名，名聿正。其所貿易約八萬貫，〔一三〕安息香至金精石之類，以估價賤，却將回。其餘硇砂、琥珀、甘草之類，雖賤亦售。盡置羅帛之舊，價例太高，皆由所管内臣并行人抬壓價例，虧損遠人。其人至賀聖節，即不帶安息香之類，來只及六萬貫。

夏四月己丑，夏國主諒祚上表，求太宗御製詩草隸書石本，欲建書閣寶藏之。且進馬五十匹，求九經、唐史、册府元龜及本朝正至朝賀儀。詔賜九經，還其馬。諒祚恣爲不道，淫佚遊畋，無時少息，復侵犯鄰國。唃厮囉有少子董氊，最號桀黠，病其侵己，乃與契丹結姻，既而復與契丹絶。諒祚知其隙，舉兵擊之。戰于青唐，敗還。

諒祚求尚主，詔答以昔嘗賜姓，不許。又乞買物件，孔氏談苑：蘇渙郎中押伴夏人云，賣銀五千兩，買樂人幞頭四百枚，薰衣香、龍腦、朱砂凡數百兩，及買綾爲壁衣。賜詔曰：⑩「詔夏國主：省所奏買幞頭、帽子并紅鞓、腰帶及紅鞓襯等物件，乞從今後，凡有買賣，特降指揮，無令艱阻以聞事。具悉。善纘前修，巡守西土，通奏函于信介，易服用于上都。體乃馳誠，勤于向化。特從開允，用洽睠私。已令管勾都亭西驛所，依例收買應付。」諒祚得詔，乃出狂言，欲與中國相敵及要熟户。

六月，鄜延經略司言：「得宥州牒，夏國改西壽監軍司爲保泰軍，〔一四〕韋州監軍司爲静塞軍，〔一五〕石州監軍司爲祥祐軍，〔一六〕左厢監軍司爲神勇軍。」且言：「諒祚舉措，近歲多不循舊規，恐更僭擬朝廷名號，漸不可長。乞擇一才臣下詔詰問，以杜奸萌。」從之。于是遣供備庫副使張宗道賜生辰禮。宗道初入境，迎者至，欲先宗道行馬。及就坐，又欲居東，宗道固争之。迎者曰：「主人居左，禮之常也，天使何疑焉？」宗道曰：「宗道與夏主比肩以事天子，夏主若自來，當爲賓主，爾陪臣也，安得爲主人？當循故事，宗道居上位。」争久不決。迎者曰：「君有幾首，乃敢如是？」宗道大笑曰：「宗道有一首耳！來日已別家人，今欲取宗道首則取之，宗道之死得其所矣，但夏國必不敢耳！」迎者曰：「譯者失詞，某自謂無兩首耳。」宗道曰：「譯者失詞，何不斬譯者？」乃先宗道。迎者曰：「二國之歡，有如魚水。」宗道曰：「然天朝水也，夏國魚也。水可無魚，魚不可無水。」夏國主乞贖大藏經，詔曰：「詔夏國主：省所奏請贖佛經大藏、籤牌、經帙等，〔一七〕欲乞特降睿旨，印造靈文，以俟至時，幸垂給賜。所有舊例紙墨工直、馬七十匹，續具進止以聞事。具悉。大雄流教，善利無方。信士篤緣，群迷釋趣。喜觀心于法境，願繹理于秘文。載省控陳，所宜開允。其請贖經文，已指揮印經院印造，候嘉祐十一年正旦進奉人到闕給付。」

八年春正月癸丑，詔夏國主諒祚，所遣進奉人石方稱宣徽南院使，非陪臣官號，自今宜遵用誓詔。曰：⑪「詔夏國主：維乃祖考，克有西土，世爲漢藩輔。今爾弗蹈于前烈，迺竊署重爵，以使奉幣于朝。方邊吏拒還，仍復稽留境上，不及廷見之期。洎朕親覽貢函，而僭我王命，實如所聞。朕疑風俗荒遠，未達朝廷之儀，〔一八〕雖然棄信慢常，誼不可長。其務思先世之約，以保綏于斯民，毋忽是圖，以奸我有邦之罰。今後所差使人，即不得僭儗。故茲示諭，想宜知悉。」

三月，帝崩。

夏四月，遣使告哀于夏國。

丙戌，以國子監所印九經及正義、孟子、醫書賜夏國，⑫從所乞也。又乞工匠，賜詔曰：⑬「詔夏國主：省所奏蓋以蕃方素稀工巧，變革衣冠之度，全由製造之功，欲就考工，聊倩庶匠以聞事。具悉。謹固世封，述修邦貢，率我朝廷之化，時乃祖父之規。遽閱來章，蓋無前比。宜敦爾守，難循所陳。自西平王以來，無此陳請，且宜循守舊規。」

秋七月丙辰，夏主遣使來祭吊。其使者固求入對，弗許。諒祚所上表，輒改姓李，賜詔詰之：⑭「詔夏國主：上旻降禍，萬國纏哀，馳遣使人，肅申慰禮。情雖深于永慕，事或異于舊聞。維乃祖之稱藩，有先朝之賜姓。撫綏隆于君義，親愛篤于人倫。自再納于誓言，亦且循于軌式。忽形需奏，靡固宗盟。言念舉錯之違，得非左右之惑。宜存遠慮，用迪前猷。今後所上表章，宜却如舊。」司馬光言：「聞夏國所遣使人，前日不肯門見，固求入對，朝廷不許，勒歸館舍。臣謂何惜紫庭數步之地，使之瞻仰清光。」

是歲，夏改元拱化。

校記

〔一〕寶保細乞多已：長編卷一八四嘉祐元年（一〇五六）十二月甲子條作「補細吃多已」。

〔二〕使張惟志：參見本書卷十七校記〔五〕。

〔三〕五月：原作「四月」，據長編卷一八五嘉祐二年（一〇五七）五月庚辰條、宋史卷一二仁宗本紀改。

〔四〕劉慶：原作「劉夔」，據宋史卷三二六郭恩傳、卷四八五夏國傳改。

〔五〕江州：此二字原脱，據長編卷一八六嘉祐二年（一〇五七）七月壬寅條、宋史卷三二六郭恩傳補。

〔六〕省所：原倒作「所省」，據宋大詔令集卷二三四、江蘇本乙正。

〔七〕給：江蘇本作「路」。

〔八〕時：原作「特」，據宋大詔令集卷二三四改。

〔九〕皇曆：江蘇本作「王曆」。

〔一〇〕景詢：此同長編卷二三五熙寧五年（一〇七二）秋七月壬午條，東都事略卷九一趙卨傳，綱目備要卷一三，宋史卷二九〇郭逵傳、卷三三二趙卨傳、卷三三五种諤傳、卷三四二孫永傳，蘇魏公文集卷五三孫公（永）神道碑銘。長編卷二二六熙寧四年（一〇七一）九月庚子條、琬琰集中集卷一三郭將軍逵墓誌銘（范祖禹撰）、張子全書卷一三、范太史集卷四〇郭公（逵）墓誌銘均作「景珣」。

〔一一〕令：長編卷一九五嘉祐六年（一〇六一）十一月己巳條作「今」。

〔一二〕臣：此字原脱，據宋大詔令集卷二三四補。

〔一三〕約：江蘇本作「納」。

〔一四〕西壽監軍司爲保泰軍：「西壽」，原同長編卷一九六嘉祐七年（一〇六二）六月癸未條作「西市」，據天盛改舊新定律令卷一〇司序行文門、宋史卷四八五夏國傳改。「泰」，原作「秦」，據長編卷一九六、宋史卷四八五夏國傳改。

〔一五〕韋州：原同長編卷一九六嘉祐七年（一〇六二）六月癸未條作「威州」，據天盛改舊新定律令卷一〇司序行文門改。又，宋史卷四八五夏國傳載，石州爲静塞軍。

〔一六〕石州：原同長編卷一九六嘉祐七年（一〇六二）六月癸未條作「綏州」，據天盛改舊新定律令卷一〇司序行文門改。又，宋史卷四八五夏國傳載，韋州爲祥祐軍。

〔一七〕帙：原作「帖」，據宋大詔令集卷二三四改。

〔一八〕朝廷：原作「朝辰」，據宋大詔令集卷二三四改。

注釋

① 此詔令即宋大詔令集卷二三四册夏國主諒祚文。

②此詔令即宋大詔令集卷二三四賜夏國主進奉賀正馬駝詔，原無繫年。據文忠集卷八六載，詔令發佈於嘉祐二年（一〇五七）十二月，非皇祐元年（一〇四九）春正月。本卷嘉祐二年秋七月壬寅條後又重出此詔令，故此處疑誤。

③此詔令即宋大詔令集卷二三四賜夏國主賵贈詔。

④壬辰：長編卷一八六嘉祐二年（一〇五七）七月記於壬寅日。

⑤此詔令即宋大詔令集卷二三六賜乾順進奉賀正旦馬駝回賜詔。

⑥此詔令載於宋大詔令集卷二三四。據文忠集卷八六，詔令發佈於嘉祐二年（一〇五七）十二月，非嘉祐三年（一〇五八）。

⑦據考證，國家圖書館藏西夏文悲華經、經律異相經題中「天生全能禄番祐聖式法皇太后梁氏」即爲毅宗諒祚后梁氏。參見史金波撰西夏譯經圖解，載於史金波文集，第三〇〇頁至第三〇三頁。

⑧此詔令即宋大詔令集卷二三四賜夏國主乞用漢儀詔，原無繫年。據長編卷一九五嘉祐六年（一〇六一）十一月己巳條、東都事略卷一二八西夏傳、涑水記聞卷九、宋史卷一二仁宗本紀及卷四八五夏國傳等，本詔令發佈於嘉祐六年（一〇六一）十一月。

⑨此詔令即宋大詔令集卷二三四賜夏國主正旦進馬駝詔。

⑩此詔令即宋大詔令集卷二三四賜夏國主乞買物詔，原無繫年。據長編卷一九六嘉祐七年

（一〇六二）四月己丑條、宋會要禮六二之四一、涑水記聞卷九等，本詔令發佈於嘉祐七年。

⑪ 此詔令即宋大詔令集卷二三四賜夏國不得僭擬詔。

⑫ 宋朝賜西夏國九經等文獻事，宋會要輯稿禮六二之四〇至四一所載可與長編卷一九六嘉祐七年（一〇六二）夏四月己丑條、宋史卷四八五夏國傳等文獻所載互證，且可糾正長編、宋史記載之失。宋朝賜九經事因仁宗的去世推遲至英宗時期。宋朝國子監除行使教育職能外，兼事刻經史群書，所刻之書爲宋朝官刻系統中的代表作。西夏國求賜國子監所刻九經，表明西夏也很重視經書的版本質量。宋朝賜西夏國九經當指詩經、尚書、周易、周禮、儀禮、禮記、春秋公羊傳、春秋穀梁傳和春秋左氏傳九種儒家經典；所賜「正義」很可能是指唐人所撰九義：禮記正義、春秋左傳正義、周禮疏、儀禮疏、春秋公羊傳疏、春秋穀梁傳疏等。

⑬ 此詔令即宋大詔令集卷二三四賜夏國主乞工匠詔，原無繫年。據長編卷一九六嘉祐七年（一〇六二）夏四月己丑條、宋會要禮六二之四一、涑水記聞卷九等，本詔令發佈於嘉祐七年。

⑭ 此詔令即宋大詔令集卷二三四賜夏國主今後表章如舊稱賜姓名詔，原無繫年。據長編卷一九九嘉祐八年（一〇六三）七月丙辰條等，本詔令發佈於嘉祐八年七月。

西夏紀事本末卷二十一

烏程張鑑春治甫著

大順受創

嘉祐八年春三月，英宗即位。夏國賀登極，進奉人吴宗等至順天門，欲佩魚及以儀物自從，引伴高宜禁之，不可，留止廄置一夕，絶供饋。宗出不遜語，宜折之，如故事。良久，乃聽入及賜食殿門。訴于押伴張覲，詔令赴延州與宜辨。宜者，延州所遣也，程戡授詔通判詰之。宗曰：「引伴謂當一百萬兵，遂入賀蘭穴，此何等語也？」通判曰：「聞使人目國主爲少帝，故引伴有此對，是失在使人，不在引伴。」宗沮服。

治平元年，以内侍省押班王昭明爲環慶鈐轄，帶禦器械李若愚爲涇原路鈐轄，令體測蕃情，治其訴訟，小事與帥議，其大事則以聞，各許歲一乘馹奏事。前世以宦人預邊事，而將帥不盡其用，及有是命，人不以爲便也。諫官御史傅堯俞、趙瞻言不便，後卒罷之。

秋九月庚午，賜諭夏國主，精擇使人，不令妄舉。詔曰：①「朕嗣守丕圖，日新庶政，方推大信，以協萬邦。思與藩屏之臣，永遵帶礪之約。矧勤王而述職，固奕世以推誠。而近年來將命之使，不體朝廷之意，罔循規矩之常，〔一〕多于臨時，率爾改作。既官司之有守，致事體以難從。且下修奉上之儀，本期效順，而君有錫臣之寵，所以隆恩。豈宜一介于是間，輒以多端而生事。在國家之撫禦，固廓爾以無疑，想忠孝之傾輸，亦豈欲其如此？故特申于旨諭，諒深紉于眷懷。〔二〕今後所遣使人，更宜精擇，不令妄舉，以紊彝章。所有押賜、押伴、引使臣等，亦已嚴行戒飭，苟有違越，必寘典刑。載惟信誓之文，炳若丹青之著，事皆可守，言貴弗違，毋開間隙之萌，庶敦悠久之好。」

是秋，夏數出兵寇秦鳳、涇原，抄熟户，擾邊寨弓箭手，〔三〕殺掠人畜以萬計。司馬光言：「伏見去歲先帝登遐，諒祚遣使者來致祭，延州差指使高宜押伴入京。宜言語輕肆，傲其使者，侮其國王。臨辭自訴于朝，朝廷不以爲意。今諒祚招引亡命，點集兵馬，窺伺邊境，攻圍堡寨，驅脅熟户八十餘族，殺掠弓箭手約數千人。悖逆如此，而朝廷乃更遣使齎詔撫諭，無乃非文王懷德畏力之意乎？」

二年春正月，始，朝廷遣王無忌齎詔責諒祚。諒祚遷延弗受詔，而因其賀正使荔茂先附表，自言起兵之由，歸罪于邊吏，詞多非實。

丁卯，復以詔戒侵擾曰：②「朕紹承丕命，撫育多方。念遐邇之所懷，唯恩信之是篤。乃顧涇秦之道，適當蕃塞之交。謹封守以有常，列部加而相望。〔四〕安其生聚，積有歲年。不圖非意之間，忽此無名之舉。侵掠堡障，蕩焚糧資。始成生事之端，殊失奉藩之體。比雖馳于詔命，〔五〕復尚滯于使人。洎觀奏陳，尤異聞聽。況先朝之厚德，從乃父之再盟，仰要日月之臨，共固山河之界。今輕渝舊約，規肆末圖。〔六〕苟非所以致福有邦，保名厥後，儻未思于遠略，終曷釋于疑懷。交兵殘民，朕豈樂此？其涇原、秦鳳路一帶熟户及弓箭手地分，宜遵誓詔，自今不可更行侵擾。所掠過生口，并須發遣，各還住坐。其孳畜等亦各令歸户下，庶二邊之俗，得遂耕耘之安。而累世之忠，更同金石之久。永毗王室，不亦美歟？」諒祚終弗聽。

冬十月二日，賜詔曰：③「詔夏國主：據環慶路經略司奏，取問無名，舉兵近迫大順。國家戢威武以安中夏，推恩信以待四夷，豈欲與衆興勞，爲邊生事？乃眷西陲之守，嗣推累世之忠。故于歲時，曾無賜與之缺，每戒將吏，務謹封隅之常。所宜恪奉朝彝，紹遵先訓。爰自近歲，頗乖素誠。或侵蹂元禁之土田，或焚蕩近邊之族帳。〔七〕間雖形于旨諭，久莫悉其事端。載循撫禦之方，終示含容之體。今復大驅兵衆，奄至塞垣，拒敵官軍，賽酬蕃户。覽守臣之上奏，至終食之興嗟。豈邪謀之所惑而輕舉弗思，將大義之不存而肆惡未已。質諸天地，既隳乃父之盟；殘爾人民，殊非有邦之福。朕惟自昔罸罪，必先陳文告之詞，若將因心，猶足凜誓言之事。〔八〕儻終不悛，〔九〕安免用懲。今特遣齎詔往彼，取問到日，可具事理聞奏。〔一〇〕」

十一月甲辰，諒祚使人來賀正旦。

丁未，使人來賀壽聖節。司馬光言：「近來諒祚雖外遣使人稱臣奉貢，而内蓄奸謀，陰以官爵、金帛誘中國不逞之人及熟户蕃部。其違拒不從者，諒祚輒發兵殺掠。弓箭手有住在沿邊者，諒祚皆迫逐使入内地。」

三年夏四月，夏人寇邊，環慶經略使蔡挺擊走之。

秋九月壬子朔，日有食之。諒祚舉兵寇大順城，入寇柔遠寨，燒屈乞等三村，〔一一〕栅段木嶺。初，環慶經略安撫使蔡挺知諒祚將入寇，即遣諸將分屯要害，以大順城堅，雖被攻不可破，不益兵。柔遠城惡，命副使總管張玉將重兵守之。敕近邊熟户入保清野，戒諸寨無得逆戰。諒祚將步騎數萬攻圍大順三日，熟户蕃官趙明與官兵合擊之。諒祚裹銀甲、〔二二〕氊帽以督戰。挺先遣强弩八列于濠外，〔二三〕注矢下射，重甲洞貫，諒祚中流矢遁去。復徙寇柔遠，挺又使副總管張玉募膽勇三千人夜出擾營，賊驚潰。挺按視馬練平，左通鄜延，右固華池，地形便可城，即遣將護築。城成，分屬羌三千守之，賜名荔原堡，遣中使慰勞。諒祚退屯金湯，聲言益發十萬騎圍大順，且出嫚詞。須已得歲賜，復攻圍大順城。鄜延經略安撫使陸詵止其歲賜銀幣曰：「朝廷積習姑息，故虜敢狂悖。不稍加折誚，則國威不立。」因留止不與，移牒宥州問故。諒祚遂大沮，盤桓塞下，取糧四反，〔二四〕卒不敢入寇。又歲儉貧，願得賜物，因遣使謝罪，言：「邊吏擅興兵，行且誅之矣。」

冬十月癸未，遣西京左藏庫副使何次公齎詔賜夏國主，問所以入寇之故，仍止歲賜銀帛。陸詵言不若且賜時服，不從。先是，諒祚入寇，韓琦議停其歲賜，絶其和市，遣使問罪。文彦博難之，舉寶元、康定時事，琦曰：「諒祚狂童也，非有元昊智計，而吾邊備過當時遠甚。亟詰之，必服。」會陸詵策與琦合，而諒祚果歸款。

十一月，次公還，以諒祚表進。帝已卧疾，琦扣禦榻曰：「諒祚服否？」帝力疾顧琦曰：「一如卿料也。」諒祚所上表，雖云「受賜累朝，敢渝先誓」，然尚多游詞，歸罪于其邊吏。乃復誡約夏國詔曰：④「國家遠撫方域，并推恩信，不專用武，蓋務息民。夏國世服忠勞，爲國藩衛，故于歲時賜與，恩禮甚備，期于惇守誓約，傳之永久。不謂累年以來，數興兵甲，侵犯疆陲，驚擾人民，誘脅熟户，蕩覆族帳，亡失生業，被邊數路，略無寧歲。朝廷姑務含恕，不欲遽然生事，止令所在移文理辯，而夏國終不承稟，乃復多聚人馬，直叩大順，圍迫城寨，焚燒村落，張其兵勢，以抗官軍。不順之狀，人神共憤。朕獨排群議，特降詔書，直究歸由，先行詰問。今覽封奏，所稱受賜累朝，敢渝先誓，祈恤民氓之患，欲見和平之理。推心及此，良可歎嘉，詳觀叙陳，尚達誠懿。至如屯聚兵馬，即托言是邊上首領，攻圍城寨，又指説作小可邊事。誓詔所載，豈容如此！况夏國兵甲，可都無統制，〔一五〕緣邊首領，必然不可擅興。若向去更有侵犯，又復假此爲詞，則使朝廷何以信憑？盟好必難保守。故復諭旨，所宜審圖，儻欲善繼前勛，不渝先志，則當專遣使人，别貢誓表。具言今後嚴誡邊上酋首，各守封疆，不得點集人馬，侵犯邊上。其鄜延、環慶、涇原、秦鳳等路沿邊一帶，久係漢界熟户并順漢西蕃，不得更行劫擄及逼脅歸投。所有漢界不逞叛亡之人，亦不得更有招納。有渝此約，是爲絶好。餘則遵依誓詔。如此方明效順，以釋衆疑。朝廷恩禮賜與，一切如舊。况緣邊熟户等，朝廷素有約束，若不來侵犯，必不先起事端。疆埸之間，共期康靖。」

四年春正月丁巳，帝崩，使鎮戎軍駐泊都監高遵裕告哀于夏，抵宥州下宫。夏人遣王盥受命，至則吉服廷立，遵裕切責之，遂易服聽遺命。既而具食上宫，〔二六〕語及大順城事，盥曰：「剽掠輩耳。」遵裕曰：「扶傷而遁者，非若主邪？」夏人怒曰：「王人蔑視下國。〔二七〕敝邑雖小，控弦數十萬，〔二八〕亦能躬執櫜鞬，與君周旋。」遵裕嗔目叱之。⑤時諒祚覘于屏間，摇手使止。上聞而嘉之。

閏三月甲申，夏主諒祚遣使獻方物謝罪，⑥請戒飭酋長守封疆，如去冬所賜詔旨。因復以詔答之曰：⑦「朕以夏國累年以來，數興兵甲，侵犯疆陲，驚擾人民，誘逼熟户。去秋乃復直叩大順，圍迫城寨，焚燒村落，抗敵官軍。邊奏屢聞，人情共憤。群臣皆謂夏國已違誓詔，請行拒絶。先皇帝務在含恕，且詰端由，庶觀逆順之情，以決衆多之論。逮此露章之禀命，已悲仙馭之上賓。朕纂極云初，包荒在念，仰循先志，俯徇乃誠。既自省于前辜，復願堅于永好。苟奏封所叙，忠信無渝，則恩禮所加，歲時如舊。安民保福，不亦休哉！」仍賜絹五百匹、銀五百兩。

夏六月，陝西轉運使薛向言知青澗城种諤招西人朱令陵〔二九〕，最爲横山得力酋長，已給田十頃、宅一區，乞除一班，使夸示諸羌，誘降横山之衆，詔增給田五頃。

秋七月，夏國遣使奉慰及進助山陵，因諭夏國主令遵守藩儀詔曰：⑧「詔夏國主：

朝廷戢兵所以息民，施德所以懷遠。顧西夏之封守，奉累朝之詔書。不意近歲以來，繼有無名之舉，邊隅多擾，生聚靡寧。乃至去秋，忽迫大順。雖云報仇于熟户，實亦拒戰于官軍。皆謂已萌之情，可見不順之迹。先皇帝終務全于國體，具往詰其事端。洎朕纂承之初，尤思撫禦之略。載覽來章之述，有嘉大義之存。矧舊載于宗盟，復躬承于忠訓。宜念祖先之服，益遵藩漢之儀，〔二〇〕使永無兵革之虞，衆遂耕耘之樂，自享多福，以傳無窮。」

八月戊午，復夏人和市。又諭夏國主，令發熟户仍不得侵踐漢地，詔曰：⑨「詔夏國主：朕修文德所以懷遠人之安，戢威武所以廣諸夏之福，豈欲爲邊生患，與衆興勞？今據逐路經略司奏，自嘉祐七年春至今秋以來，夏國人騎或脅略近邊熟户，或侵踐當界民疇，或假以金錢搆亡命之卒，或誘以官爵致無賴之夫，爲日滋深，其害未已。朕新膺大統，奄宅中區，既思輯藩臣之和，又將杜邊事之漸。按西平之舊則，參慶曆之再盟，未肩祖父之忠，頗忽朝廷之制。緬懷裔土，久缺化風。豈委任之失人，致講陳之非計。夫享盛福者莫如躬德義，蹈後艱者靡不由僭狂。勉循至言，庶保先約。其前後招脅過熟户，并須盡底發遣過界，仍今後不得信縱人騎，侵踐漢地，致射傷人命，及潛購下第舉人、逃背軍卒等。所言逐次邊奏因依，〔二一〕已具別録。」

冬十月癸酉，知青澗城种諤襲擄夏監軍嵬名山，遂復綏州。初，邊吏上言，西戎部將嵬名山欲以橫山之衆，取諒祚以降，詔邊臣招納其衆。諫議大夫司馬光上疏極論，以爲：「名山之衆，未必能制諒祚。幸而勝之，滅一諒祚，生一諒祚，何利之有？若其不勝，必引衆歸我，不知何以待之？臣恐朝廷不獨失信于諒祚，又將失信于名山矣。若餘衆尚多，還北不可，入南不受，窮無所歸，必將突據邊城以救其命。陛下獨不見侯景之事乎？」神宗不聽，至是遣將种諤發兵迎之。

嵬名山者，部落在故綏州，名山弟曰夷山，請降于种諤。諤使人因夷山以誘名山，賂以金盂。名山小吏李文喜受之，陰遣銀夏監軍牙吏史屈子，託言嵬名山來報內附，而名山未之知也。諤即奏言：「諒祚累年用兵，人心離貳。嘗欲發橫山族帳盡過興州，〔二二〕族帳皆懷土重遷，其首領盡收河南之地，取諒祚以降。」帝信之。陸詵言：「以衆來降，情僞未可知。」戒諤毋妄動，諤持之力。詔詵召諤問狀，且與轉運薛向議撫納。乃共畫三策，令幕府張穆之入奏。穆之因受向指，詭言必可成。帝意詵不協力，徙知秦鳳。〔二三〕諤不待命，募可使者通蠟書于名山，與屈子定計，領所部期日會于銀州。〔二四〕諤起所部蕃漢兵會于懷遠寨，〔二五〕移折繼世赴銀、夏應接，長驅入綏州。夜度大理水，駐師離思曲，圍其帳。厥明，屈子及諸酋長脅名山開門迎納，名山驚，援槍欲鬥。

夷山呼曰：「兄已約降，何爲如是？」文喜因出所受金盂示之。名山投槍大哭，遂舉衆從諤而南。⑩名山賜名趙懷順，得酋領三百、户萬五千、勝兵萬人。將城其地，詵以無詔出師，召諤還，將劾諤擅興之罪，欲捕治之。未果而徙命至，諤軍還次懷寧，〔二六〕虜衆四萬人坌集城下，諤出兵擊走之。適折繼世亦領兵來會，遂築綏州城，西方用兵自此始。

十一月，种諤既受嵬名山降，夏主諒祚乃詐爲會議，誘知保安軍楊定殺之，邊釁復起。朝廷以諤生事，欲棄綏誅諤。陝西宣撫主管機宜文字趙卨言：「虜既殺王官，而又棄綏不守，示弱已甚。且名山舉族來歸，當何以處？諤無名興舉，死有餘責。若將改而還之，彼能聽順而亡絶約之心乎？不若諭諒祚以虜衆餓莩，投死中國，邊臣雖擅納，實無所利，特以質往年景詢輩爾。可遣詢等來與降羌交歸，各遵紀律，而疆埸安矣。如其蔽匿，則我留横山之民，未爲失也。」又移書執政：「請存綏州，以張兵勢。先規度大理河川，建堡寨，畫稼穡之地三十里以處降羌。若棄綏不守，則無以安新附之衆。援种世衡招蕃兵破賊屯青澗城故事。」朝廷從之，乃改命韓琦判永興軍經略陝西。卒存綏州，貶諤四官，安置隨州。

十二月。初，諒祚凶忍，好爲亂，舉兵犯慶州大順城，乘駱、馬，張黄屋，自出督戰。陴者管勾東路都巡檢司軍馬林廣以彍弩射之中，〔二七〕乃解圍。中創甚，馳入一佛祠，有牧牛兒不得出，懼伏佛座下，見其脱韡，血涴于踝，使人裹創，舁載而去。至其國殂，年二十一。國人謚曰昭英皇帝，廟號毅宗，葬安陵。

西夏紀事本末卷二十一

校　記

〔一〕罔：原作「因」，據宋大詔令集卷二三四改。

〔二〕紉：原作「認」，據宋大詔令集卷二三四改。

〔三〕邊寨：此同長編卷二〇二治平元年（一〇六四）九月是秋條，宋史卷四八五夏國傳作「邊塞」。

〔四〕加：江蘇本作「落」。

〔五〕比：原作「此」，據宋大詔令集卷二三四改。

〔六〕舊約規肆：江蘇本作「舊規約肆」。

〔七〕焚：原作「禁」，據宋大詔令集卷二三四、江蘇本改。

〔八〕凛：江蘇本作「懔」。

〔九〕悛：原作「便」，據宋大詔令集卷二三四改。

〔一〇〕理：宋大詔令集卷二三四作「事理」。

〔一一〕屈乞等三村：此同長編卷二〇八治平三年（一〇六六）九月是月條、治迹統類卷一一治平西夏擾邊。宋史卷四八五夏國傳作「屈乞村」。

〔一二〕裹：此原同四庫本長編卷二〇八治平三年（一〇六六）九月是月條、東都事略卷八二蔡挺傳作「衷」。治迹統類卷一一治平西夏擾邊作「裹」。中華本長編卷二〇八校勘記二三據治迹統類校改作「裹」。據改。

〔一三〕八列于壕外：此同續資治通鑑卷六四。東都事略卷八二蔡挺傳作「八百列于壕外」。長編卷二〇八治平三年（一〇六六）九月庚辰條作「分列于壕外」。

〔一四〕四：長編卷二〇八治平三年（一〇六六）九月是月條、治迹統類卷一一治平西夏擾邊均作「而」。

〔一五〕可：宋大詔令集卷二三五誡約夏國詔此字前原有缺字，歷朝本補爲「何」字，不知何據。

〔一六〕上宫：原作「土官」，據東都事略卷四二高遵裕傳、宋史卷四六四高遵裕傳改。

〔一七〕下國：江蘇本作「夏國」。

〔一八〕數十萬：此同東都事略卷四二高遵裕傳、名賢氏族言行類稿卷二〇高遵裕傳。宋史卷四六四高遵裕傳作「十數萬」。

〔一九〕朱令陵：宋史卷三三五种諤傳作「令㖧」，長編拾補卷一作「朱陵」。

〔二〇〕藩漢：宋大詔令集卷二三四作「藩侯」，華陽集卷一九賜夏國主令遵守藩儀詔作「藩翰」。

〔二一〕言：宋大詔令集卷二三五作「有」。

〔二二〕嘗：江蘇本無此字。

〔二三〕知：原作「之」，據宋史卷三三二陸詵傳改。

〔二四〕銀：此字原脱，據東都事略卷六一种諤傳補。

〔二五〕遠：長編紀事本末卷八三、宋史卷二五三折繼世傳均作「寧」。

〔二六〕懷寧：原作「懷柔」，據長編紀事本末卷八三、宋史卷二五三折繼世傳改。

〔二七〕陴者：原作「埤者」，據夢溪筆談卷二五雜志改。

注釋

① 此詔令即宋大詔令集卷二三四諭夏國精擇使人不令妄舉詔。

② 此詔令即宋大詔令集卷二三四諭夏國涇原秦鳳熟户弓箭手不可更行侵擾掠過生口並須發還詔。

③ 此詔令即宋大詔令集卷二三四賜夏國主取問無名舉兵迫大順城詔，原繫於治平二年（一〇六五）。據長編卷二〇八治平三年（一〇六六）冬十月癸未條、稽古録卷二〇、宋史卷一三英宗本紀及卷四八五夏國傳，本詔令當發佈於治平三年。

④此詔令載於宋大詔令集卷二三五，參見長編卷二〇八治平三年（一〇六六）十一月己巳條、東都事略卷六九韓琦傳。

⑤宋史卷四六四高遵裕傳載：「遵裕瞋目曰：『主上天縱神武，毋肆狂蹶，以干誅夷。』」

⑥此同長編卷二〇九治平四年（一〇六七）閏三月甲申條。宋史卷一三英宗本紀載諒祚於治平三年（一〇六六）獻方物謝罪，卷四八五夏國傳繫諒祚獻方物謝罪、宋賜夏銀絹事於治平三年三月，與長編異。

⑦此詔令即宋大詔令集卷二三五賜夏國主詔，參見宋文鑑卷三一賜夏國主詔（韓琦撰）及韓魏公集卷一五家傳。

⑧此詔令即宋大詔令集卷二三四賜夏國主令遵守藩儀詔，原無繫年。據詔令文意，疑發佈於治平四年（一〇六七）七月。

⑨此詔令即宋大詔令集卷二三五賜夏國主令發遣熟户仍不得侵踐漢地詔，原無繫年。據長編卷二〇二治平元年（一〇六四）九月是秋條、宋史卷四八五夏國傳等，本詔令發佈於治平元年九月。

⑩關於降嵬名山事，諸史記載有異。治迹統類卷一五神宗經制西夏載，嵬名山是被种諤指使嵬夷山、李文喜、屈子及小帥們誘騙、脅迫後降於宋朝。東都事略卷六一种諤傳載，嵬名山求内附，被屈子及諸酋長脅迫後降於宋朝。宋史卷三三五种諤傳載，种諤使嵬夷山、李文喜誘降並最終脅迫

嵬名山降於宋朝。東都事略卷八七司馬光傳、宋史卷三三二陸詵傳及卷三三六司馬光傳載，嵬名山主動求内附於宋。長編拾補卷二載，种諤言嵬名山主動求内附，但陸詵對文彦博所言，嵬名山是完全被屈子及小帥們脅迫後降於宋朝的。

西夏紀事本末卷二十二

烏程張鑑春治甫著

梁氏擅政

慶曆八年春正月，夏國主曩霄既殂，三月而没藏太后生諒祚，〔一〕訛哤之相諒祚也。有梁氏者，其先中國人，爲訛哤子婦。諒祚既長，私焉。日視事于國，夜則從諸。其初妻訛哤之女，没藏氏與訛哤皆懟甚，謀伏甲梁氏之宫，須其入以殺之。梁氏知焉，私以告諒祚。諒祚乃使召訛哤，執于内室。没藏，强宗也。子弟、族人在外者八十餘人，悉誅之，夷其族。以梁氏忠于己，因以爲妻。又命其弟乞埋爲家相，〔二〕許其世襲。

治平四年冬，諒祚殂，子秉常立，尚幼，而梁氏爲太后，自主國事。梁乞埋死，其子移逋繼之，謂之没寧令。没寧令者，華言「天大王」也。秉常之世，執國政者有嵬名浪遇，元昊之弟也，最老于軍事，以不附諸梁，遷下治而死。其時存者三人，移逋以世襲居長契，次曰都羅馬尾，又次曰關萌訛，略知書，私侍梁氏。移逋、萌訛皆以昵倖進，唯馬尾但有戰功，然皆庸人。秉常荒孱，梁氏自主兵，不以屬其子。

熙寧三年秋九月，夏賊寇荔原堡，李信戰不利。鬧訛堡之築，梁氏引兵犯慶州大順城，慶帥遣北路巡檢林廣拒守，深入牽制賊勢，遂破十二盤、多娘、大原、詐娘四寨。先是，虜圍白豹城，不解。廣使城兵皆以弱弓弩射之，虜度其勢之所及，稍稍近城，乃易强弓勁弩叢射，虜多死，遂相擁而潰。深入遇賊數千，戰敗之，因追擊至金湯城，又大破走之，因毁其城壘。引兵歸，夜過洛河，有賊來襲，廣揚聲令軍選强弩數百列岸側，實卷甲疾行，賊聞之不敢渡。時賊圍羅兀城甚急。賊得吾禁卒，語之曰：「汝語城中，張大吾軍，使速降，當與汝爵禄。〔三〕」卒敬諾之。致卒危梯上，下瞰城中，卒輒大呼曰：「西賊人少糧盡，朝夕去矣，城中堅守之！」賊怒醢之。

冬十月，夏人寇環慶。

四年秋九月，夏國主請綏州。

五年春，賜夏國主乞贖大藏經詔曰：①「詔夏國主：省表乞收贖釋典一大藏，并簽帙複帕，前後新舊翻譯經文，惟覬宸慈，特降旨命，令有司點勘，無至脱漏卷目，所有印造裝成紙墨工直，并依例進馬七十匹，聊充資費，早賜近年宣給事。具悉。維是佛乘，著爲象教，〔四〕載覽需章之奏，懇求具譯之編。已降允俞，特行賜予。眷言信向，良用歎嘉。所請贖經文，已指揮印經所，應有經本，并如法印造給賜。令保安軍移牒宥州，差人于界首交割，至可領也。所有馬七十匹，更不用進來。故兹詔示，想宜知悉。春寒，比平安好。遣書指不多及。」是歲，以秉常七歲即位計之，纔十有二齡耳。

元豐四年夏六月，夏人幽其主秉常。初，秉常既不得志，常慕中國。有李清者本秦人，亡虜中，秉常昵之，用以爲將軍。清因説秉常以河南地歸朝廷，〔五〕梁氏知之，屢勸秉常不行漢禮，秉常不從。清又爲秉常誘漢倡婦、樂人，梁氏遂置酒執李清，〔六〕誅之。②奪秉常政而幽之，③國人乖亂。

元豐中，梁氏嘗遣將引兵卒至保安軍順寧寨，圍之數重。時寨兵至少，人心凶懼。有倡姥李氏得梁氏陰事甚詳，乃掀衣登陴，抗聲駡之，盡發其私。虜人皆掩耳，并力射之，莫能中。李氏言愈醜，虜人度李終不得，恐且得罪，遂託以他事，中夜引其軍去。

八年冬十月戊辰，夏國主秉常遣使于遼，報其母梁氏哀。丁亥，以夏國主母喪，遣使吊祭。

西夏紀事本末卷二十二

校　記

〔一〕三月：東都事略卷一二七西夏傳作「後二月」。
〔二〕乞埋：此同夢溪筆談卷二五。長編卷四〇九元祐三年（一〇八八）四月庚子條、宋史卷三三二趙禼傳均作「乙埋」。
〔三〕禄：江蘇本無此字。
〔四〕象教：原作「象數」，據宋大詔令集卷二三五改。
〔五〕河南：通鑑續編卷九、宋史卷四八六夏國傳作「河南地」。
〔六〕李清：夢溪筆談卷二五雜志作「李青」。

注釋

①此詔令載於宋大詔令集卷二三五，原無繫年。據長編卷二四八熙寧六年（一〇七三）十二月癸巳條、宋史卷四八六夏國傳等，詔令發佈於熙寧六年十二月癸巳。

②長編卷三一二元豐四年（一〇八一）夏四月庚辰條、宋史卷四八六夏國傳均繫梁氏殺李清事於元豐四年四月。

③夏國主秉常被囚原因、經過，諸史記載各異。長編卷三一二元豐四年（一〇八一）夏四月壬申條、治迹統類卷一五种諤建議大舉載种諤奏言與長編同卷四月庚辰條載鄜延路經略司言互異，東都事略卷一二八西夏傳所載秉常被囚經過同鄜延路經略司言，夢溪筆談卷二五雜志載之經過同宋史卷四八六夏國傳。宋史紀事本末卷四〇西夏用兵載，元豐四年六月，夏人幽其主秉常。

西夏紀事本末卷二十三

烏程張鑑春治甫著

綏城易寨

治平四年冬十一月，夏主諒祚詐爲會議，誘知保安軍楊定殺之，邊釁復起。

十二月己巳，夏人求以亡命景詢易嵬名山。郭逵曰：「詢，庸人也，受之則不得不還名山，恐自是蕃酋無復向化矣。」

是月，郭逵詗得殺楊定等首領姓名，諜告將斬之于境以謝罪，逵曰：「是且梟死囚以紿我。」報曰：「必執李崇貴、韓道喜來。〔一〕」夏人言：「殺之矣。」逵命以二人狀貌物色詰問敵情，得乃錮而獻之。判永興軍兼陝西經略安撫使韓琦至永興。初，薛向、郭逵等議欲存綏州，詔琦度其可否。琦奏：「賊今已誘殺楊定等，綏州不可棄也。」及諒祚病死，其子秉常方幼，琦因奏當此變故，非棄綏之時。

神宗熙寧元年春三月庚辰，夏主諒祚殂，子秉常立。遣其臣薛宗道等來告哀。帝遣韓縝詰問宗道以殺傷楊定及擄掠熟户、不遣使賀即位、降詔不承等事。宗道言李崇貴等見已禁錮，候朝旨即拘送，及陳夏主秉常母子悔過之意。帝命縝諭旨，恐國主幼小，未能戢服沿邊蕃部，他日或再來侵犯，度彼親任事止三五人，欲自朝廷除官，仍于歲賜内割五萬充俸，及候李崇貴等至，方可行册慰之禮。令縝録本付宗道，仍以詔書賜秉常曰：「惟爾先父，保有西陲。忽覽訃書，良深軫念。眷言荼毒，情何可任。勉勵孝忠，用副存撫。逮諸親信之列，亦同慰諭之懷。餘令薛宗道等宣諭。」及崇貴等至，言楊定奉使諒祚，嘗拜稱臣，且許以歸沿邊熟户，諒祚遺之寶劍、寶鑑及金銀物。初，定歸時，上其劍、鏡而匿其金銀，言諒祚可刺。帝喜，遂擢知保安軍。既而夏人失綏州，以爲定賣己，故殺之。至是事露，帝薄責崇貴等，而削定官，没其田宅萬計。

秋七月乙亥，名秦州新築大甘谷口寨曰甘谷城。〔二〕初，秦州生户爲諒祚劫而西徙，有空地百里名篳篥。知州馬仲甫請城而耕之，即大甘谷口寨也，至是特賜名。

冬十月，遼遣使册李秉常爲夏國王。

十一月，秉常遣使都羅重進來言：〔三〕「主上方以孝治天下，奈何反教夏國之臣叛其君！」朝廷乃罷分賜酋豪之議，止令歸塞門、安遠二寨，還賜以綏州。重進凡三往返議之，始奉表聽從。

十二月庚戌，乃遣劉航賜秉常詔曰：①「朕肇膺皇曆，奄宅萬邦。凡撫遠人，必推大信，乃顧西陲之守，實殫累世之忠。爰自近來，頗墮故矩，以至間令首領，誘害邊臣。寖違憲度之常，自絶貢輸之路。方行詰問，忽報凶哀。而能懲事以謝愆，瀝哀而請命，念方罹于荼毒，〔四〕嘗曲示于慰存。乃復羈送罪酋，載馳使介，願堅誠節，規欲日新。〔五〕今又奉表及奏，已稟從聖旨，歸納塞門、安遠二寨，仍乞別進誓文，永遵臣禮。詳覽來請，朕意嘉之。夏國既再修職貢，所宜謹守信誓，無或擾犯邊圉，重取悔尤。至于順漢西蕃，亦毋得輒有侵掠。候誓表到日，即遣使封册，并以綏州給還。所有歲賜，自封册後并依舊例。朝廷必當誡飭邊吏，約束屬户，各守疆埸，不得交侵。則早安邊俗，式臻富庶之期；紹續世封，克保寵榮之福。」時夏人屢欲款塞，每虚聲摇邊，詔問方略。知延州趙卨審計形勢，爲破賊之策以獻，遣裨將曲珍、吕真以兵千人分巡東西路。賊方以四萬衆，自間道欲取綏州，道遇曲珍，皇駭亟戰。吕真繼至，賊衆散走。賊自失綏州，意未能已。卨揣知其情，奏言：「賊使請和，必欲畫綏州界，願聽本路經略司分畫，歲賜則俟通和之日復焉。」

辛酉，以王韶管勾秦鳳經略司機宜文字，〔六〕韶遂行邊。西蕃俞龍珂帥其衆内附。初，詔爲建昌軍司理參軍，〔七〕詣闕上平戎三策，以爲西夏可取：「欲平西夏，當先復河、〔八〕湟。今古渭之西，熙、〔九〕河、蘭、鄯皆漢隴西等郡，吐蕃唃厮囉一族國其間。宜并有之，以絶夏人右臂。」帝異其言，王安石以爲奇謀，故詔有是擢。夏遣使貢于遼。

是歲夏，改元乾道。

二年春正月，夏國主乞早頒封册。詔曰：②「詔夏國主：比輸忠款，願襲世榮。已飭攸司，式備封册。屬使人之勤請，欲誓詔之早頒。庶彼邊民，聞我朝命，得遂耕耘之便，更無兵革之虞。所宜允從，當體睠遇。今差某官先齎誓詔往彼，至可領也。」

三月，〔一〇〕夏人寇秦州，陷劉溝堡，殺守將范愿，死傷者不可勝計。

戊子，賜夏國主誓詔曰：③「詔夏國主：省所進誓表：『臣聞固基業者必防于悔吝，質神祇者宜務于要盟。考覈彝章，討論典故。河帶山礪，始漢室以流芳；玉敦珠盤，本周朝之垂範。庶使君臣之契，邦國之歡，蔚爲長久之規，茂著古今之式。矧茂恩于累世，受賜于有年。當竭情誠，仰期宸聽。竊以上聯世緒，累受列封。本宜存信以推忠，豈謂輕盟而易動。蓋此酋戎之畫，助成守土之非，然而始有釁端，已歸傾逝。昨者期在通歡之美，曾伸瀝款之誠。爰降綈函，宛垂俞旨。敢陳悃愊，上達至聰。儻給還于一城，即納歸于二寨。惟賴至仁撫育，鉅德保安。冀原舊誓之文，用復交歡之永。伏遇堯雲廣蔭，軒鑑分輝。幸寬既往之辜，深察自新之懇。將使慶流後裔，澤被溥天。洎垂賜予之常，恪謹傾輸之節。臣敢不昭徵部族，嚴戒酋渠，用絕驚騷，俾無侵軼。非不知畏天而事大，勉堅衛國之猷，背盟者不祥，寅懍奉君之體。若乃言亡其實，祈衆神而共誅；信不克周，冀百殃而咸萃。自敦盟約，愈謹守于藩條；深愧愆尤，乞頒回于誓詔。』具悉。朕紹承天命，盡四海而撫懷之，况爾世守西土，爲國藩輔者乎！今復懲既往之非，篤自新之志。質于天地，要之鬼神。載貢誓文，納忠王室。朕方推大信，以示萬邦，俯同兹言，永無有易。其進納塞門、安遠二寨，已指揮延州，候交割訖，却給還綏州。各依舊界，仍自行封冊。以後歲賜，并如舊例。其餘約束事節，一依慶曆五年正月二十二日誓詔施行。朕已戒敕邊吏，各守封畫。所宜顯諭國人，藏書祖廟，永保休福，詔諸子孫。指詞已乎，故不多及。誓詔付夏國主。」

三月，將行册禮，復先以詔曰：④「詔夏國主：兹閲函封，重申誓約。本誠心之自篤，爲封守之遠圖。朕已飭使人，將馳册禮。既薦綏于世土，宜先諭于邊甿。庶遂耕耘之私，永無兵革之患。緬惟忠順，當體眷勤。」册曰：「維熙寧二年歲次己酉，三月戊辰朔，十四日辛巳，皇帝若曰：於戲！昔堯合萬邦而民風和，周建列土而王業懋。若古申命，蓋國家之成法也。咨爾秉常，迪性純一，飭躬靖虔。生禀山川之靈，舊傳弓鉞之賜。質撫有西夏，尊于本朝。知事君必盡其節，知守國當保其衆。乃内發誠素，外孚誓言。質之天地而不欺，要之日月而不昧。朕用稽酌故典，表顯徽實。錫爾以茅土之封，不爲不寵；加爾以車服之數，不爲不榮。涓辰既良，備物既渥。誕畢丕册，以華一方。今遣朝奉郎、守尚書司封郎中、上輕車都尉、賜紫金魚袋劉航，文思副使、銀青光禄大夫、檢校太子賓客、兼御史大夫、上騎都尉、彭城縣開國伯、食邑七百户劉忞持節，册命爾爲夏國主，爲宋藩輔。夫履謙順者靡不膺長福，懷驕肆者靡不蹈後虞。率身和民，時乃之績。往欽哉！祗予一人之彝訓，可不慎歟！」

秋七月乙丑朔，日有食之。

戊辰，夏遣使詣遼謝封册。

八月，夏國請從舊蕃儀，詔許之。詔曰：⑤「爾世居西垂，屏衛中夏。既服朝廷之新命，宜從蕃國之舊儀。以紹祖風，且堅臣節。宜依來請，用遂乃誠。」蓋夏國自諒祚請去蕃禮、從漢儀之後，常服中國衣冠。至是始復其初。

冬十月，城綏州。先是，秉常既寇秦州，復上誓表，請納安遠、塞門二寨，以乞綏州。

上使韓縝與夏人議，亦許之矣。鄜延宣撫郭逵上言曰：「此正商於六百里之策也。非先交二寨，不可與綏。」朝議以爲然。然時已有詔，使逵焚棄綏州，逵曰：「一州既失，二寨不可得。中國爲夏人所賣，安用守臣爲？」藏其詔不出。上言綏州具存，且自劾違詔之罪，詔褒逵。既誓詔已降，夏人猶不歸二寨。夏主遣其臣罔萌訛來言：〔一一〕「欲先得綏。」逵命機宜文字趙卨如夏交所納二寨，且定地界。罔萌訛對曰：「朝廷本欲得二寨，地界非所約。」卨曰：「然則塞門、安遠二牆墟耳，安用之？二寨之北，舊有三十六堡，且以長城嶺爲界，西平王祥符所移書固在也。」罔萌訛語塞。卨以夏人渝盟，請城綏州，不以易二寨。時陳升之、韓琦亦不欲廢，事遂格。

秉常上誓表，更賜詔曰：⑥「詔夏國主：所奏『差嵬名挨移等赴塞門地分，與趙秘丞商量分劃塞門、安遠，交領綏州。雖差人去與趙秘丞一兩次相見，終不與定奪了當。兼宥州牒得保安軍牒，開坐中書樞密院同奉聖旨，安遠、塞門蕃族住坐，久已著業，應難起移，〔一二〕任令蕃族依舊住坐，所有綏州更不給還。』及云『豈將邊圉之末圖，有抗大廷之誠命。願詳悉于云爲，免稽留于事理』等事。具悉。朕嗣膺丕曆，勤撫庶邦。凡德澤之所加，固邇遐之無間。矧惟西夏，屏于一方。比載覽于誓文，尋俯同于誠請。逮按還于舊境，忽搆述于異端。因念二寨之民，豈無故俗之戀。使各安其生聚，且曲示于仁恩。

蓋徇彼情，匪樂生事。重披來奏，尚有所陳。宜自斥于末圖，庶共恢于遠略。向都囉重進等齎到誓表，備詳恭順。既降誓詔，遂令延州交割塞門、安遠訖，却還綏州，并須合依舊界。及得延州奏，夏國遣來人只要交割寨基。〔一三〕比移牒宥州，指説舊日界，至回牒，却稱趙卨妄有指執，顯是不依誓詔交割舊界。朝廷務惇大體，將示含容，其二寨已令延州更不交割，綏州固無給還之理。自今所宜遵循誓詔，〔一四〕永保安静，無令任事首領輒起事端。」遂城綏州，改名綏德城。

延地皆荒瘠，⑦占田者不出租賦，而以爲藩蔽。寶元用兵後，凋耗殆盡，其曠土爲諸酋所有。卨因召問曰：「往時汝族户若干，今皆安在？」對曰：「大兵之後，死亡流散，其存止此。」卨曰：「其地存乎？」酋無以對。曰：「吾貰汝歸，聽汝自募丁家，使占田充兵，若何？吾所得者人爾，田則吾不問也。」諸酋皆感服，歸募壯夫，悉補亡籍。又檢括境内公私閑田，得七千五百餘頃，募騎兵萬七千。卨以異時蕃兵提空簿，漫不可考，因涅其手。屬歲饑，卨令蕃兵，願刺手者，貸常平穀一斛，于是人人願刺。因訓練以時，精鋭過于正兵。

戊戌，以左監門衛將軍嵬名山爲供備庫使，仍賜名趙懷順。

己未，夏遣使來謝册封。

閏十一月戊申，夏遣使詣遼，乞賜印綬。

三年秋七月，⑧夏人寇邊。先是，虜遣兵二萬侵綏德城，尋入堡。〔一五〕判延州郭逵曰：「彼氣力方鋭，不可與戰。又不可止，俟其去而平之。」虜既成堡，各留戍三百人。逵遣將攻其二大堡，一日克之，餘堡遁去。時虜人又築堡于慶州荔原堡北，〔一六〕曰鬧訛，衆號十萬。其堡在境外二十里。及聞延州堡敗，亦止不築。蕃部巡檢李宗諒地近虜堡，害其田作，乃率衆千餘人與虜戰于鬧訛。知慶州李復圭合蕃、漢兵三千，遣裨將李信、劉甫、种咏、郭貴等助之。信等訴衆寡不敵，按兵不出。復圭威以節制，親畫陣圖方略授之，兵進。宗諒戰不利，還趨堡，信閉門不納，宗諒還戰而没。復圭責信觀望，信等引兵三千往十二盤擊虜，虜曰：「我與宗諒有仇，不與宋兵戰也。」信曰：「宗諒，我熟户。」射之。虜曰：「汝真欲戰耶？」乃縱兩翼圍之，〔一七〕且令曰：「殺兵勿殺將。」遂大敗。復圭懼，欲自解，乃執信等而取其圖略，命州官李昭用劾以故違節制，咏瘐死獄中，斬信、甫，配流郭貴。朝廷因命復圭酬賽。復圭遣將復出兵邛州堡，〔一八〕破金湯、白豹、〔一九〕萌門、〔二〇〕和市等寨，〔二一〕夜入欄浪、和市，〔二二〕掠老幼數百人。又使李克襲金湯，而夏人已去，惟殺其老幼一二百人，以功告捷，而邊釁大起矣。

八月己卯，夏人大舉入環慶，攻大順城、柔遠寨、荔原堡、懷安鎮，〔二三〕東谷、西谷二寨，業落鎮。〔二四〕兵多者號三十萬，〔二五〕少者號二十萬。〔二六〕屯榆林，距慶州四十里，游騎至城下，陝西大震。時大順清野，賊無所掠。又毒水上流，飲者多死，凡九日乃退，鈐轄郭慶，都監高敏、魏慶宗、秦勃等死之。韓絳請行邊，王安石亦請，乃以絳爲陝西宣撫使，自受命至陛辭，三日而行，贈金繒及織文袍。纔至邊，悉與將吏治兵鄜延，使种諤出青澗城。絳欲自高奴通道河東，詔兼河東宣撫使，就拜同中書門下平章事。

冬十月辛酉，詔延州毋納夏使。夏又大舉入寇環慶，堡障皆被圍。姚兕駐荔原堡，引兵出據險要，及張疑兵諸山上，使賊不得散掠境内，間出奇兵擊之，賊稍却。明日，益兵來攻甚急，兕乘高而射，凡三百餘發，皆應弦而斃，指裂血流，而射不已。更遣子雄率精騎出，自執旗從城上麾之。賊不敢當，即引而西攻大順城。兕復往援，城亦獲全。兕字武之，爲巡檢，以功多遷左藏軍副使。

十一月甲辰，夏人寇大順，詔知延州郭逵出師援之。逵諜知秉常幼，留宥州，即遣燕達悉破近邊諸寨，聲言擣虚攻宥州。凡九戰，其酋皆遁。又遣田守度出德靖寨，伺其歸邀擊之。夏人聞逵將襲宥州，亟奔還，守度破之于金湯。

十二月庚午，夏人寇鎮戎軍三川寨，巡檢趙普伏兵邀擊，敗之。夏改元天賜禮盛國慶。

四年春正月己丑，緈使偏將种諤襲夏人，敗之。緈素不習兵事，開幕府于延安，措置乖方，選蕃兵爲七軍。〔二七〕復以种諤爲鄜延鈐轄，知青澗城，信任之。命諸將皆受其節制，蕃兵皆怨望。緈與諤謀出兵取橫山，安撫使郭逵曰：「諤，狂生耳！朝廷徒以种氏家世用之，必誤大事。」緈奏逵沮軍事，逮還之。既諤帥師襲敗夏人于囉兀，緈因命諤以衆二萬築囉兀城，及雪中築撫寧堡。自高奴通河東塞，調發倉卒，關陝騷然。呂公弼上言：「諤既城囉兀，又增堡障，今大兵殺獲已多，虜方懷忿，日夜聚兵，必爲邊患。願罷城築，專爲持重計。」緈又命德順軍判官游師雄同提舉常平劉琯往鄜延，〔二八〕與主帥措議戰守之策。初，琯欲自延州入安定、黑水堡，過綏平塞地，逼賊境，師雄疑其有伏，請由他道。已而諜者至，言夏人嘗伏精兵數千于黑水傍，伺其過掩之。將詰以機事，琯驚曰：「向非公，墮于敵矣。」不聽。已而緈言諤入夏之功，破賊馬户川，斬首千級，乞加旌賞，從之。

三月丁亥，夏人陷撫寧諸城。初，种諤進築永樂川、賞逋嶺二寨，〔二九〕分遣都監趙璞、燕達築撫寧故城，及分荒堆三泉、吐渾川、開光嶺、葭蘆川四寨與河東路修築，〔三〇〕各相去四十餘里。絳得空名告身宣敕及錦袍、銀帶，撫納降附。至邊盡召蕃官、蕃部厚犒之，軍士怨望。又奪騎兵馬，曰此輩不能戰，以與蕃部，有抱馬首號泣者。絳又嘗遣權管勾機宜文字游師雄按視囉兀城、撫寧和市。師雄言：「囉兀無井泉，撫寧在平川，皆不可守。」已而夏人來攻順寧寨，遂圍撫寧，折繼世、〔三二〕高永能擁兵駐細浮圖，去撫寧咫尺，囉兀兵勢尚完。謂在綏德節制諸軍，聞夏人至，茫然失措，欲作書召燕達，戰悸不能下筆，顧運判李南公涕泗不已。由是新築諸堡悉陷，囉兀亦不守，將士没者千餘人。

初，上遣户部副使張景憲等按視，景憲受命即奏曰：「二城不可守，臣固不待到而後知。」行未半道，撫寧已陷。至鄜延，條奏所見：「百姓憔悴，師旅咨嗟。及言入鄜延界，詢囉兀利害，無一人言便者，乞速毁廢。」會慶州軍叛，詔棄囉兀城，治謂罪。謂稱得密旨于高遵裕，遵裕降爲乾州兵馬監押，而責謂授汝州團練副使，潭州安置。韓絳坐興師敗衄，罷知鄧州。

王文諒者，夏國用事臣没藏訛哤家奴，得罪，因自歸。王安石薦其才，加閤門祇候。韓絳先遣文諒出界，凡官軍斬級多奪與蕃軍，至掘冢戮尸爲功。邠寧廣鋭都虞候吴逵嘗與文諒争功，文諒怨之，誣以夜至野豰，會與賊鬥，呼逵不至，及扇摇軍士。宣撫司送逵慶州獄，四十日絳至慶州，將斬逵，部卒喧呼，乃復送獄。數日，賊攻囉兀甚急，絳命慶州出兵牽制，廣銳兩指揮謀擁逵爲亂，雨作，不授甲，乃止。遂焚北門，大噪縱略，斬關而出。林廣説以逆順，〔三二〕多投降者。時逵已擁衆出，餘黨猶在城下，廣諭降之者曰：「亂首去矣，爾曹出非同惡。若聽我，不惟得活，且有功。」因收集得百餘人，至營，激厲約束之，授以兵器，令攻城下兵，擒戮皆盡，慶州遂安。涇原路總管張玉、鄜延劉永年并令再任，玉與一子官。樞密使文彦博曰：「兩人同是用，而推恩不同。」上曰：「玉累有戰功，永年但久熟鄜延，未有代之者。若一概推恩，無以激勸。」

秋九月庚子，夏主秉常遣使入貢，表乞綏州城，願依舊約。詔答曰：⑨「昨覽邊臣所奏，以夏國去秋自絶朝廷，深入環慶路，殺掠熟户，侵逼城寨，須舉兵入討。朕爲人父母，亟令班師，無得窮武。今國主遣使歸款，欲繼舊好，休兵息民，甚善。綏州前已降詔，更不令夏國交割塞門、安遠二寨，綏州更不給還，今復何議！止令鄜延路經略司定立綏德城界，其餘及諸路，并依見今漢蕃住坐、耕牧界至立封堠。掘壍内外，各認地分，樵牧耕種，貴彼此更無侵軼。俟定界畢，别進誓表。回頒誓詔，恩賜如舊。」因并賜陝西、河東經略使司詔曰：「敕夏國再差嵬名嚷寨等進誓表謝恩，〔三三〕朝廷已降詔，并依慶曆五年正月二十二日誓詔施行。〔三四〕」又賜鄜延等路經略使不得生事詔曰：「敕夏國再差都羅重進等齎到誓表，及進納安遠、塞門二寨，詞理恭順，朝廷已降誓詔，并依慶曆年誓詔施行。⑩」

十二月戊午，歸夏俘。

五年秋，又詔陝西毋侵掠夏境。時夏人已進誓表，故有是命。詔曰：⑪「詔夏國主：省所上表『臣依准制命，將綏德城下界至打量二十里，明立封堠，交付了當訖者。臣幼叨世緒，遵奉皇猷。宿兵累年，空阻瞻雲之望；通盟此日，遐陳獻土之歡。上奉高明，更無渝變。虔遵聖訓，分定式畺。踐土約詞，昭著先朝之誓；推忠納款，堅持歸信之誠。載圖方岳之勤，庶答乾坤之施』事，〔三五〕具悉。世膺爵寵，爲我翰藩。來陳封章，率服詔令。載惟忠順，良所歎嘉。弭兵息民，子育萬國。終始惟一，時乃朕心。爾不有渝，朕無過舉。已戒邊吏，各守封畺。所宜顯諭國人，永遵先誓。其餘約束事節，一依慶曆五年正月二十二日誓詔施行。自今以後，恩禮歲賜，并如舊例。故茲詔示，想宜知悉。」復賜立夏國主册文曰：⑫「維某年月日，皇帝若曰：古先哲王，奄有區夏。選賢維世，以立諸侯。外則撫鎮畛封，内則屏毗中國。肆朕纂服，遹追令猷。敷考貢圖，誕頒顯册。咨爾某性資沈勇，世載忠良。夙懷來極之誠，深明事大之節。底綏種落，式遏寇虞。奉承前修，嗣守舊約。是用策勛而懋賞，備物以嚴師。緖茷旂旌，苴茅分土。涓辰令吉，長于西陲。今差某官持節，册命爾爲夏國主。於戲！世爲宋藩，惟忠實可以保位；畫以戎索，非信順無以乂民。允懷于兹，罔墜厥緒。欽哉！迪予一人之休命，可不慎歟！」

西夏紀事本末卷二十三

校記

〔一〕韓道喜：此同長編卷二一六熙寧三年（一〇七〇）冬十月辛酉條、卷二三四熙寧五年（一〇七二）六月甲寅條、卷二三八熙寧五年九月癸亥條，東都事略卷九一趙卨傳、卷一二八西夏傳，治迹統類卷一五神宗經制西夏，宋史卷二九〇郭逵傳、卷三三二趙卨傳，琬琰集中集卷一三郭將軍逵墓誌銘（范祖禹撰）、卷四八韓忠獻公琦行狀（李清臣撰），范太史集卷四〇郭公（逵）墓誌銘等。宋史卷四八五夏國傳作「韓道善」，疑誤。

〔二〕甘谷城：此原同宋史卷三三二馬仲甫傳作「甘谷堡」。宋史卷一四神宗本紀、宋史全文卷一一載，詔賜名秦州新築大甘谷口寨曰甘谷城。宋史卷八七地理志載，秦州下轄有甘谷城、甘泉堡，據改。

〔三〕都：此字原脱，據長編紀事本末卷八三、宋史卷四八六夏國傳補。

〔四〕念：長編紀事本末卷八三种諤城綏州作「今」。

〔五〕日新：宋大詔令集卷二三五、長編紀事本末卷八三种諤城綏州均作「自新」。

〔六〕管勾秦鳳經略司機宜文字：「管勾」原作「管幹」，避宋高宗趙構名諱，今回改。「文字」，原作「文事」，據宋史卷三二八王韶傳改。

〔七〕參軍：此二字原脱，據宋史卷三二八王韶傳補。

〔八〕先：此字原脱，據宋史卷三二八王韶傳補。

〔九〕熙：宋史卷三二八王韶傳作「洮」。

〔一〇〕三月：此二字原脱，據宋史卷四八六夏國傳及本書體例補。

〔一一〕罔：原作「岡」，據宋史卷四八六夏國傳改。下同。

〔一二〕難：原作「雖」，據宋大詔令集卷二三五改。

〔一三〕基：江蘇本作「塞」。

〔一四〕今：原作「守」，據宋大詔令集卷二三五改。

〔一五〕尋入堡：長編卷二一四熙寧三年（一〇七〇）八月辛未條作「筑八堡」。

〔一六〕荔原：原作「荔源」，據長編卷二一四熙寧三年（一〇七〇）八月辛未條、宋史卷四八六夏國傳改。下同。

〔一七〕兩翼：原作「西翼」，據長編卷二一四熙寧三年（一〇七〇）八月辛未條改。

〔一八〕堡：此字原脱，據長編卷二一四、宋史卷四八六夏國傳補。

〔一九〕白豹：原作「白芍」，據長編卷二一四熙寧三年（一〇七〇）八月辛未條改。

〔二〇〕萌門：「門」字原爲闕字，據長編卷二一四熙寧三年（一〇七〇）八月辛未條補。

〔二一〕和市：「市」字原爲闕字，據長編卷二一四熙寧三年（一〇七〇）八月辛未條補。又，宋史卷二九一李復圭傳作「西和市」，西夏書事作「西人和市」。

〔二二〕和市：此原同宋史卷四八六夏國傳脱「和」字，據長編卷二一四熙寧三年（一〇七〇）八月辛未條、中華本宋史卷四八六校勘記三補。「欄浪」，長編卷二四一熙寧五年（一〇七二）十二月己丑條作「蘭浪」。

〔二三〕懷安鎮：此同長編卷二一四熙寧三年（一〇七〇）八月庚辰條，宋史卷四八六夏國傳作「淮安鎮」。

〔二四〕業落鎮：此同長編卷二一四熙寧三年八月庚辰條。宋史卷四八六夏國傳作「業樂鎮」，江蘇本作「蕃落鎮」。

〔二五〕三十萬：此同長編卷二一四熙寧三年（一〇七〇）八月庚辰條。宋史卷四八六夏國傳、治迹統類卷一五韓絳宣撫陝西作「二十萬」。

〔二六〕少者號二十萬：此同長編卷二一四熙寧三年（一〇七〇）八月庚辰條。宋史卷四八六夏國傳作

「少者不下二萬」，治迹統類卷一五韓絳宣撫陝西作「少者二萬」。

〔二七〕選：江蘇本作「方選」。

〔二八〕德順：原作「順德」，據宋史卷八七地理志、卷三三二游師雄傳改。

〔二九〕賞逋嶺：原作「賞捕嶺」，據長編卷二一九熙寧四年（一〇七一）春正月辛亥條、宋史卷四八六夏國傳改。

〔三〇〕葭蘆川：原作「葭蘆州」，據宋史卷四八六夏國傳改。

〔三一〕折繼世：原作「折繼昌」，據長編卷二二一熙寧四年（一〇七一）三月丁亥條、治迹統類卷一五韓絳宣撫陝西改。

〔三二〕逆：原作「送」，據宋史卷三三四林廣傳、江蘇本改。

〔三三〕嵬名嚷寨：長編卷二二六熙寧四年（一〇七一）九月庚子條作「嵬名嚷榮」。

〔三四〕二十二日：宋大詔令集卷二一四作「二十三日」。

〔三五〕事：此字原脱，據宋大詔令集卷二三六補。

注　釋

① 此詔令即宋大詔令集卷二三五夏國秉常乞進誓文永遵臣禮賜詔。

②此詔令即宋大詔令集卷二三五賜夏國主乞早頒封册允詔。
③此詔令即宋大詔令集卷二三五賜夏國主給還綏州誓詔。
④此詔令即宋大詔令集卷二三五賜夏國主爲行册禮詔，原無繫年。據東都事略卷五八韓縝傳、宋史卷四八六夏國傳等，詔令發佈於熙寧元年（一〇六八）。
⑤此詔令即宋大詔令集卷二三五許夏國主嗣子秉常從舊蕃儀詔。
⑥此詔令即宋大詔令集卷二三五賜夏國主不還綏州詔，原無繫年。據宋史卷一四神宗本紀及卷四八六夏國傳等，詔令發佈於熙寧二年（一〇六九）冬十月。
⑦延：指鄜延。
⑧據長編卷二一四、宋史卷四八六夏國傳等，本書將熙寧三年（一〇七〇）多起夏人寇邊事綜述，概以「七月」籠統敘之。
⑨此詔令即宋大詔令集卷二三五答夏國主秉常詔。
⑩慶曆年，指慶曆五年（一〇四五）。
⑪此詔令即宋大詔令集卷二三六賜夏國主進誓表答詔，原詔令無繫年。據長編卷二三七熙寧五年（一〇七二）八月壬午條，詔令發佈於熙寧五年八月。
⑫此詔令載於宋大詔令集卷二三六，原詔令無繫年。

西夏紀事本末卷二十四

烏程張鑑春治甫著

五道西征

神宗熙寧五年春二月丙寅，以知鄭州呂公弼爲宣徽南院使，龍圖閣直學士、知渭州蔡挺爲樞密副使，因險築熙寧寨。諜告夏人數萬集胡盧河，挺出奇兵迎擊之，遂潰。遣四將分路追討，破其七族。夏人復犯諸寨，環慶兵不能禦，挺遣張玉以萬人往，解其圍。慶州軍變，關中大擾，挺討平之。帝曰：「慶卒爲亂，不至猖獗，涇原之力也。」時以燕達權發遣環慶路駐泊總管，慶州之役，達有戰功，故自鈐轄躐遷總管。然自資淺，故令權發遣，自燕達始也。達，字逢辰。初，達爲延州巡檢，戍懷寧寨。羌人三萬薄城，以所部五百破之，故有是命。

六年春二月辛卯，夏人寇秦州，都巡檢使劉惟吉敗之。〔一〕

七年夏四月乙亥，王韶破西蕃結河川族，〔二〕斷夏國通路。

八年。是歲，夏改元大安。

元豐元年秋八月壬子，王珪知帝欲伐夏，故奏乞用集賢殿修撰俞充爲邊帥。

二年秋七月乙酉，夏兵犯綏德城大會平，〔三〕第四將高永能等擊敗之。〔四〕八月丙申朔，夏人寇綏德城，都監李浦敗之。①

三年秋七月庚寅，熙河路經略司言，西界首領禹臧結逋藥、蕃部巴鞫等以驛書來告，〔五〕夏國集兵將築撒逋達宗城于河州界，〔六〕黄河之南、洮河之西。帝曰：「若如所報，乃屬河州之境，豈可聽其修築？」深慮經略司不詳上件所指地分，都爲無備，驅逐約闌次第，可速下本司多備兵馬禁止之。

四年夏六月壬午，詔陝西路緣邊諸路：「累報夏國大集兵至，須廣爲之備。」以東上閤門使、文州刺史种諤爲鄜延路經略安撫副使，應本司事，與經略安撫使沈括從長處置。先是，諤入對，大言曰：「夏國無人，秉常孺子，往持其臂而來爾！」帝壯之，乃決意西征。命諤副括，本路及麟府事，悉聽諤節制。

秋七月，命李憲等分道伐夏國。初，環慶經略使俞充知上有用兵意，屢請西伐。又言：「諜報云，夏國母及梁相公者勸秉常不行漢禮，秉常不從，因囚之。且秉常事大國，〔七〕有何可罪，乃被幽囚，此正興師問罪之時。今若一舉而復漢唐兩河之地，其費不過五年歲賜秉常之數。」乃除充環慶帥，至環慶議取靈武。書奏而充暴卒，乃以高遵裕代之。因命高遵裕出環慶，劉昌祚出涇原，李憲出熙河，种諤出鄜延，王中正出河東，分道并進。

八月辛酉，夏人寇臨川堡，〔八〕詔吐蕃首領董氈集兵會伐。董氈集六部族兵十二萬，分三路與大兵會。

壬戌，种諤遣諸將出界，遇賊破之，斬首千級。

丁丑，熙河經略李憲總熙秦七軍及董氈兵三萬，〔九〕建大將旗鼓，節制諸軍，敗夏人于西市新城，〔一〇〕獲酋首三人、首領二十餘人。

庚辰，又襲破于女遮谷，斬獲甚衆，遂復古蘭州城。奏至，上甚喜。唯种諤帥軍次綏德城，遣將出師招納，遇賊境上。朝廷以諤先期輕出，命還師延安，改命諤知麟府事，并聽王中正節制。憲以蘭州古金城地，是爲河湟要害，請城之，仍建爲帥府。

九月乙酉，董氈遣使來貢，且言已遣首領將兵三萬會擊夏國。

戊子，蘭州新順首領巴令謁等三族率所部兵攻夏人撒逋宗城，〔一一〕敗之。

丙申，熙河路都大經制司言：「蘭州古城，東西約六百餘步，南北約三百餘步，大兵自西市新城約百五十餘里將至金城，有天澗五六重，〔一二〕僅通人馬。自夏賊敗衄之後，所至部族皆降附。今招納已多，若不築城，無以固降羌之心。」見築蘭州城及通過堡，已遣前軍副將苗履、中軍副將王文郁都大管勾修築。前軍將李浩專提舉固根本，其李浩以次須佐事之人，〔一三〕亦即軍前權選委勾當。种諤乞計置濟渡橋筏椽木，〔一四〕令轉運司發步乘運入西界。詔：「凡出兵深入，其濟渡過索渾脱皆須自備，未聞千里運木隨軍。」令諤及河，〔一五〕賊界屋并可毀，或斬林木相兼。」帝之坐制兵間，利害細微皆得其要。

丙午，詔諭夏國敕牓曰：〔一六〕②「睠兹西夏，保有舊封。爰自近世以來，尤謹奉藩之職。忽奸臣之擅命，致弱主之被囚，迨移問其端倪，輒自隳于信約。暴驅兵衆，直犯塞防。在神理之莫容，固人情之共憤。方切拯民之念，宜興問罪之師。已遣將臣，諸道并進。其先在夏國主左右，并嵬名諸部同心之人，并許軍前拔身自歸。及其餘首領，能相率效順，共誅國仇，隨功大小，爵禄賞賜，各倍常科。許依舊土地住坐，子孫世世常享安榮。其或違拒天兵，九族并誅無赦。蓋天道助順，必致萬靈之歸；王師有征，更無千里之敵。咨爾士庶，久罹困殘，共肩向化之心，〔一七〕咸適更生之路。敢稽朕命，後悔何追！」是日，王中正發麟州，禡祭祝詞曰：「臣中正代皇帝親征，兵六萬人，民夫亦六萬餘人。」行數里，至白草平，即奏已入夏界，留屯九日不進，遣士卒往來就芻糧于麟州。高遵裕發慶州蕃漢步騎凡八萬七千人，民夫九萬五千人。种諤以鄜延兵五萬四千，畿內七將兵三萬九千，〔一八〕分爲七軍方陣而進，自綏德城出塞。

丁未，攻圍米脂寨。

庚戌，夏兵救米脂寨。鄜延經略副使种諤率衆擊破之。諤因乞不受王中正節制，上以其米脂之功大喜，遣使撫諭曰：「昨以卿急相滅賊，恐或妄進，爲一方憂，欲俾王中正節制進止。今乃能功先諸路，朕甚嘉之，自今可不受中正節制。」

辛亥，諤又敗夏人于無定川，斬首八千級。〔一九〕

冬十月丁巳，米脂寨降。初，圍米脂城，虜以衆十萬來援，前鋒將高永能謂從弟永亨曰：〔二〇〕「虜衆暴至，易吾軍。吾營當大川，右山左水，宜令前設嚴陣，待其至，選精騎張右翼擊之，〔二一〕可破也。」永亨從之。詰朝霧四塞，虜果大至，與前軍戰良久。奇兵翼進，虜潰，自相蹈襲于無定河，水爲不流。大軍乘之，自寅至辰，斬首數千級，獲馬三千，橐駝、牛、羊以萬計，器甲不可勝數，城猶不下。永能密遣諜埋都統説其東壁守將，諭以禍福。翼日來降，永能請厚賞之，衣以錦歸，〔二二〕示諸城下，〔二三〕導以鼓吹，城中乃携其僞鈐轄令介訛遇出降。〔二四〕种諤下令：「入城敢殺人及盜者斬。」收城中老小萬四百二十一口，給以衣巾，仍命訛遇等各統所部以禦敵。

庚申，熙河兵至女遮谷，與夏人遇，〔二五〕戰敗之。

癸亥，种諤至石州，賊棄積年文案、簿書、〔二六〕枷械，舉衆遁走，移軍據之。

乙丑，涇原兵至磨臍隘，遇夏兵，與戰，敗之。先是，詔涇原兵聽高遵裕節制，仍令環慶與涇原合兵擇便路進討。夏人之諜者以爲環慶阻横山，〔二七〕必從涇原取胡盧河大川出塞，故悉河南之力以支涇原。既而環慶兵不至，劉昌祚與姚麟率本路蕃漢兵五萬獨出，離夏界堪哥平十五里，遇夏人三萬餘衆扼磨臍隘口，〔二八〕不得進。諸將欲舍而東出韋州，與環慶合，昌祚曰：「遇賊不擊，枉道自全，是謂無次。且爲客利速戰，古今所聞。公等去此，自度能免乎？」麟曰：「賊衆我寡，將迎擊之，且以臨大軍之聲必濟！」即馳騎中軍告急憲進兵，麟使人聲言，姚公已破賊，乃謀分軍度胡盧河奪隘，牌手當前，神臂弓次之，弩又次之，選鋒馬在後。諭衆以立功者三倍熙河之賞，衆歡甚，響震山谷。昌祚既挾兩牌先登，弓弩繼前。麟鼓而出，與夏統軍國母弟梁大王戰。自午至申，夏人小却，大軍沓至，夏人遂大敗。追奔二十里，斬獲大首領十五級、〔二九〕小首領二百十九級，擒首領統軍侄吃多埋等二十二人，〔三〇〕斬二千四百六十級，〔三一〕獲僞銅印一，〔三二〕自是大軍通行無所礙。

戊辰，知夏州索九思遁去，〔三三〕种諤入夏州。

己巳，种諤入銀州。

庚午，環慶行營經略高遵裕將步騎八萬七千出慶州，與夏人戰，敗之，復清遠軍。〔三四〕种諤遣曲珍率兵通黑水安定堡，路遇夏人與戰，破之。是日，内侍王中正率涇原兵至夏州，時夏州已降种諤，諤尋引去。中正軍于城東，〔三五〕城中居民數十家。先是，朝旨禁入賊境抄掠，夏人亦棄城邑皆走河北。士卒無所得，皆憤悒思戰，謂中正曰：「鄜延軍先行，獲功甚多，我軍出界近二旬，所獲纔三十餘級，何以復命？且食盡矣。」因渡無定河，循水北行，地皆沙濕，士馬多陷没，糗糧不能繼。又耻無功，乃請襲宥州，聊以藉口，中正從之。

癸酉，王中正至宥州，城中居民五百餘家，遂屠之，斬首百餘級，降者十數人，獲馬、牛百六十，羊千九百。軍于城東二日，殺所得馬、牛、羊以充食。高遵裕至韋州，監軍司令將士勿毁官寺、民居，以示招遠。〔三六〕

乙亥，李憲敗夏人屈吴山。

丙子，鄜延路鈐轄曲珍破夏人于蒲桃山，高遵裕次旱海。③先是，李察請以驢代夫運糧，驢塞路，饋不繼，師病之。

己卯，种諤言效順人已刺「歸漢」二字，恐諸路在臣後者一例殺戮，乞賜約束。詔种諤所過招納效順人，令王中正如行營經過，指揮諸將更加存撫。

辛巳，涇原節制王中正入宥州。涇原兵既破磨臍隘，行次賞移口，有二道，一北出黛黛嶺，一西北出鳴沙川。鳴沙少紆，諸將欲從黛黛嶺，劉昌祚曰：「離漢時，運司備糧一月，今已十八日未到靈州，儻有不繼，勢將若何？吾聞鳴沙有積粟，夏人謂之『御倉』，可取而食之。靈州雖久，不足憂也。」既至，得窖藏米百萬，爲留信宿，重載而趨靈州。

壬午，師次城下，有番酋乘馬馳突，昌祚曰：「孰能爲我取此賊乎？」時郭成爲選鋒，即躍馬斬其首以還。先是，昌祚率蕃漢兵五萬，受高遵裕節制，令兩路合軍伐夏。至是，環慶軍未至，城門未闔，先鋒奪門幾入。高遵裕疾其功，遣李臨、安鼎賫劄子止之，且曰：「已使王永昌入城招安，可勿殺。」昌祚按甲不敢進。少間門闔城守，斬首級四百五十，得戰馬、牛、羊千餘。昌祚曰：「城不足下，獨嫌于環慶爾！朝廷在遠，必謂兩道相爭。」乃止。

十一月癸未朔，日有食之。高遵裕遂以環慶兵趨靈州。是日，次南州平灤，〔三七〕距城三十里，遇夏人，遵裕出精兵接戰，斬首千餘級。轉運副使李察、〔三八〕判官范純粹夜以手書問道促涇原兵來援。劉昌祚即委姚麟留屯，自將選鋒數千人赴之，未至而賊已退。先是，昌祚言軍事不稱旨，帝賜遵裕手札曰：「昌祚所言迂闊，必若不堪其任者，宜擇人代之。」遵裕由是輕昌祚。既而昌祚先至靈州城下，或傳昌祚已克靈州，遵裕未至靈州百里聞之，亟具表稱：「臣遣昌祚進攻，拔靈州城。」尋知所傳皆虛，乃斬諜者以徇。于是昌祚詣遵裕，遵裕訝其來晚，坐帳外移時不見。既見，問靈州何如，昌祚曰：「疇昔即欲取之，以幕府在後故止，城不足拔也。前日磨臍之戰，餘衆皆保東關鎮。東關在城東三十里，旁直興州渡口，平時自是要害。今復保聚，若乘此急擊之，外援既殲，孤城當自下。」遵裕怒未解，且方欲攻城，謂昌祚曰：「吾夜以萬人負土平壘，黎明入之矣。」因檄昌祚以涇原兵付姚麟，麟不敢當，遵裕亦已。

甲申，詔降五路對境圖付王中正、种諤，據所分地招討，俟略定河南，如可乘勢渡河，方得前進，蕩覆賊巢。緣環慶、涇原行營已至靈州界，其鄜延、河東兵馬路尚遠，不須必赴會合，但能平静所分一道，將來議賞，不在克定興、靈之下，乃令趙卨應付糧草。初，王中正在河東，奴視轉運司官。莊公岳等白中正，軍出境，應備幾日糧。中正以爲鄜延受我節制，前與鄜延軍遇，彼糧皆我有也。乃書片紙云「可備半月糧」。公岳等恐中道乏絶，陰更備八日糧。及种諤既得詔，不受中正節制，鄜延糧不可復得，人馬漸乏。中正不習軍事，自入夏境，望空而行，無向導斥堠。性畏怯，所至逗留，恐夏人知其營栅之處，每夜二更輒令軍中滅火，後軍飯尚未熟，士卒食之多病。又禁軍中驢鳴。及食盡，士卒憤怒，流言當先殺王昭宣及莊公岳、趙咸二漕，乃潰歸。初，种諤被詔當以兵會靈州，而諤枉道不進。〔三九〕既發夏州，即饋餉乏絶。諤駐兵麻家平，士卒饑困，皆無人色。諤欲歸罪漕臣李稷，稷以民苦搯運，多散走不能禁，使士卒斬其足筋，宛轉山谷間，數日乃死者數千人。

丁亥，諸軍合攻靈州，种諤敗夏人于黑水，斬首千七百級。

戊子，高遵裕始自以環慶兵攻靈州城。時軍中皆無攻具，亦無知其法者，遵裕旋令采木爲之，皆細小不可用。又欲以軍法斬劉昌祚，衆共救解之。昌祚憂恚成疾，涇原兵皆憤怒。轉運判官范純粹謂遵裕曰：「兩軍不協，恐生它變。」力勸遵裕詣昌祚營問疾，以和解之。又使呼城上人曰：「汝何不速降？」其人曰：「我未嘗叛，亦未嘗戰，何謂降也？」西人亦間從城上呼官軍曰：「漢人兀擦否？〔四〇〕」或仰而答曰：「兀擦。」城上皆大笑。蓋西人謂「慚」爲「兀擦」也。

己丑，李憲敗夏人于羅逋川。

种諤降横河平人户，因留千人守米脂，自帥大衆進攻銀、石、夏州，遂破石堡城，斬獲甚衆。④

辛丑，師還。涇原總兵侍禁魯福、彭孫護饋餉至鳴沙川，與夏人三戰，敗績。初，夏人聞宋大舉，母梁太后問策于在廷諸將，少者盡請戰，一老將獨曰：「不須拒之，但清野堅壁，縱其深入，聚勁兵于靈、夏，而遣輕騎抄絶其饋運。大兵無食，可不戰而困也。」梁氏從之，師卒無功而還。

癸卯，种諤至夏州索家平，進次白它，兵衆三萬人，以無食而潰。左班殿直劉歸仁率衆南奔，相繼乏食，復值大雪，乃引還，死者不可勝計，潰而入塞者僅三萬人。王中正自宥州行至奈王井，糧盡，士卒死者二萬人。塵坌四起，居人駭散，或請閉六戍拒之，或議以河東十二將之師討除，沈括以爲不然。括出按軍，劉歸仁至，括問：「汝歸取糧，何以不持軍符？」歸仁無以對，乃斬以徇。

丙午，高遵裕以師還，夏人來追，遂潰。

是役也，遵裕至圍城凡十八日不能下，夏人決黄河七級渠以灌營，復抄絶餉道，士卒多凍溺而死，餘軍纔萬三千而已。夏人躡之，復敗。昌祚亦還。初，詔李憲帥五路兵直趨興、靈，憲總師東上，營于天都山下，焚夏之南牟内殿并其館庫，追襲其統軍仁多唆丁，⑤敗之，次于胡盧河，屯没煙。會帝始意謂夏童不恭，命進軍靈武，期于一舉成捷，嘗下詔曰：「如有敢議班師者，以軍法從事。」至于師老、儲乏，主帥方議班師，無敢啓言者。有内臣樂士宣方爲小行人之職，獨毅然白于帥府，請自邊乘驛七晝夕達，奏至于京師，帝欣然從之，憲遂班師。時五路兵皆至靈州城下，獨憲不至。五路之出也，姚麟與劉昌祚皆爲涇原行營總管高遵裕節制，而以兵會于靈武。賊十萬餘扼我師，麟引兵以出，大破之，遂以師抵靈武，爲諸道先。遵裕數日至，方議攻城。麟先登，矢石下如雨，氣益振。城且拔，會班師，麟復以涇原兵爲後軍，賊追躡，慷慨激厲，士衆争出死力，全師而還。

是役也，涇原軍入爲前、出爲殿，戰嘗爲最，而麟實將之。後昌祚言：「靈武不克，實受制，非戰之罪。」朝廷問麟是非，麟曰：「首至靈武，昌祚之功。城不能取，皆臣之罪。」人以此多之。麟，字君瑞。王韶取熙河，知麟材可用，爲熙河管界巡檢，至是以功遷内殿承制。

辛亥，置延州塞門、浮屠二寨。

十二月壬午，置延州義合寨。

五年春正月庚子，討敗師罪。

辛丑，高遵裕責授郢州團練副使，本州安置。种諤、王中正、劉昌祚并降官。昌祚初爲通事舍人，夏人以百餘騎寇劉溝堡，昌祚出援。夏人伏萬騎黑山外，僞遁，昌祚卒遇之，戰不解。夏人鋭甚，大酋突而前，昌祚抽矢，一發殪之，賊遁去。自西事以來，以寡禦衆，未有如昌祚者。李憲欲以開蘭、會功贖後期之罪，帝以憲有功，但令詰其不待報命之由。憲以饋餉不接爲詞，釋弗誅。

漁隱叢話：東坡云：「張舜民芸叟，邠人也。通練西事，稍能詩。從高遵裕西征，回中作詩二絶。一云：『靈州城下千株柳，〔四一〕總被官軍斫作薪。〔四二〕他日玉關歸去路，〔四三〕將何攀折贈行人。〔四四〕』一云：『青銅峽裏韋州路，〔四五〕十去從軍九不回。白骨似沙沙似雪，〔四六〕將軍莫上望鄉臺。〔四七〕』爲轉運判官李察聞奏，得罪貶郴

州監稅。〔四八〕

西夏紀事本末卷二十四

校　記

〔一〕劉惟吉：原作「劉維吉」，據長編卷二四三熙寧六年（一〇七三）三月丁卯條、宋史卷一五神宗本紀改。

〔二〕西：原作「四」，據宋史卷一五神宗本紀、江蘇本改。

〔三〕大會：此二字原脱，據長編卷二九九元豐二年（一〇七九）七月乙酉條補。

〔四〕第：原作「等」，據長編卷二九九元豐二年（一〇七九）七月乙酉條改。

〔五〕驛書：長編卷三〇六元豐三年（一〇八〇）七月庚寅條作「譯書」。

〔六〕撒：原作「撤」，據長編卷三〇六元豐三年（一〇八〇）七月庚寅條及下文改。

〔七〕國：此字原脱，據長編卷三一三元豐四年（一〇八一）六月壬戌條補。

〔八〕川：原作「州」，據長編卷三一五元豐四年（一〇八一）八月辛酉條、宋史卷一六神宗本紀改。

〔九〕經略：長編卷三一五元豐四年（一〇八一）八月丙辰條、宋史卷一六神宗本紀均作「經制」。

〔一〇〕西市新城：此同長編卷三一五元豐四年（一〇八一）八月丁丑條，治迹統類卷一五种諤建議大舉，宋會要兵八之二四及二八之二四、之二五，宋史卷一六神宗本紀、卷四六七李憲傳。長編卷三一六或同此，或作「西使城」，或作「西市」；卷三一九至卷三二一或作「西使城」，或作「西使」。宋史卷四八六夏國傳作「新市城」。未知孰是。

〔一一〕巴令謁：此同宋史卷一六神宗本紀，長編卷三一六元豐四年（一〇八一）九月辛丑條作「巴令渴」。

〔一二〕天澗：原作「大閒」，據長編卷三一六元豐四年（一〇八一）九月丙申條改。

〔一三〕次：此字原脱，據長編卷三一六元豐四年（一〇八一）九月丙申條補。

〔一四〕橋筏：長編卷三一六元豐四年（一〇八一）九月己亥條此二字下有「椽木」。

〔一五〕河：長編卷三一六元豐四年（一〇八一）九月己亥條此字下有「造筏」二字。

〔一六〕詔諭：長編卷三一六元豐四年（一〇八一）九月丙午條、宋大詔令集卷二三五、江蘇本皆作「招諭」。

〔一七〕共肩：宋大詔令集卷二三五作「其肩」，長編卷三一六元豐四年（一〇八一）九月丙午條作「其堅」。

〔一八〕九千：此同長編卷三一六元豐四年（一〇八一）九月丙午條。綱目備要卷二一作「七千」。

〔一九〕八千級：長編卷三一六元豐四年（一〇八一）九月辛亥條作「五千餘級」，宋史卷四八六夏國傳作「五千級」。

〔二〇〕從弟：此同長編卷三一七元豐四年（一〇八一）十月丁巳條引高永能傳。宋史卷三三四高永能傳作「弟」。

〔二一〕右翼：此同長編卷三一七元豐四年（一〇八一）十月丁巳條。宋史卷三三四高永能傳作「左右翼」。

〔二二〕錦：此字原脱，據長編卷三一七元豐四年（一〇八一）十月丁巳條、宋史卷三三四高永能傳補。

〔二三〕城：此字原脱，據長編卷三一七元豐四年（一〇八一）十月丁巳條、宋史卷三三四高永能傳補。

〔二四〕訛遇：原作「遇訛」，據長編卷三一七元豐四年（一〇八一）十月丁巳條、治迹統類卷一五种訛建議大舉、宋史卷三三四高永能傳和卷三三五种諤傳改。

〔二五〕與：此字原脱，據宋史卷一六神宗本紀補。

〔二六〕簿：原作「薄」，據長編卷三一七元豐四年（一〇八一）十月癸亥條改。

〔二七〕横山：原作「衡山」，據長編卷三一七元豐四年（一〇八一）冬十月乙丑條改。

〔二八〕三萬餘衆：此同長編卷三一七元豐四年（一〇八一）十月乙丑條。宋史卷三四九劉昌祚傳作「夏衆十萬」，卷四八六夏國傳作「二三萬人」。

〔二九〕十五級：此同宋會要兵八之二五、長編卷三一七元豐四年（一〇八一）十月乙丑條。宋會要兵一四之一九作「十三級」。

〔三〇〕吃多埋等二十二人：「吃多埋」，宋會要兵八之二五、兵一四之一九作「紇多埋」，長編卷三一七元豐四年（一〇八一）十月乙丑條作「吃多理」，宋史卷一六神宗本紀作「訖多埋」。「二十二」，此同宋會要兵一四之一九、長編卷三一七，宋會要兵八之二五作「二十三」。

〔三一〕二千四百六十級：此同宋會要兵八之二五、兵一四之一九及長編卷三一七元豐四年（一〇八一）十月乙丑條，宋史卷三四九劉昌祚傳作「千七百級」。

〔三二〕僞銅印一：宋會要兵八之二五未提及，兵一四之一九作「僞銅印漢印一」。

〔三三〕索九思：此同長編卷三一八元豐四年（一〇八一）十月戊辰條，宋會要兵八之二五作「牽九思」。

〔三四〕清遠：原作「通遠」，據長編卷三一八元豐四年（一〇八一）十月庚午條、宋史卷四八六夏國傳、宋會要兵八之二六改。

〔三五〕城東：此二字原脱，據長編卷三一八元豐四年（一〇八一）十月庚午條補。

〔三六〕招遠：長編卷三一八元豐四年（一〇八一）十月癸酉條作「招懷」。

〔三七〕南州平濼：長編卷三一九元豐四年（一〇八一）十一月癸未條作「南平州」。

〔三八〕使：此字原脱，據長編卷三一九元豐四年（一〇八一）十一月癸未條補。

〔三九〕枉道：原作「在道」，據長編卷三一九元豐四年（一〇八一）十一月甲申條，并參考宋史卷三三五种諤傳改。

〔四〇〕兀擦：江蘇本作「兀擦」。按，西夏語「兀擦」疑爲藏語音譯詞，意爲慚愧、臉紅等意，漢文文獻中「兀擦」又作「兀擦」或「兀榛」等。參見彭向前撰讀史札記五則，第一五二頁至第一五三頁。

〔四一〕城下：東原録作「城外」。

〔四二〕總被官軍斫作薪：宋史卷三四七張舜民傳作「斫受降城柳爲薪」。

〔四三〕他日玉關歸去路：「路」，仇池筆記卷下、類説卷一〇作「後」。「玉關」，類説卷一〇作「陽關」。

〔四四〕攀折：類説卷一〇作「扳折」。

〔四五〕青銅峽：仇池筆記卷下、東原録、類説卷一〇作「青岡峽」。

〔四六〕白骨似沙沙似雪：仇池筆記卷下、類説卷一〇作「白骨似山山似雪」。

〔四七〕莫上：東原録、畫墁集卷四作「休上」。

〔四八〕郴州監税：東原録作「承務郎郴州監酒」，郡齋讀書志卷一三、文獻通考卷二一六作「柳州監酒」，宋史卷三四七張舜民傳作「監郴州酒税」。

注釋

①李浦敗夏人事，長編卷二九九元豐二年（一〇七九）八月丙申朔條、宋史卷一五神宗本紀及卷四八六夏國傳所繫時間、地點相異。

②此詔令即宋大詔令集卷二三五招諭夏國敕榜。

③長編卷三一八元豐四年（一〇八一）十月丁丑條、宋史卷一六神宗本紀記此事於丁丑。

④長編卷三一九元豐四年（一〇八一）十一月辛卯條、宋史卷一六神宗本紀繫種諤敗夏人事於辛卯。

⑤此「仁多唛丁」及卷二五、卷二六「人多唛丁」，卷二七「人多零丁」均係同一人。

西夏紀事本末卷二十五

烏程張鑑春治甫著

永樂失事

元豐五年春正月，李憲既釋弗誅，復上再舉之策，詔以爲涇原經略安撫制置使，知蘭州李浩副之。

三月壬寅，鄜延路副總管曲珍敗夏人于金湯。時夏人欲襲取新壘，大治攻械，知慶州趙卨具上撓賊計。虜寇蘭州，卨遣曲珍將兵直抵鹽、韋，俘馘千，驅孳畜五千。虜酋拽厥嵬名宿兵于賀蘭原，時出盜邊。卨遣將李昭甫、〔一〕蕃官歸仁各領兵三千左右分擊，耿端彦兵四千趨賀蘭原，戒端彦曰：「賀蘭險要，過嶺則砂磧也。使賊入平夏，無由破之。」選三蕃官各與輕兵五百，〔二〕使間道出賊寨後，邀歸路。與賊戰賀羅平，賊果趨平夏，千兵伏發，賊駭潰。斬賊千，生擒嵬名，斬首領六，獲馬七百，牛羊、老幼三萬餘。

夏四月，知延州沈括奏遣曲珍將兵綏德城，應援討葭蘆寨，左右見聚羌落，從之。時李憲乞再舉伐夏。

丁丑，始議五路舉兵。

五月，种諤西討，得銀、〔三〕夏、宥三州而不能守。知延州沈括請城烏延古城以包横山，下瞰平夏，使敵不得絶沙漠。

甲辰，遣給事中徐禧及内侍押班李舜舉往鄜延議之。

六月辛亥朔，環慶經略司遣將與夏人戰，破之，斬其統軍二人。

戊寅，曲珍等敗夏人于明堂川。初，种諤以行軍紆道降文州刺史，自以西討無功，謀據横山，其志未已，遣子朴上其策。會朝廷命徐禧、李舜舉至鄜延議邊事，諤入對言：「横山延袤千里，多馬宜稼，人物勁悍善戰，且有鹽鐵之利，夏人恃以爲生。其城壘皆控險，足以守禦。今之興功，當自銀州始，其次遷宥州，又其次修夏州，三郡鼎峙，則横山之地已囊括其中。又其次修鹽州，則横山强兵、戰馬、山澤之利，盡歸中國。其勢居高，俯視興、靈，可以直覆巢穴。」及禧至延州，奏乞趣諤還。諤在道，禧已與沈括定議先城永樂埭，乃上言：「銀州雖據明堂川、無定河之會，而故城東南已爲河水所吞，其西北又阻天塹，實不如永樂之形勢險厄，請先城永樂。竊惟銀、〔四〕夏、宥三州，陷没百年，一日興復，實爲俊偉。但建州之始，煩費不貲。若選擇要會，建置堡寨，名雖非州，實有其地，舊來疆塞，〔五〕乃在腹心。已與沈括議築寨、堡各六。自永樂堞至長城嶺置六寨，自背岡川至布娘堡置六堡。」謂言：「若城永樂，則夏人必力争，不可。」帝從禧議，詔禧護諸將往城永樂，括移府并塞總兵爲援，陝西轉運判官李稷主饋餉。

秋八月，禧度謂不可屈，奏留謂守延州，而自率諸將發延州蕃漢人萬，役夫荷糧者倍之，往築。

甲戌，城永樂。版築方興，羌數十騎濟無定河覘役，曲珍將追殺之，禧不許。

九月甲申，永樂城成，即永樂山川築新城，共十四日而成。距故銀州治二十五里，賜名銀川寨。徐禧等還米脂，以兵萬人屬曲珍守之。李稷輦金、銀、鈔、帛充牣其中，欲夸示禧，以爲城甫就而中已實。永樂接宥州，附横山，夏人必争之地。禧等去九日，夏人即以千騎來攻，曲珍使報禧，禧不之信。北邊人來告者十數，禧遂與李稷、李舜舉往援之，留沈括守米脂。時夏人三十萬已屯涇原北，〔六〕禧曰：「彼若大來，是吾立功名、取富貴之秋也。」大將高永亨曰：「城小人寡，又無水泉，恐不可守。」禧以爲沮衆，械送延州獄。

丙戌，禧抵永樂，夏人傾國而至，號三十萬。禧登城西望，不見其際。大將高永能曰：「敵性如獸，不意而輒加笞叱，則氣折不能害人。若遲疑不斷，縱其陸梁，將無所不至。今先至者皆精兵，急與戰破之，則駭散，後雖有重兵，亦不敢進，此常勢也。塵埃漲天，必數十萬之衆，使俱集則衆寡不支，大事去矣。」禧岸然捋其髯謂永能曰：「爾何知？王師不鼓不成列！」永能退，拊膺謂人曰：「吾不知死所矣！」禧執刀自率士卒拒戰，夏人至者益衆。

丁亥，夏人漸逼，永能請及其未陣擊之，又不聽。乃以萬人陣城下，〔七〕坐譙門，執黃旗令衆曰：「視吾旗進止！」賊分兵進攻抵城下，曲珍陣于水際，軍不利，將士皆有懼色，遂白禧曰：「今衆心已摇，不可戰，戰必敗，請收兵入城。」禧曰：「君爲大將，奈何遇賊不戰，先自退耶？」乃以七萬人陣于城下。俄夏人縱鐵騎渡河，珍曰：「此鐵鷂子軍也，當其半濟擊之，乃可以逞，得地則其鋒不可當也。」禧不從。鐵騎既濟，震蕩衝突，大軍繼之。時鄜延選鋒軍最爲驍鋭，皆一當百，先接戰，敗，奔入城，蹂後陣。夏人乘之，師大潰，將校寇偉、李思古、〔八〕高世才、夏儼、程博古及使臣十餘輩、士卒八百餘人盡没。曲珍與殘兵入城，崖峻徑窄，騎緣崖而上，喪馬八千匹，夏人遂圍城。初，沈括奏，夏人逼永樂，見官兵整，乃還。帝曰：「括料敵疏矣。彼來未出戰，豈肯遽退耶？必有大兵在後。」已而果然。

乙未，詔李憲、張世矩將兵救永樂，又令沈括遣人與夏約退軍，當還永樂地。夏人圍永樂城厚數里，游騎掠米脂，且據其水寨。珍士卒晝夜血戰，城中乏水已數日，掘井不及泉，渴死者十六七，至絞馬糞汁飲之。夏人蟻附登城，尚扶創格鬥。括與李憲援兵及饋餉皆爲夏人所隔，不得前。种諤怨禧不遣救，曲珍度不可支，請禧乘兵氣未竭，潰圍而出，使人自求生。禧曰：「此城據要地，奈何棄之？且爲將而奔，衆心摇矣。」珍曰：「非敢自愛，但敕使、謀臣同没于此，懼辱國耳！」高永能亦勸李稷盡捐金帛，募死士力戰以出，皆不聽。城中無水，惟禧、舜舉有水兩壺。一日，忽有于城下呼曰：「漢人何不降？聞無水已三日矣。」禧以壺水揚于外以示人曰：「無水？此何物也？」虜笑曰：「止于此矣。」夏人呼珍來講和，吕整、景思義相繼而行，夏人髡思義囚之。

戊戌，夜大雨，夏人環城急攻，城遂陷。孫昌裔勸永能從間道出，永能歎曰：「吾結髮從事西戎，戰未嘗挫。今年已七十，受國大恩，恨無以報，此吾死所也。」願易一卒敝衣戰而死。〔九〕徐禧、李舜舉、李稷皆莫知所爲。城既陷，舜舉以敗紙半幅，筆摘略數十百字，以燭蠟固之，付有司以上，實遺奏也。云：「臣舜舉死無所恨，但願陛下勿輕此賊！」李稷將死，亦書紙後云：「臣稷千苦萬屈。」上得之，不勝悲涕者累日。是時，敵人雖入月城而未逼，左右以馬禦舜舉，舜舉以鞭揮擊，不肯上馬。少頃僵蹶，人猶見之。

李復上馬，將出門，失轡，或云面上中箭。在甕城内，夜黑沸濤中，面上中箭，恐非敵人也。獨徐禧不知所歸，或云有還人見之夏國者。惟曲珍、王湛、李浦、吕整裸跣走免，蕃部指揮馬貴獨持刀殺數十人而死。夏人耀兵于米脂城下，乃還。舜舉資性安重，與人言未嘗及宫省事。

冬十月戊申朔，沈括、种諤奏：「永樂城陷，蕃漢官二百三十人、兵萬二千三百餘人皆没。」帝涕泣悲憤。劉昌祚言：「永樂之敗，一日失馬七千匹，不知平時費幾何？而致是，寧不惜哉？」或言緣是役而死者亦十餘萬人，云城下沙燼中大小團茶可拾也，乃是將以買人頭者。

乙丑，詔贈永樂死事臣徐禧、李舜舉、李稷、高永能、高品、張禹勤官，禧、舜舉并謚忠愍，永能子世亮録爲忠州刺史。

六年春二月丁未，夏人數十萬衆奄至，圍蘭州，已據西關，〔一〇〕李浩閉城距守。鈐轄王文郁請擊之，浩曰：「城中騎兵不滿數百，安可戰？」文郁曰：「賊衆我寡，正當折其鋒以安衆心，然後可守，此張遼所以破合淝也。」乃夜集死士七百餘人，〔一一〕縋城而下，持短刃突之，賊衆驚潰，争渡河，溺死者甚衆。時以文郁方尉遲敬德，擢知州事。

是月，① 帝賜李憲詔曰：「西賊首領最爲凶黠者惟人多唆丁，而自來多于本國西南邊出入，料彼方蕃部必能有識其狀貌者。宜多方選委將佐，廣募蕃兵，有能別識之人，令密結敢死儕類遇事，謀生擒致之，不然斬首前來，當以團練蕃部鈐轄及皇城使蕃兵將官酬之。」

丙辰，貶李憲爲經略安撫都總管，以王文郁爲西上閤門使，代李浩知蘭州。

三月辛卯，夏人寇蘭州。副總管李浩以衛城有功，復隴州團練使。〔一二〕

丙申，河東將薛義敗夏人于葭蘆西嶺。

己亥，河東將高永翼敗夏人于真卿流部。

夏四月甲子，李浩敗夏人于巴義谷。〔一三〕

五月，夏人寇蘭州，圍九日。

甲午，大戰，侍禁韋定死之。〔一四〕尋又入寇麟州，麾將郭忠紹敗之。又寇麟州神堂寨，知州訾虎躬督兵出戰，敗之。詔虎自今毋得輕易出入，遇有寇邊，止令裨將出兵捍逐，恐失利損威以張虜勢。

復賜李憲詔曰：② 「近麟府、鄜延、環慶、涇原路探事人言，西賊已點集河南、河北諸監軍司人馬，或稱十分中五，或稱九分，〔一五〕并要于十二月十五日葫蘆河取濟，雖作過路分，未知其的。然聚兵去處，必是委實，不可不廣爲枝備。」

西夏紀事本末卷二十五

校記

〔一〕李昭甫：此同東都事略卷九一趙卨傳。宋史卷三三二趙卨傳作「李照甫」，長編卷三五四元豐八年（一〇八五）四月甲申條李燾考異引趙卨傳作「李照用」。

〔二〕三蕃官：此同東都事略卷九一、宋史卷三三二趙卨傳。長編卷三五四元豐八年（一〇八五）四月甲申條李燾考異引趙卨傳作「蕃官二」。

〔三〕得：此字原脱，據宋史卷三三四徐禧傳補。

〔四〕銀：此字原脱，據宋史卷三三四徐禧傳補。

〔五〕疆：原作「强」，據宋史卷三三四徐禧傳改。

〔六〕三十萬已屯涇原北：「三十萬」，此同長編卷三二九元豐五年（一〇八二）九月甲申條。宋史卷三三四徐禧傳作「二十萬」。「北」字原脱，據長編卷三二九元豐五年（一〇八二）九月甲申條、宋史卷三三四徐禧傳補。

〔七〕萬人：長編卷三二九元豐五年(一〇八二)九月丁亥條作「賊三十萬衆」，宋史卷四八六夏國傳作「七萬」。

〔八〕李思古：此同宋史卷四八六夏國傳，長編卷三二九元豐五年(一〇八二)九月丁亥條作「李師古」。

〔九〕顒：宋史卷三三四高永能傳作「顧」。

〔一〇〕西關：原同宋史卷三五〇王文鬱傳作「兩關」。據宋會要兵八之二九、職官六六之二一，長編卷三三三元豐六年(一〇八三)二月丙辰條、東都事略卷一二〇李憲傳、宋史卷四六七李憲傳改。

〔一一〕七百餘人：此同宋史卷一六神宗本紀。長編卷三三三元豐六年(一〇八三)二月丙辰條、綱目備要卷二一、宋史全文卷一二下均作「百餘」。

〔一二〕州：原作「西」，據長編卷三三四元豐六年(一〇八三)三月辛卯條，宋史卷一六神宗本紀、卷三五〇李浩傳校勘記四，宋會要職官六六之二二改。

〔一三〕巴義谷：此同長編卷三三四元豐六年(一〇八三)夏四月甲子條，宋史卷一六神宗本紀作「巴義谿」。

〔一四〕侍禁：長編卷三三五元豐六年(一〇八三)五月甲午條作「左侍禁」，宋史卷一六神宗本紀作「右侍禁」。

〔一五〕九分：此同長編卷三四一元豐六年(一〇八三)十二月乙亥條。宋大詔令集卷二一三賜李憲詔作

「幾分」。

注釋

①是月，指十二月。長編卷三四一元豐六年（一〇八三）十二月癸酉條繫賜李憲詔於十二月癸酉。

②此詔令載於宋大詔令集卷二二三。宋大詔令集及長編卷三四一元豐六年（一〇八三）十二月乙亥條均繫此事於十二月乙亥。

西夏紀事本末卷二十六

烏程張鑑春治甫著

四寨之還

元豐六年夏閏六月乙亥朔，夏主秉常遣使來貢。永樂之役，夏人亦以困敝于兵，令西南都統昂星嵬名濟迺移書示涇原劉昌祚，〔一〕乞通好如初。昌祚以聞，帝諭昌祚答之。及入寇屢敗，國用益竭，乃遣謨個咩迷乞遇來貢，上表曰：「臣自歷世以來，貢奉朝廷，無所虧怠。至于近歲，尤甚歡和。不意憸人誣間，朝廷特起大兵，侵奪疆土城寨，因茲構怨，歲致交兵。今乞朝廷示以大義，特還所侵，儻垂開納，别效忠勤。通遐域之貢輸，庶生民之康泰。」帝賜詔曰：①「朕以爾膺受封爵，世爲藩臣，職貢之修，歲時無怠，朝廷待遇，恩禮加隆。頃以權强，敢行廢辱，達于予聽，良用震驚。嘗令邊州，就往移問，匿而不報，繼犯疆陲。王師徂征，〔二〕蓋討有罪。義存拯患，非獲已焉。今者遣使造廷，辭禮恭順，仍聞國政，悉復故常，朕心釋然，深所嘉納。已戒邊吏無輒出兵，爾其遵守先盟。永勵臣節，永綏寵禄，庸副眷懷。」帝令録本付李憲。

戊寅，復詔陝西、河東經略司，其新復城寨，徼巡毋出二三里，〔三〕夏之歲賜悉如其舊，惟乞還侵疆，不許。

冬十月癸酉朔，夏國主秉常遣使上表，請復修職貢，乞還舊疆。帝賜秉常詔曰：②「惟爾祖考，介居邊陲。蒙恩朝廷，享有爵土。拊循備厚，歷年滋多。昨者王師出征，義存拯患。謂宜委戈而聽命，敵愾以奏功。〔四〕豈虞靡思，弗喻朕志。殺害吏士，捍拒甲兵。問罪正名，方圖再舉。迨使辭之效順，聞國政之復常。旋納懇誠，許修貢職。遽披來奏，論請故疆。朕惟蕃服不恭，削地示過。資于故實，匪朕所私。爾其審思厥終，務體至意。所言地界，已令鄜延路移牒宥州施行。其歲賜，俟地界了日依舊。」

七年春正月癸丑，夏人寇蘭州。

甲寅，賜李憲詔曰：「西賊雖已傷敗散去，然凶酋人多唛丁倔强任氣，深慮耻于傷殘，不快所欲，忿不思難，出我不意，其人如犬彘，乘隙忽有奔衝，不可不念。宜多方廣布斥堠，督責守將無怠防虞。仍頒弓箭、火炮之類百萬有餘，以備禦賊。」初，李憲以夏人數至蘭州河外而翱翔不進，意必大舉，乃增城守之備。經略安撫使劉昌祚以鄜延自義合至德靖寨，綿亘七百里，堡寨五十餘，疏密不齊，烽燧不相應，昌祚立爲定式：凡耕墾、訓練、戰守、屯戍，度强弱，分地望，圖山川形勢上之。至是，果大舉入寇，步騎號八十萬圍蘭州，意在必取。督衆急攻，矢如雨雹，雲梯革洞，百道并進，凡十晝夜不克。糧盡引去，城外得賊尸五萬。昌祚乃遣姚兕趨宥州、王愍趨納乞會拒之。又寇塞門、安遠寨，復遣米贇拒之。〔五〕

夏四月癸巳，夏人寇延州安塞堡，〔六〕將官吕真敗之。

復詔李憲曰：③「蘭州大衆傷敗之餘，士氣摧喪，在理可知。兼凶酋人多喫丁殘忍，虐用其人。今既不能如欲，上則必得罪于其國中，〔七〕下須逞其躁心。」

六月丙子，夏人寇德順軍，巡檢王友死之。

秋九月乙丑，夏人圍定西城，燒龕谷族帳，熙河將秦貴敗之。

冬十月，夏人寇熙河。

乙未，夏人寇静邊寨，涇原鈐轄彭孫敗之。

十一月朔，丁酉，寇清邊寨，〔八〕隊將白玉、李貴死之。

甲辰，夏國主秉常遣使來貢。

八年春三月，帝崩。

夏四月庚辰，知太原府吕惠卿遣步騎二萬襲夏人于聚星泊，斬首六百級。

冬十月甲子，夏國遣使進助山陵馬匹。

丁亥，以夏國主母喪，遣使吊祭。

十二月，夏人以其母遺留物、馬、白駝來獻。

哲宗元祐元年春二月庚午，禁邊民與夏人爲市。

庚辰，夏國遣使來貢。

夏五月庚申，夏國遣使來賀即位。

六月，夏主遣使來求蘭州、米脂等五寨。初，神宗于熙河路增置蘭州，鄜延路增置塞門、〔九〕安疆、米脂、浮圖、〔一〇〕葭蘆五寨。上即位，夏國纔遣使來賀登極，還未出境，又遣使入界。朝廷知其有請地之意，然棄守之議未決。知陳州韓維言：「先帝以夏國主秉常受朝廷爵命，而國母擅行囚廢，故興兵問罪。今國母死，秉常復位，所請恭順，有藩臣禮，宜復還其故地，以成先帝聖恩。」因陳兵之不可不息者有三，地之不可不棄者有五。使人至，見于延和殿，輒妄奏曰：「神宗自知錯。」上起立，怒久之。内侍張茂則曰與押伴理會，移時方退。于是孫覺首議棄蘭州。

秋七月乙丑，夏國主秉常殂。是年改元天安禮定。國人謚曰康靖皇帝，廟號惠宗，墓號獻陵。④子乾順即位。

庚午，夏國遣使來賀坤成節。

冬十月壬辰，夏人來告哀。初，秉常遣訛囉聿求蘭州、米脂等五寨，神宗不許。及帝即位，秉常復遣使來請。司馬光言：「此乃邊鄙安危之機，不可不察。」文彥博與光合，太后將許之。光又欲并棄熙、河，安燾、邢恕固争之。光乃召禮部員外郎、前通判河州孫路問之。路挾輿地圖示光曰：「自通遠至熙州纔通一徑。〔一〕熙之北已接夏境，今自北關瀕大河，城蘭州，〔二〕然後可以扞蔽。若捐以予敵，一道危矣。」光乃止。姚麟奏書以爲：「夏人逐其君，王師是征。今秉常不廢，即爲順命，可因以息兵矣，獨蘭、會不可與。願召諸將帥飭邊備，示進討之形，以絶其望。」朝廷是其議。兵出殺胡平，而夏兵壓境。麟屯兵瓦亭，賊逼静邊，麟將兵以待賊至，邀擊之，賊遁去。

會秉常卒，遣使來告哀，詔：「除元係中國及西番舊地外，自元豐四年用兵所得城寨，待歸我永樂所陷人民，當盡畫以給還。」遣穆衍、張楙往吊祭。衍奏以爲：「蘭棄則熙危，熙危則關中震。唐自失河、湟，西邊一有不順，則警及京都。今二百餘年，非先帝英武，孰能克復？若一旦委之，恐後患益滋，〔一三〕悔將無及矣！」議遂止。又詔：「諸路探報，自秉常身死，梁氏族人侵擅國事，遂致諸部酋豪往往不服，變亂交攻，日相屠害。若有投來西人，仰相度可否收留？仍更切厚與賞物，募人遠探，目今邊情向去利害，縷細詳究，措置聞奏。」

庚子，詔曰：⑤「故夏國主嗣子乾順：惟爾先人，世修職貢，訃音忽至，愍悼良深，想與諸臣，同增悲慕。惟忠可以保國，惟孝可以得民。各祇乃心，以服王命。」

十二月十六日，太皇太后吊慰，詔曰：⑥「詔夏國主嗣子乾順：念爾守邦，藐然在疚，日月逾邁，祖葬有時。緬懷孝愛之深，想極攀號之戚。往助襄事，式昭異恩。今差供備庫使張栐充吊慰使，兼賜安葬故夏國主物色，具如別録，至可領也。故兹詔示，想宜知悉。冬寒，汝比平安好。遣書指不多及。」太皇太后祭奠詔曰：⑦「詔故夏國主嗣子乾順：惟我列聖，眷爾有邦，非徒極其寵榮，亦與同其憂患。念爾哀疚，惻然顧懷。臨遣行人，往諭至意。且致奠贈之禮，以爲存没之光。今差朝奉大夫、尚書金部郎中、上輕車都尉、賜紫金魚袋穆衍充祭奠使，兼賜故夏國主贈奠物色，具如別録，至可領也。故兹詔示，想宜知悉。冬寒，比平安好。遣書指不多及。」

二十四日，乾順進奉賀正旦馬、駝至，使回賜詔曰：⑧「詔故夏國主嗣子乾順：省所差人進奉賀正馬、駝共一百頭匹事。具悉。遠奉王正，來歸時事。惟此充庭之實，率皆任土之宜。乃眷忠勤，良深嘉歎。今回卿銀、絹、茶等，具如别録，至可領也。其差來人所賜物色，亦具賜目。故兹詔示，想宜知悉。春寒，比平安好。遣書指不多及。」又太皇太后詔曰：⑨「詔故夏國主嗣子乾順：省所差人進奉賀正旦馬、駝共一百頭匹事。具悉。述職春朝，歸誠宰旅。修此效牽之禮，〔一四〕致其乘服之良。再閲來章，式嘉忠節。今回賜卿銀、絹、茶等，具如别録，至可領也。其差來人所賜物色，亦具賜目。故兹詔示，想宜知悉。春寒，汝比平安好。遣書指不多及。」乾順復進謝恩馬、駝。回詔曰：⑩「詔故夏國主嗣子乾順，省所上表，進謝恩御馬一十匹、長進馬二百匹、駝一百頭事。具悉。臨吊之重，以寵世臣；恩報之深，復馳來介。載閲充庭之實，備形述職之心。乃眷忠勤，不忘嘉歎。其差來人所賜物色，亦具賜目。故兹詔示，想宜知悉。」太皇太后詔曰：「同遣行人，〔一五〕往賻襄事，繼陳方物，來奉謝儀。〔一六〕惟忠可以附民，惟禮可以定國。勉終誠節，以副眷懷。」

時梁乙埋數擾邊，延安帥趙卨知賊將入寇，檄西路將劉安、李儀曰：「賊即犯塞門，汝徑以輕兵擣其腹心。」已而果然。安等襲洪州，俘斬甚衆。夏人入貢，既而以重兵壓境，諸將亟請益戍兵爲備，卨徐諭之曰：「第謹斥堠，整戈甲，無爲寇先，戍兵不可益也。」因遣人詰虜，虜遂潰去。乙埋終不悛。咼使間以善意問乙埋：「何苦與漢爲仇？必欲寇，第數來，恐汝所得不能償所亡，洪州是也。能改之，吾善遇汝。」遺之戰袍、錦彩，自是乙埋不復窺塞。因復縱間，國中遂疑而殺之。

二年春正月，夏國以其故主秉常留遺物遣使來進。

乙丑，宋遣劉奉世、崔象先賚册，封乾順爲夏國主，如明道二年元昊除節度使、西平王例。册曰：「皇帝若曰：於戲！堯建萬邦，黎民時雍。周立五等，重譯來賀。此帝王之所同，而國家之成法也。咨爾乾順，惟我列聖，眷乃西陲。錫壤建邦，衛于王室。保姓受氏，同于宗盟。爵命褒嘉，恩體甚渥。今爾承其胄緒，紹兹蕃屏，而能事上欽肅，飭躬靖虔。申遣使人，來陳方物。達于朕聽，深惟汝嘉。是用稽酌典故，表顯寵名。錫爾以茆土之封，加爾以服乘之數。誕頒丕册，以鎮一方。今遣朝奉大夫、起居郎、直集賢院、上輕車都尉、賜紫金魚袋劉奉世，崇儀副使、上騎都尉、安喜縣開國男、食邑三百户崔象先持節，册命爾爲夏國主，永爲宋藩輔。夫篤于好德，乃克顯先。忠于戴君，永膺福祉。往祗明命，無忝予一人之猷訓。」夏人復以地界爲詞。

三月，夏國遣使來謝封册。宥州送到陷蕃人三百十八口，因分畫西夏地界，詔鄜延經略司候到日，葭蘆、米脂、浮圖、安疆四寨并特行給賜，其餘不係可還城寨、地土，各委官畫定界至，開立濠堠。

夏五月癸丑，夏人及西蕃酋鬼章圍南川寨，⑪遂城洮州，遣游師雄行邊。

秋七月，夏人寇鎮戎軍諸堡，劉昌祚等禦之而退。

八月癸巳，詔：「夏國政亂主幼，失藩臣禮，皆强臣梁乞逋等擅權逆命，〔一七〕其君民非有罪也。興師討伐，有所未忍。諸路帥臣，宜嚴兵自備。如能洗心效順，與之自新。」

辛丑，涇原路言夏人寇三川諸寨，官軍敗之。

九月己未，夏人寇鎮戎軍，尋遁去。時西邊稍寧，而近塞時苦寇掠。

是歲，夏改元天儀治平。時梁乞逋用事久，得前後所積歲賜金帛，輒語人曰：「嵬名家人管事有此功否？我之所以連年點兵者，欲使宋朝憚我，而爲國人求罷兵耳。」

三年春三月乙亥，夏人寇德靖寨，〔一八〕將官張誠等敗之。〔一九〕

夏六月辛丑，夏人寇塞門寨，米贇、〔二〇〕郝普等死之。

四年春正月甲申，以夏人通好，詔邊將毋生事。

二月乙卯，夏國主遣使來謝封册。

夏六月，夏遣使來貢。

戊申，賜夏國詔曰：⑫「省所奏事。具悉。所有蘭州、塞門兩處地土，前詔批述已明，毋復更有論請。其永樂陷没人口，緣自牒報。後來經隔歲久，慮其間實有死亡，或後來却有續尋到人數，今已降指揮下鄜延路經略司，候將來送還到日，若與元報人數不同，亦令據今割計口支與賞絹，仍將葭蘆、米脂、浮圖、安疆四寨，約一日給賜。所有應合立界至去處，并依已降朝旨及自來體例，計會鄜延路經略司關牒逐路帥臣，各委官隨宜相度，認定守把，不得更相侵越。」

丁巳，又賜詔曰：⑬「省所奏昨差人赴延州，計會將永樂等人口及所還四處城寨，交換塞門、蘭州兩處地土，實在朝廷酌中裁決事。具悉。爾嗣守世封，虔修貢職，頃屬罷兵之後，繼陳復地之言。累降詔音，備諭朕志，豈謂歷時之久，尚稽聞命之行。忽覽奏封，深亮誠款。顧改圖之議，猶有披陳；然事大之恭，實聽裁決。再惟忠順，殊用歎嘉。雖易地之求，當一遵于前詔；而酌中之請，宜别示于優恩。除漢蕃地土，指諭已明，難復换易外，所有歲賜，據前降詔命，合候地界了日依舊。今推特恩，已敕有司，更不候地界了當，便仰檢會依例施行。爾其體朝廷恩信之隆，謹封畺慎守之戒。永思安靖，用保悠長。」

初，朝議以米脂等四寨與夏人，權涇原經略劉昌祚以爲不可，不報。既而夏國宥州牒已刷到陷没人口，尋有旨給四寨，仍約以委官畫地界。至是，夏國遣使人貢，樞密院擬答曰：「蘭州、塞門兩處地，前已明言，毋復更請。將來送永樂人口，慮歲久死亡，與元報人數不同，亦計口支給償絹，仍將四寨給賜。」詔鄜延趙卨主分畫之議。熙河帥范育請先畫疆界，後歸四寨，卨不以爲然。

五年春二月己亥，夏人來歸永樂所掠吏士百四十九人，遂詔以米脂、葭蘆、浮圖、安疆四寨還之。夏得地益驕，仍約以委官定疆界。

夏六月，夏人寇質孤、〔二二〕勝如二堡。

秋七月乙酉，夏人來言，畫疆界者不以綏州例。詔曰：⑭「爾逖領蠻畿，恪循世守。伻來稱幣，廷閲奏書。永言疆埸之安，未即溝封之畫。兩界繩直，罄忠順而可嘉；千里蕪荒，〔二三〕瀝誠忱而有請。〔二四〕力祈務許，蚤遂底寧。惟祈壤之求，初無故事。念安邊之議，亦既累年。顧省恭勤，特行開納。然綏德城本無存留草地，詔自今既欲于漢界留出草地，即于蕃界亦當依數對留。應見今合立界至處，并須明立封堠。内外漢蕃，各對留草地十里，不令耕種。仍各于草地以裏，自擇安便處修建堡鋪。如熟地内不可修建，即于草地内修立，各不得逼近界堠。其餘畺畫未盡事，已令押伴官委曲開諭進奉使、副訖。及已詔鄜延路經略司，夏國如欲議事，許差人赴延州計議。眷方陲悦義之心，既輸悃愊。而朝廷綏遠之意，已示優容。宜深體于恩懷，亟保和于封略。」

六年夏四月辛丑，夏人寇熙河、蘭岷、鄜延等路。時知熙州范育言：「朝廷昨詔本路與夏國分畫，自定西以北二十里與秦州隴諸堡界一抹取直，〔二四〕及質孤、勝如堡外亦打量二十里。本路再陳汝遮形勢及一抹取直等處，各乞隨本路利害分畫，亦蒙許令與夏國商量。然夏國自去年舉兵攻質孤、勝如二堡，及指隴諸取直等之事，以爲翻異。又云南朝實有就和之意，請勿再説及隴諸堡上取直及二堡之事，其言詞簡慢不遜。況無質孤、勝如則金城必危，無定西以北之地則定西必危。金城危則熙州有奔衝之虞，定西危則通遠有扼亢之患。二州危則賊可攘臂于中，河、岷焉得而守也？臣望朝廷無以今日之不用兵爲可安，而深爲異日虞。」奏至，執政會議蘇轍曰：「頃與夏人商量地界，欲用慶曆舊例，以漢蕃見今住坐處當中爲界，此理最爲簡直。夏人不從，朝廷遂不固執。蓋朝廷臨事常患先易後難，此先易也。既而許于非所賜城寨，依綏州例，以二十里爲界，十里爲堡鋪，十里爲草地。非所賜城寨，蓋指延州塞門、義合、石門、吴堡，蘭州諸城寨及通遠軍定西城。要約纔定，朝廷又要于兩寨界首相望侵係蕃地，一抹取直，夏人黽勉見從。要約未定，朝廷又要蕃界草地更留十里，通前三十里，夏人亦又見許。凡此所謂後難也。今者又欲于定西城與秦州隴諸堡一抹取直，所侵蕃地凡百數十里，此不直致寇之大者也。」

秋八月癸未，詔鄜延路都監李儀等以違旨，夜出兵入界，與夏人戰，死，不贈官，餘官降等。

乙卯，夏人寇懷遠寨。

閏月，夏人寇麟州及神木等寨，衆十五萬，諸將不敢與戰。蕃漢居民爲所殺掠，焚蕩廬舍，驅擄畜産甚衆。

九月丁亥，夏人寇府州。

壬辰，詔：「州民爲寇所掠，廬舍焚蕩者給錢帛，踐稼者賑之，失牛者官貸市之。」

丁酉，詔歲出内庫緡錢五十萬備邊費。

冬十二月，夏人犯邊，知太原府范純仁自劾禦敵失策。詔貶一官，徙知河南府。

是歲，夏改元天祐民安。

七年春二月丁卯，詔陝西、河東邊要進築守禦城寨。

夏五月，築李諾平城，賜名定遠城。初，熙河分界議久不決，遣陝西轉運使穆衍往視，請介兩壘之間城李諾平，〔二五〕以控要害，〔二六〕至此始成。

秋八月己未，詔西邊諸將嚴備，毋輕出兵。

九月己酉，永興軍、蘭州、鎮戎地震。

冬十月庚戌朔，環州地震。

丁卯，夏人寇環州。

八年夏四月丁未朔，夏人來謝罪，請以蘭州易塞門、安遠二寨，以違順不常却其請。

庚申，詔曰：⑮「省所上表，遣使詣闕，悔過上章，及獻納蘭州一境地土，綏州至義合寨亦取直畫定，〔二七〕却有塞門乞還賜夏國等事。具悉。朕統御萬邦，敦示大信。眷爾嗣蕃之始，亟馳請命之誠。爰給土疆，復頒歲幣。豈謂受賜而往，輒興犯順之師。中外交章，神民共憤。朕以爾在位未久，勢匪自由，姑戢伐罪之大兵，聊用禦邊之中策。仍策畺吏，〔二八〕許爾自新。今則遣使來庭，托詞悔過，何乃謝章之初達，遽形畫境之煩言。況西藩故畺，中國舊地，已載前詔，不係可還。其分界雖曾商量，在用兵亦合隔絕。然則塞門之請，殊非所宜。定西以東，已有前論。除河東、鄜延路新邊界至，許從前約，令逐路經略司依前，亦已令蘭岷經略司依先降朝旨，委官候夏國差到官，詳先降指揮，同共商量分畫。緣夏國自元祐通貢受賜，後來累次犯邊，仍候諸路地界了日，可依前別進誓表，然後常貢歲賜，并依舊例。」

六月，夏人自得四寨，累遣使以地界爲言，詔二府議。

紹聖元年春正月丙申，夏國遣使來貢。

二月，夏國進馬助太皇太后山陵。復遣使再議易地，詔不允。

二年秋八月，詔：「熙河、蘭岷、鄜延、河東路地界，令諸路沿邊當職官司，更不商量分畫，只以巡綽卓望處把守，牒報夏國。」先是，元祐初，諫議大夫孫覺議棄蘭州。其後司馬光謂：「此數寨者，田非肥良，不可以耕墾，地非險要，不可以守禦。欲因繼統，悉皆毁撤，歸其侵地。」劉摯謂：「供給戍守，窮竭財力，其最大者莫如蘭州，不若捐一空城與之。至于鄜延、河東等路，近置堡寨，深詔大臣，早有定計。」趙禼欲留塞門、安遠二寨，其餘或存或廢，乞密降畫一，付臣遵守。」呂陶謂：「實于邊防無分豪之益。」范純粹謂：

「收復故寨廢州略無所制，乞令以虜陷官吏丁夫悉歸朝廷，而所削之地并從給賜。」純仁之論亦然。蘇轍謂：「增置州寨，坐困中國，願決計棄之。」王存謂：「夏國疆地，終久難守。」王巖叟謂：「自有葭蘆、吴堡兩寨，守之無所得，棄之不足惜。」文彦博謂：「邊臣欺罔，爲國生事，第恐不能持久。却須自棄，不若推恩賜予。」至是，章惇爲相，以爲十年之間，含容備至，而夏人犯邊如故，遂罷熙河等路分畫地界。蓋章惇、曾布方謀用兵，故先勸上罷分畫，開邊自此始。

西夏紀事本末卷二十六

校記

〔一〕西南都統昂星嵬名濟迺：「西南都統」，此同宋史卷四八六夏國傳；長編卷三三一元豐五年（一〇八二）十一月是月條、涑水記聞卷一四作「南都統」。「嵬名濟迺」，此原同中華本長編卷三三一元豐五年十一月是月條脱「迺」；文淵閣四庫本長編卷三三一元豐五年十一月是月條作「威明吉鼐」，宋史卷四八六夏國傳作「嵬名濟迺」。聶鴻音撰從宋史夏國傳譯音二題看西夏語輔音韵尾問題一文認爲，中華本宋史標點誤以爲人名爲「嵬名濟」，其實人名當作「嵬名濟迺」，據補。另，夏國移書方式，長編、涑水記聞載爲夏國遺所得宋朝俘囚齎書遺盧秉以聞神宗，宋史夏國傳載爲劉昌祚上其書於神宗。夏國移書内容，長編、宋史夏國傳、涑水記聞不全同。

〔二〕征：原作「往」，據宋大詔令集卷二三六、長編卷三三六元豐六年（一〇八三）閏六月乙亥條、宋史卷四八六夏國傳改。

〔三〕二三里：此同長編卷三三六元豐六年（一〇八三）閏六月戊寅條。宋會要蕃夷七之三七作「三二十里」。

〔四〕奏功：宋大詔令集卷二三六作「獻功」。

〔五〕米贇：原作「米斌」，據長編卷三四五元豐七年（一〇八四）五月壬寅條、宋史卷四八六夏國傳改。

〔六〕安塞堡：原作「安寨堡」，據四庫本長編卷三四五元豐七年（一〇八四）四月癸巳條及五月壬寅條、宋史卷一六神宗本紀改。

〔七〕其：此字原脱，據長編卷三四二元豐七年（一〇八四）正月乙卯條補。

〔八〕清邊：此同宋史卷一六神宗本紀。長編卷三五〇元豐七年（一〇八四）十一月丁酉條、綱目備要卷二一作「静邊」。

〔九〕塞門：原作「寨門」，據長編卷三八二元祐元年（一〇八六）秋七月癸亥條、宋史卷八七地理志改。按，西夏紀事本末多處將「塞門」誤作「寨門」，餘皆徑改，恕不一一出校。

〔一〇〕浮圖：原作「浮屠」，據長編卷三八二元祐元年（一〇八六）秋七月壬戌條，宋史卷八七地理志、卷四八六夏國傳改。下同。

〔一一〕通遠：原作「通達」，據宋史卷三三二孫路傳改。

〔一二〕今自北關瀕大河城蘭州：綱目備要卷二四紹聖二年（一〇九五）八月條、宋史卷三三二孫路傳均作：「辟土百八十里，瀕大河，城蘭州。」

〔一三〕滋：宋史卷三三二穆衍傳作「前」。

〔一四〕禮：東坡全集卷一〇九太皇太后賜故夏國主嗣子乾順進奉賀正馬駝回詔作「視」。

〔一五〕同：東坡全集卷一〇九賜故夏國主嗣子乾順進奉謝恩馬駝回詔作「向」。

〔一六〕謝儀：東坡全集卷一〇九賜故夏國主嗣子乾順進奉謝恩馬駝回詔作「謝章」。

〔一七〕乞逋：西夏紀事本末及長編、治迹統類、東都事略、宋史、夢溪筆談、范忠宣集、欒城集等原均作「乙逋」或「移逋」，李範文編釋西夏陵墓出土殘碑粹編人物考據寧夏銀川市西夏王陵出土墓碑考證，漢文文獻中「乙」均當作「乞」，東坡全集卷五四乞約果莊討阿里庫劄子作「梁乞逋」，今全部據改。

〔一八〕德靖：原作「德静」，據長編卷四〇九元祐三年（一〇八八）三月乙亥條，宋史卷八七地理志、卷四八六夏國傳改。

〔一九〕張誠：此同中華本長編卷四〇九元祐三年（一〇八八）三月乙亥條、宋史卷一七哲宗本紀、綱目備要卷二二。宋會要兵八之三〇、四庫本長編卷四〇九、十朝綱要卷一二、中華本長編卷四〇九校勘記五作「張誠」。
〔二〇〕米贇：原作「朱贇」，據長編卷四〇九元祐三年（一〇八八）四月庚子條、宋史卷四八六夏國傳改。
〔二一〕質孤：原作「質姑」，據下文及宋史卷四八六夏國傳改。
〔二二〕千里蕪荒：長編卷四四五元祐五年（一〇九〇）七月乙酉條作「十里無荒」。
〔二三〕誠忱：長編卷四四五元祐五年（一〇九〇）七月乙酉條作「悃忱」。
〔二四〕隴諾堡：長編卷四五二元祐五年（一〇九〇）十二月壬辰條作「隆諾特堡」，卷四六七元祐六年（一〇九一）冬十日戊寅條、卷四七〇元祐七年（一〇九二）二月辛巳條作「隆諾堡」，諸臣奏議卷一四〇上哲宗論不可失信夏人（蘇轍撰）作「隴諾城」。
〔二五〕李：此字原脱，據宋史卷四八六夏國傳補。
〔二六〕控：原作「按」，據宋史卷四八六夏國傳改。
〔二七〕義合：此原同宋大詔令集卷二三六作「合儀」，江蘇本作「合義」。據長編卷四八三元祐八年（一〇九三）四月庚申條、宋史卷八七地理志改。
〔二八〕策：宋大詔令集卷二三六、長編卷四八三元祐八年（一〇九三）四月庚申條作「敕」。

注釋

①此詔令即宋大詔令集卷二三六賜夏國詔。

②此詔令即宋大詔令集卷二三六賜夏國主秉常詔。

③宋大詔令集卷二一四、長編卷三四二元豐七年（一〇八四）正月乙卯條均繫復詔李憲事於元豐七年正月乙卯。

④據考證，甘肅武威藏重修護國寺感應塔碑銘西夏文銘文中「面壁城皇帝」、國家圖書館藏西夏文文獻悲華經及經律異相題款中「就德主世增福正民大明皇帝」、國家圖書館藏西夏文現在賢劫千佛名經卷首西夏譯經圖中「盛明皇帝」均指夏惠宗秉常。參見李範文撰西夏皇帝稱號考，載西夏研究論集，第七八頁至第七九頁、第九三頁至第九四頁；史金波撰西夏譯經圖解，載史金波文集，第三〇〇頁至第三〇三頁。

⑤此詔令即宋大詔令集卷二三六弔慰夏國主嗣子乾順詔。

⑥此詔令即宋大詔令集卷二三六太皇太后賜夏國主嗣子乾順詔。

⑦此詔令即宋大詔令集卷二三六太皇太后賜故夏國主嗣子乾順詔。

⑧此詔令即宋大詔令集卷二三六賜乾順進奉賀正旦馬駝回賜詔。

⑨此詔令即宋大詔令集卷二三六太皇太后同前詔。

⑩ 此詔令即宋大詔令集卷二三六賜乾順進謝恩馬駝回詔，原無繫年。據東坡全集卷一〇九賜故夏國主嗣子乾順進奉謝恩馬駝回詔，詔令發佈於元祐二年（一〇八七）四月十七日。

⑪ 宋史卷一七哲宗本紀載，元祐二年（一〇八七）「五月癸丑，夏人圍南川寨」。據長編卷四〇〇元祐二年（一〇八七）五月癸丑條，圍南川寨者乃西蕃阿里骨軍而非西夏軍，西夏軍所攻者乃定西城。

⑫ 此詔令載於宋大詔令集卷二三六。

⑬ 此詔令即宋大詔令集卷二三六賜夏國主詔。

⑭ 此詔令即宋大詔令集卷二三六賜夏國主詔。

⑮ 此詔令即宋大詔令集卷二三六賜夏國詔。

西夏紀事本末卷二十七

烏程張鑑春治甫著

平夏初城

元豐五年春二月，進封常樂郡公董氊爲武威郡王，以會兵討夏故也。時夏人欲與董氊通好，許割賂斫龍以西地，云：「如歸我，即官爵一隨所欲。」董氊拒絶之，整甲兵以俟入討，且遣使來告。帝召見其使，令歸語董氊盡心守圉。帝知邈川事，力固不足與夏人拒，但欲解散其謀，使不與結和而已。

六年。是歲，帝賜李憲詔曰：「昔六谷首領羅支、厮鐸督輸忠朝廷，協力擊賊，後終成奇功，殺李繼遷于三十九井，當時朝廷報賞甚厚。今董氊、阿里骨既效誠如此，宜更激勉，使深入賊土，求如上功。」阿里骨者，董氊養子也。

七年冬十月，夏人寇涇原。夏監軍人多零丁用事，常率兵出入。蘭州、安塞之役，皆其主謀。神宗募人生致之，不得。時引兵十萬入涇原，蕃漢民死者甚衆。涇原經略使盧秉遣姚麟、彭孫引兵趨静邊寨扼其歸路，人多零丁戰死，獲其器甲以獻。按：蔡絛叢話以人多零丁爲青唐羌，①誤。

元祐二年夏五月，阿里骨及夏人寇邊，都監吴猛死之。

癸丑，夏人圍南川寨。

秋八月庚子，授西蕃首領心牟欽氈銀州團練使，温溪心瓜州團練使，以不從結呃龊人寇故也。

丁未，岷州將种誼復洮州。西蕃大酋領鬼章，董氈别將也，桀黠有謀，所部兵甚鋭，神宗時數爲邊患。至是，知夏人之怨失蘭州也，與夏人解仇爲援，築洮州居之，遂合縱寇邊。時夏人聚兵于天都山，而鬼章亦駐兵常家山，前鋒已屯通遠境上。軍器監游師雄將先發以制之，〔一〕告于熙帥劉舜卿。舜卿曰：「彼衆我寡，奈何？」師雄曰：「在謀不在衆，鬥智不鬥力。此機一失，後將噬臍不濟焉，願爲首戮。」三夕而後從之。總管姚兕、种誼請分兵兩路，急裝輕齎，并洮水而進。兕部洮西，領武勝正兵合河州熟户，破六逋宗城，〔二〕斬首一千五百級。〔三〕攻講朱城，遣人走間道焚黄河飛橋，青唐十萬之衆不得渡。誼部洮東，以岷州蕃將包順爲前鋒，由哥龍谷會通遠蕃兵宵濟邦金川，黎明至洮州城下。版築未收，一鼓而破，遂擒鬼章青宜結，并獲首領九人，〔四〕檻送京師。斬馘數千，〔五〕牛羊、器械、芻糧以萬計。餘衆奔潰，溺死者數千，洮水爲之不流。于是奏捷曰：「臣聞憯天威，震皇武，所以討不庭也。今西夏授策而不謝，輒陰援吐蕃，鬼章結釁構奸，欲爲邊患。臣與主帥合謀，將義兵行伐。賴陛下聖神，陷城克敵，斬獲以萬計，生擒元惡，係送北闕下，願戮尸槀街蠻夷邸間，以示萬里。」書奏，百寮班賀。安燾曰：「乾順幼豎，非秉常近親。獨梁乞逋利于持權，與梁氏立之。其族黨酋渠善用兵者如嵬名阿吴輩，②皆秉常族黨，多反側顧望。不若有以離間之。彼阿吴等既不自安，一旦得領重兵，未必不回戈而復仇梁氏，此一奇也。」其後夏人自相携貳，使來修貢，悉如燾策。种誼之知鄜州也，〔六〕夏人將犯，延安帥趙卨以誼統制諸將。賊聞誼至，皆潰。鄜延人謂：「得誼，勝强兵二十萬。」爲熙河、蘭岷路鈐轄、知蘭州。蘭州與通遠皆絶塞，中間堡鄣不相接，質孤、麻子川田美宜稼，皆棄不耕。誼請城納迷堡、李諾平、〔七〕大柳平、結珠龍，〔八〕扼其要害，募民耕植，以省饋運。于是城李諾平，凡二十四日而成，賜名定遠。

三年秋七月辛亥，賜阿里骨詔曰：「惟爾祖先，世篤忠孝。本與夏賊日尋干戈，亦惟我朝廷爵秩之隆。用能保爾子孫黎民之衆，肆朕命爾嗣長乃師。而自承襲以來，强酋外擅，爾弗能禁，恣其所爲。遂據洮城，以犯王略。陰連夏賊，約日盜邊。朕愍屬羌之無辜，出偏師而問罪。元惡俘獲，餘黨散亡。山後底平，河南綏服。朕惟率酋豪而捍疆埸；乃爾世功，叛君父而從仇讎，豈其本意。庶能改過，未忍加兵。果因物以貢誠，願洗心而效順。爾既知悔，朕復何求。」

七年冬十月丁卯，夏人寇環州及永和諸寨，凡七日始解去。③初，知慶州章楶數遣輕兵出討，屢有功斬獲，部族不敢寧居。楶策其必報，乃取黠羌，啗以厚利，笞而遣之，若得罪而逸者。因使事虜，刺其舉兵所向，即馳歸以告。果知羌情，將寇環州。楶乃選精兵萬餘，統以二驍將，使營遠塞，而授之策曰：「賊進一舍，我退一舍，彼必謂我怯，爲自衛計，不備吾邊壘。乃銜枚由間道繞出其後，或乘障堡，或伏山谷間，伺以擊其歸。」又以境外皆沙磧，近城百里有牛圈，所瀦水足以飲人馬，乃夜遣寘毒藥。虜圍環州數日，無所獲而歸。所遣驍將折可適屯師洪德城，伺夏師退，識其母梁氏旗幟，城中鼓噪而出，馳突躪轢，虜大敗而去。斬首千餘級，獲牛、馬、橐駝、鎧仗以萬計。過牛圈，飲其水且盡，人馬被毒，而奔迸蹂踐、墜塹谷而死、重傷而歸者不可勝計。梁氏幾不得脱，盡棄其供帳、襜褕之物而逃。前此邊上功狀多虛，或以易爲難，或奪甲與乙，廣張俘級，習以爲常。粢獨覈實，第勞無少欺，徼倖者不悦，頗有謗之者，粢不恤也。

紹聖三年春二月丁亥，夏人寇義合寨。

三月癸巳，夏人圍塞門寨。

秋八月辛酉，夏人寇德靖、寧順二寨。

九月，折可適與夏人戰于鷄鞞嶺，敗之。

冬十月壬戌，夏人寇鄜延，陷金明寨。

戊辰，詔被邊諸路相度城寨要害，增嚴守備。

甲申，以知大名府呂惠卿知延安府。夏人自得四寨，連歲以畫界未定侵擾邊境。且遣使欲以蘭州一境易塞門二寨，〔九〕朝廷不許。至是，又將大舉入寇鄜延。經略使呂惠卿諜知之，乃制策應十一軍悉屯于城裏，與外軍相近。部分既定，夏主李乾順奉其母梁氏率衆五十萬，〔一〇〕大入鄜延，渡河至烏延口，分爲三路：西自順寧、招安寨，東自黑水、安定寨，中自塞門、龍安寨，金明以南二百里間相繼不絶。

是月，自長城晝夜疾馳至青龍平，距府城五里，盡圍諸寨，而以輕兵與諸將戰。賊亦爲十一寨，其二在金明北，其九在金明南，列營環城。乾順子母親督桴鼓，縱騎四掠。知麟州有備，復還金明，而後騎之精鋭者留龍安，邊將悉兵掩擊，不退。

初，賊欲以重兵圍延州，而後南掠鄜州。及至延州，見有備，欲攻則城不可近，欲掠則野無所有，欲戰則諸將按兵不動，欲南則有腹背受敵之患，留二日即拔寨北去，攻陷金明寨。④守兵二千八百，惟五人得脱，〔一一〕城中糧五萬石、草千萬束皆盡。惠卿遣將追之，賊以精騎殿而不奔，第四將張輿及李淮戰死，〔一二〕諸將不敢擊。先是，七月間，阿里骨以夏人師期來告，賜詔曰：⑤「阿里骨累據熙河路經略安撫司等奏，及近淮進奉渴失納余龍到闕，〔一三〕累以夏人情狀傳報朝廷事。具悉。卿嗣有封域，世爲藩垣，而能屢覘敵情，密陳邊計。緬惟誠篤，深眷余懷。」至是，帝聞有夏寇，泰然笑曰：「五十萬衆深入吾境，不過十日，勝不過一二寨須去。」已而果破金明引去。既去，留一書寘漢人頸上曰：「貸汝命，爲吾投經略使處。」其言曰：「夏國昨與朝廷議疆埸，〔一四〕小有不同。方行理究，不意朝廷改悔，却與坐團鋪處立界。本國以恭順之故，亦黽勉聽從，遂于境内立數堡以護耕。而鄜延出兵，悉行平蕩，又數數入界殺掠。國人共憤，欲取延州，終以恭順，止取金明一寨，以示兵鋒，亦不失臣子之節也。」延帥吕惠卿上樞密院而不以聞。

十二月乙亥，夏獻金明之俘于遼。

四年春正月甲午，涇原路鈐轄王文振敗夏人于没煙峽。⑥

二月丙寅，夏人寇綏德城。⑦

三月壬戌，夏人犯麟州神堂堡。出兵討之，進築胡山寨。

庚午，夏人大至葭蘆城下，知石州張構等擊走之。〔二五〕

辛巳，西上閤門使折克行破夏人于長波川，斬首二千餘級，獲牛馬倍之。初，克行居行間，無所知名。賊寇慶州，种諤拒之，令河東出師爲援，克行請行，爲先鋒，戰葭蘆川，以功遂知府州。西夏久窺河外，克行每出必勝，賊畏之。

夏四月庚子，知保安軍李沂伐夏國，破洪州。環慶鈐轄張存入鹽州，俘戮甚衆。及還，夏人追襲之，復多失亡。

甲辰，知渭州章楶城平夏。楶以夏人猖獗上言：「城葫蘆河川，據形勝以逼夏。」朝廷許之。遂合熙河、秦鳳、環慶、鄜延四路之師，陽繕理他寨數十所以示怯，而陰具版築守戰之備出葫蘆河川，築二寨于石門峽江口、好水川之陰。夏人聞之，帥衆來襲，楶迎擊，敗之。二旬又二日城成，賜名曰平夏城、靈平寨。楶檄知鎮戎軍□□□固守鎮戎。

時四路之兵無慮三十萬聽命于楶，以總管王文振爲統制，以折可適爲前軍而副之。前軍遇敵求援，可適請文振益兵，發熙河卒二千人，〔二六〕失道，盡赴坑谷死。文振懼，歸罪可適，劾其擅興違制，奪十三官而罷。楶請留之，乃以可適權第十三將，〔二七〕而趙隆爲第九將。與夏人戰，隆功爲多。其涇原路第一將則劉仲武子文也。夏人欲犯天聖寨，主帥檄仲武會兵，約過某日賊不來，則分屯去。仲武得賊的期，乞緩分屯，主帥止留一將及仲武軍。賊果至，仲武力戰禦之，賊乃遁去。遂遷仲武熙河路兵馬都監。時李顯忠亦爲鄜延路兵馬都監，兼充第六正將。西戎入寇，顯忠屢擊之，自是無敢犯塞。章惇因請絶夏人歲賜，而命沿邊諸路相繼築城于要害，以進拓境土，凡五十餘所。

六月丁酉，環慶路安疆寨成。

甲辰，熙河進築青石峽成，詔賜人役及防拓軍兵緡錢有差，尋賜名西平。

秋八月己酉，彗星見西方。鄜延經略使呂惠卿復宥州，惠卿乞諸路出兵乘便討擊，詔河東、環慶并聽惠卿期約，遂遣將官王愍攻破宥州，尋又奏築威戎、威羌二城。加惠卿銀青光禄大夫。時章惇肆開邊隙，故諸道興役進築，屢被爵賞。

元符元年春二月戊申，〔二八〕知蘭州王舜臣討夏人于塞外，築興平城。

三月丙辰，米脂寨成。

丙子，築熙河通會關。

夏五月，吕惠卿帥師使劉安、苗履破夏人于大沙堆。

六月，夏遣使求援于遼。

丙戌，遣官分詣鄜延、涇原、河東、熙河按驗所築城寨。

冬十月，夏人寇平夏。渭州之西，地數百里，而平夏處其中。初，涇原經略章楶謂諸將曰：「新邊控扼，誰可付者？」皆曰：「非郭成不可。」遂辟成爲第十一將，以戍平夏。西賊自失地之後，朝夕憤恚。至是，以兵號三十萬犯塞。國主與其母自將攻平夏城，自己卯至壬辰，晝夜疾攻，成等城守益堅。寇乃造高車以臨城，載數百人，填壕而進。俄有大風震折，寇一夕遁去。戎母慙憤，剺面而還。章楶追擊，獲其勇將嵬名阿埋、（一九）西壽監軍妹勒都逋，斬獲甚衆，夏人震駭。阿埋、西壽妹勒都逋二人者乃西羌之將，皆勇悍善戰，屢爲邊患，朝廷密詔圖之。楶知其虛可襲，會二酋以放牧爲名窺伺境上。十二月，遣折可適、郭成等間以輕騎二千，銜枚捷走，出邊羌，六道分進。寇不及知，夜入其室執之，盡得其家屬，俘馘三千餘人，獲牛、羊不啻十萬，種羌震懾。計其地即天都山也。可適因請以秋葦川爲寨、南牟爲州，詔名寨曰臨羌、州曰西安。而以可適知州事。曾布白上，此非常之功，可賀。上曰：「可賀否？」布曰：「鬼章亦賀，及告陵廟，此功不在鬼章下。」惇等皆曰：「此奇功也。」捷至，帝御紫宸殿，受百官賀。楶在涇原日久，嘗言：「夏嗜利畏威，不有懲艾，邊不得休息。宜稍取其土疆，如古削地之制，以固吾圉。然後諸路出兵，擇要害，不一再舉，勢將自蹙矣。」因召知府州折克行問策，克行條具所見，遂以師出界分，遣諸將約束爲深入窮討之狀，賊疑不敢動，遂城葭蘆。時河東進築八寨，通道鄜延。帥秦希甫至，〔二〇〕議築先後，克行請以兩路兵同時深入，先築遠者，出賊不意。帥用其策，卒城之。蓋章惇與楶同宗，言多見采。由是創州一、城寨九，屢敗夏人。進築西安城于天都山，建西安州，而諸路亦多建城寨以逼夏。及是，有平夏之捷，夏人不復振矣。

十一月辛酉，夏復遣使求援于遼。

二年春二月甲申，夏人以國母喪，遣使來告哀，且謝罪。詔却其使。因進章楶等官秩。嵬名阿埋等至闕下，并貸其命。

秋九月庚子朔，夏國遣使來。

西夏紀事本末卷二十七

校記

〔一〕監：宋史卷三三二游師雄傳此字下有「丞」。

〔二〕破六逋宗城：長編卷四〇四元祐二年（一〇八七）八月戊戌條作「脅取倫布宗部族」。

〔三〕一千五百級：長編卷四〇四元祐二年（一〇八七）八月戊戌條作「千餘級」。

〔四〕九人：原作「五人」，據長編卷四〇四元祐二年（一〇八七）八月戊戌條、宋史卷三三二游師雄傳改。

〔五〕數千：東都事略卷九一游師雄傳、宋史卷三三二游師雄傳、綱目備要卷二二均記作斬首一千七百級。

〔六〕鄜州：原作「廓州」，據宋史卷三三五种誼傳改。

〔七〕平：此字原脱，據宋史卷三三五种誼傳補。

〔八〕結珠龍：疑當作「珠結龍」。「珠結龍」爲藏語「十八穀」的漢語音譯詞。參見彭向前撰讀史札記五則，第一五三頁至第一五四頁。

〔九〕塞門：據文意，此二字下疑脱「安遠」二字。

〔一〇〕乾順：原作「乾德」，據長編拾補卷一三紹聖三年（一〇九六）十月辛酉條及夏國主人名用字改。

〔一一〕五人：此同宋史卷四八六夏國傳，長編拾補卷一三引通鑑續編作「五百人」。
〔一二〕張輿及李淮：「張輿」，此同綱目備要卷二四、鷄肋集卷六二資政殿大學士李公行狀、宋史卷三二八李清臣傳。宋史卷四八六夏國傳作「張俞」，琬琰集中集卷四九李黄門清臣行狀（晁補之撰）作「張與」。「李淮」，長編拾補卷一三引續宋編年資治通鑑作「李惟」。
〔一三〕淮：原作「滙」，據宋大詔令集卷二四〇、江蘇本改。
〔一四〕議：此字原脱，據宋史卷四八六夏國傳補。
〔一五〕石州張構：「石州」，原作「右州」，據宋史卷一八哲宗本紀、江蘇本改。「張構」，原作「張講」，據宋史卷一八哲宗本紀改。
〔一六〕二千人：宋史卷二五三折可適傳作「千人」。
〔一七〕第十三將：此同東都事略卷一〇四折可適傳、姑溪居士後集卷二〇折公（可適）墓誌銘。長編卷四九九元符元年（一〇九八）六月丙午條、卷五〇一元符元年（一〇九八）八月甲午條及宋史卷二五三折可適傳均作「第十二將」。
〔一八〕戊申：原作「戊辰」，據長編卷四九四元符元年（一〇九八）二月戊申條、宋史卷一八哲宗本紀改。
〔一九〕阿埋：原作「阿里」，據宋史卷三二八章楶傳、卷四八六夏國傳改。下同。
〔二〇〕帥：宋史卷二五三折克行傳作「延帥遣」。

注釋

①參見鐵圍山叢談卷二。

②李範文編釋西夏陵墓出土殘碑粹編陵墓主考（第九頁至一一頁）考證，嵬名阿吴疑即寧夏銀川市西夏王陵一〇八號墓主夏梁國正獻王嵬名安惠。參見李範文主編西夏通史第六章西夏王朝的鼎盛（一〇八七—一一九三）第一節母黨再度專權與乾順親政後的統治措施。

③長編卷四七八繫此事於元祐七年（一〇九二）十月辛酉。

④夏人兵寇鄜延、陷宋金明寨事，宋史卷四七一吕惠卿傳同綱目備要卷二四，與宋史卷四八六夏國傳異。

⑤此詔令即宋大詔令集卷二四〇賜阿里骨詔。

⑥王文振敗夏人時間，此同宋史卷四八六夏國傳。十朝綱要卷一四繫於紹聖三年（一〇九六）十月壬戌。

⑦夏人寇綏德時間，此同宋史卷一八哲宗本紀。十朝綱要卷一四繫於紹聖四年（一〇九七）二月戊午。

西夏紀事本末卷二十八

烏程張鑑春治甫著

契丹婚媾

雍熙三年初，西夏臣宋有年，賜姓曰趙。春二月癸卯，繼遷叛宋，始來降遼，遼授以定難軍節度使、銀夏綏宥等觀察處置使、〔一〕特進檢校太師、都督夏州諸軍事。弟繼沖爲副使，遂復姓李。是爲遼聖宗統和四年也。

冬十月，遣使貢于遼。

十二月，李繼遷率五百騎款遼境，言願昏大國，永作藩輔。

端拱元年春三月癸未，繼遷遣使貢于遼。

二年春正月壬辰，李繼遷與兄繼捧有怨，乞與遼通好，遼主知其非誠，不許。

三月壬辰，〔二〕繼遷貢于遼。

戊戌，遼以王子帳節度使耶律襄之女封義成公主，下嫁繼遷，① 賜馬三千匹。

淳化元年春正月，繼遷遣使如遼謝。

三月丁丑，繼遷遣使貢于遼。

秋九月壬辰，繼遷遣使如遼獻宋俘。

冬十月丙午，繼遷以大敗宋軍，如遼告。

十二月癸卯，繼遷下宋麟、鄜等州，使告于遼。

十二月庚戌，遼遣使封繼遷爲夏國王。

二年春二月丙午，夏國遣使告伐宋之捷于遼。

夏四月乙亥，夏國王李繼遷遣杜白如遼謝封册。〔三〕

秋七月，繼遷以復宋銀、綏二州告于遼。

冬十月壬申，夏國王李繼遷遣使上宋所授敕命于遼。

丁丑，繼遷之兄定難軍節度使李繼捧自宋附遼，授開府儀同三司、檢校太師、兼侍中，封西平王，仍賜推忠效順啓聖定難功臣。

十二月，遼始聞夏國王繼遷潛附于宋。初，夏州李繼遷叛宋請附于遼，遼招討使韓德威請納之。既得繼遷，諸夷皆從。未幾，以山西城邑多陷，奪兵柄。李繼遷受宋賂，潛懷二心。至是，遼命德威持詔率兵往諭之。

三年春二月乙丑朔，日有食之。韓德威奏繼遷託以西征不出，德威至靈州俘掠以還。②

庚寅，夏國以韓德威俘掠，遣使告于遼，遼賜詔安慰。

冬十月壬申，夏國王遣使貢于遼。

五年，遼以夏人梗邊，皇太妃受命蕭撻凜總烏古及永興宮，〔四〕分軍討之。

至道元年春三月癸丑，夏國遣使貢于遼。

秋八月丙子，夏國遣使如遼進馬。

冬十二月辛巳，夏國以敗宋師遣使告于遼。初，宋永安節度使折御卿病，遼諜知之。韓德威復爲繼遷所誘，遂率衆入邊，以報子河汊之役。御卿輿疾而出，德威聞之，遂頓兵不敢進。

二年春正月丙寅，夏國遣使貢于遼。

三年春二月丙午，夏國遣使貢于遼。

三月己巳，夏國破宋兵，遣使告于遼。

己卯，遼封夏國王李繼遷爲西平王。

夏六月壬子，夏國遣使如遼謝封册。

冬十二月，夏國遣使貢于遼。

真宗咸平元年春二月庚子，夏國遣使貢于遼。

三年冬十一月甲戌朔，遼授西平王李繼遷子德明爲朔方節度使。

四年春三月乙亥，夏遣李文貴貢于遼。〔五〕

夏六月戊午，夏國奏下宋恒、環、慶等三州于遼，遼賜詔褒之。

五年春正月甲寅，夏國遣使貢馬、駝于遼。

夏六月，夏遣劉仁勖告遼下宋靈州。

六年夏五月丁巳，西平王李繼遷薨，其子德明遣使告于遼。先期，于行宫左右下御帳，設使客幕次于東南。至日，北面臣僚各常服，其餘臣僚并朝服，入朝。使者至幕次，有司以嗣子表狀先呈樞密院，準備奏呈。先引北面臣僚并矮敦已上近御帳，相對立，其餘臣僚依班位序立。引告終人使右入，至丹墀面殿立。引右上，立揖，少前拜，跪奏訖，〔六〕宣問。若嗣子已立，恭身受聖旨。奏訖，復位。嗣子未立，不宣問。引右下丹墀，面北鞠躬。通班畢，引面殿再拜。不出班奏「聖躬萬福」，再拜。出班，謝面天顔，〔七〕復位，再拜。出班，謝遠接，復位，再拜。贊祗候，退就幕次。再入，依前北面鞠躬，通辭，再拜。叙戀闕，再拜。贊「好去」，禮畢。

六月己卯，贈繼遷尚書令，遣西上閤門使丁振吊慰。

秋九月己亥，夏國李德明遣使如遼，謝吊贈。

景德元年春三月乙未，李德明遣使如遼，上繼遷遺物。

秋七月甲申，遼遣使封夏國李德明爲西平王。

冬十月己酉，德明遣使如遼謝封册。

二年春二月丁巳，夏國遣使告遼下宋青城。

三年，遼以耶律唐古爲西南面巡檢，歷豪州刺史，禁奸民鬻馬于夏界。

四年秋七月壬申，西平王李德明母薨，遼遣使吊祭。

甲戌，遣使起復。

大中祥符二年夏四月，遼于中京大定府設來賓館，以待夏使。凡西夏國進奉使至遼朝見儀：臣僚常朝畢，引使者左入，至丹墀，面殿立。引使者上露臺，立揖，少前拜，跪附奏起居訖，俛興，復位。閤使宣問「某安否」，鞠躬聽旨，跪奏「某安」。俛伏興，退，復位。引左下，至丹墀，面殿立。禮物右入左出，畢，閤使鞠躬，通某國進奉使姓名候見，共一十七拜。贊祗候，平立。有私獻，過畢，揖使者鞠躬，贊「進奉收訖」。贊祗候，引左上殿，就位立。臣僚、使者齊聲喏。酒三行，引使左下，至丹墀謝宴，五拜。畢，贊「有敕宴」，五拜。祗候，引右出。禮畢。于外賜宴，客省伴宴，仍賜衣物。西夏朝辭儀：常朝畢，引使者左入，通某國某使祗候辭，再拜。不出班，起居，再拜。出班，戀闕致詞，復再拜。賜衣物，謝恩如常儀。若賜宴，五拜。畢，贊「好去」，引右出。

冬十二月辛卯，遼皇太后崩于行宮。

壬辰，遣使報哀于夏。

三年秋九月乙酉，遼使册西平王李德明爲夏國王。

五年夏四月壬寅，夏國遣使進良馬于遼。

冬十一月己亥，遼賜夏國使、東頭供奉官曹文斌、吕文貴、竇珪祐、守榮、武元正等爵有差。

六年秋七月乙未，遼西南招討使、政事令斜軫奏：「党項前後叛者多投西夏，西夏不納。」上怒，欲伐之，遂詔李德明：「今党項叛，我欲西伐，爾當東擊，毋失犄角之勢。」八月壬戌，遼遣引進使李延弘賜夏國王李德明及義成公主車馬。〔八〕

天禧二年夏六月戊午，吐蕃王并里尊奏：③「凡朝貢，乞假道夏國。」從之。

五年冬十一月癸未，夏遣使貢于遼。

乾興元年秋九月壬寅，遼遣堂後官張克恭充夏國王李德明生日使。④

天聖四年冬十月庚辰，遼遣使問夏國五月與宋交兵之故。

六年夏六月，遼以吴克荷充賀夏國王生辰使。

九年夏六月己卯，遼聖宗崩，興宗即位。

甲申，遣使告哀于夏。
秋九月庚申，夏國使遼奉慰。
冬十月丁酉，夏國遣使賻于遼。
十二月。是歲，遼以興平公主下嫁夏國王子元昊，以元昊爲夏國公、駙馬都尉。
明道元年冬十一月丙戌，夏國遣使賀遼應聖節。
辛卯，夏國王李德明薨，册其子夏國公元昊爲夏國王。
二年春正月乙酉，夏遣使貢于遼。
冬十二月己酉，遼禁夏國使沿路私市金鐵。
寶元元年春三月辛亥，夏遣使貢于遼。
夏四月己巳，遼以興平公主薨，遣使于夏問故。
康定元年秋七月乙丑，⑤宋遣郭稹以伐夏報遼。〔九〕

慶曆元年春正月庚戌，遼遣南院宣徽使蕭特末、翰林學士劉六符使宋，問興師伐夏。

二月，知保州王果言：「遼人潛與元昊相結。」

冬十二月壬子，遼禁吐渾、党項鬻馬于夏國，詔沿邊築寨以防之。

三年春正月辛未，遼遣同知析津府事耶律敵烈、樞密院都承旨王惟吉諭夏國與宋和。

二月己酉，夏國使遼，賀加上尊號。

甲寅，耶律敵烈等使夏國還，奏元昊罷兵，遼即遣使報宋。

夏四月庚子，夏遣使進馬、駝于遼。

秋七月庚寅，夏遣使上表于遼，請伐宋，不從。

冬十月壬子，夏人侵党項，遼遣延昌宮使高家奴讓之。自是，遼夏連兵數載。

至和元年春正月戊子，夏遣使貢方物于遼。

夏五月己巳，夏乞進馬、駝于遼，遼主命歲貢之。

壬辰，夏遣使貢于遼。

秋七月己巳，夏遣使求昏于遼。
冬十月，夏進誓表于遼。

二年，遼興宗崩，遣使報哀于夏，道宗即位。
二月甲寅，夏遣使如遼，賀加尊號。
秋九月，遼以先帝遺物賜夏。

嘉祐三年夏四月，〔一〇〕夏遣使如遼會葬。⑥

八年春正月，遼禁民鬻銅于夏。

英宗治平二年夏五月，夏遣使貢于遼。

四年冬十一月，夏遣使進回鶻僧、金佛、梵覺經于遼。
十二月，夏國王諒祚薨。

神宗熙寧元年春二月壬子，諒祚子秉常遣使報哀于遼。

三月丙子，遼遣使吊祭。

乙未，秉常上遼以其父遺物。

冬十月戊辰，〔一一〕遼册秉常爲夏國王。

十二月辛亥，夏遣使貢于遼。

二年七月乙丑朔，日有食之。

戊辰，夏國遣使如遼謝封册。

冬十一月戊申，〔一二〕夏遣使如遼，乞賜印綬。

六年冬十二月壬辰，〔一三〕夏遣使貢于遼。

九年春三月辛酉，遼太后殂。

癸亥，遣使報哀于夏。

戊寅，遼以太后遺物遺使遺夏。

夏六月，夏遣使如遼吊祭。

元豐二年冬十月戊戌，夏遣使貢于遼。〔一四〕

五年春二月己巳，〔一五〕夏國獲宋將張天一，〔一六〕遣使獻俘于遼。

夏六月丙辰，夏遣使貢于遼。

八年冬十月戊辰，夏國王秉常遣使于遼，報其母梁氏哀。

哲宗元祐元年冬十月丁亥，遼以夏國王李秉常薨，遣使詔其子乾順知國事。

十二月己亥，〔一七〕夏國王乾順遣使上其父遺物于遼。

三年秋七月丙辰，遼遣使册乾順爲夏國王。

四年夏六月，夏遣使如遼，謝封册。

紹聖二年冬十一月甲辰，夏國進貝多葉佛經于遼。

元符二年春正月己酉，遼詔夏國王李乾順伐拔思母等部。〔一八〕

冬十一月乙酉，夏國以宋罷兵遣使謝遼。

三年冬十一月戊子，夏國王乾順遣使于遼請尚公主。

徽宗建中靖國元年春正月，遼道宗殂，天祚即位。改元乾統。⑦

二月乙未，遣使告哀于夏。

夏六月丙申，〔一九〕夏遣使如遼慰奠。

冬十二月丁酉，夏遣使如遼賀。

崇寧元年夏六月丙午，〔二〇〕李乾順復遣使于遼請尚公主。

壬子，李乾順爲宋所攻，遣李造福、田若水求援于遼。

二年夏六月辛酉，乾順復遣使于遼請尚公主。

冬十月庚申，夏遣使求援于遼。

三年夏六月甲寅，夏復遣李造福、田若水如遼求援。

四年春正月乙亥，夏復遣李造福等至遼求援，且乞伐宋。

丁酉，遼遣樞密直學士高端禮等諷宋罷伐夏兵。

三月壬申，遼以族女南仙封成安公主，下嫁夏國王李乾順。

夏六月甲戌，夏遣使如遼謝及貢方物。

冬十二月己巳，夏復遣李造福、田若水求援于遼。

癸酉，宋遣林攄如遼議與夏約和。〔二一〕

五年夏六月辛巳，夏遣李造福等如遼謝。

冬十一月，宋與夏通好。⑧

大觀二年夏六月壬寅，夏李乾順以成安公主生子，使告于遼。

三年春三月戊午，夏以宋不歸侵地，復遣使告遼。

四年夏六月癸未，夏遣李造福等貢于遼。

政和元年夏六月戊戌，夏成安公主朝于遼。⑨

三年夏六月丙辰，夏國貢于遼。

西夏紀事本末卷二十八

校記

〔一〕觀察處置使：遼史卷一一興宗本紀作「州觀察處置等使」。

〔二〕三月：二字原脱，據遼史卷一二聖宗本紀及本書體例補。

〔三〕杜白：此同遼史卷一三聖宗本紀統和九年四月，卷一一五西夏外記作「李知白」。遼史卷一三聖宗本紀、卷一一五高麗外記均載，統和十三年（九九五）十月，高麗遣李知白來貢。疑遼史西夏外記載西夏使名或與高麗使名混淆。參見中華本遼史卷一一五校勘記三四。

〔四〕皇太妃：遼史卷一三聖宗本紀、卷八五蕭撻凜傳同。疑當作「王太妃」，參見中華本遼史卷一三校勘記七。

〔五〕李文貴：此同遼史卷一四聖宗本紀。遼史卷一一五西夏外記作「李文冀」。

〔六〕奏：原作「奉」，據遼史卷五〇禮志改。

〔七〕謝面：原作「面謝」，據遼史卷五〇禮志改。

〔八〕李延弘：原避清高宗乾隆皇帝弘曆名諱改作「李延宏」，據遼史卷一五聖宗本紀、卷一一五西夏外記回改。

〔九〕郭稹：原作「郭禎」，據長編卷一二八康定元年（一〇四〇）秋七月乙丑條、宋史卷三〇一郭稹傳改。

〔一〇〕嘉祐：原脱，據本書體例補。

〔一一〕戊辰：原作「戊申」，據遼史卷二一道宗本紀改。

〔一二〕十一月：遼史卷二一道宗本紀作「閏十一月」。

〔一三〕十二月：原作「十一月」，據遼史卷二三道宗本紀改。

〔一四〕遼：此字下原衍「五年六月夏遣使貢于遼」十字，與下文重復，今删。

〔一五〕五年：原作「八年」，係指大康八年（一〇八二），據本書體例改元豐「五年」。

〔一六〕張天一：此同遼史卷二四道宗本紀。長編卷三二八元豐五年（一〇八二）秋七月壬辰條作「張天翼」，遼史卷一一五西夏外記作「張天益」。

〔一七〕十二月：此三字原脱，據遼史卷二四道宗本紀、本書體例補。

〔一八〕母：此字原脱，據遼史卷二六道宗本紀、卷一一五西夏外記補。

〔一九〕六月：原作「四月」，據遼史卷二七天祚皇帝本紀改。

〔二〇〕六月：此二字原脱，據遼史卷二七天祚皇帝本紀補。

〔二一〕林攄：原作「林洙」，據綱目備要卷二七崇寧四年（一一〇五）五月條、宋史卷二〇徽宗本紀及卷三五一林攄傳改。

注釋

①遼聖宗封義成公主許婚并下嫁李繼遷事，遼史、宋史記載有異。遼史卷一一聖宗本紀繫許婚事於統和四年（九八六），卷一二聖宗本紀、卷一一五西夏外記繫下嫁事於統和七年（九八九）即宋太

宗端拱二年。宋史卷四八五夏國傳繫下嫁事於宋太宗雍熙三年即遼聖宗統和四年，據遼史，此當爲許婚時間而非正式下嫁時間。

②據遼史卷一三聖宗本紀、卷八二耶律德威傳，耶律德威於宋太宗淳化三年即遼聖宗統和十年（九九二）持詔至靈州詰繼遷。考諸史，繼遷舉兵大寇靈州始於太宗至道二年（九九六），於真宗咸平五年（一〇〇二）陷靈州，遂改州爲西平府，以之爲都。故淳化三年靈州尚屬宋，繼遷所居當仍在銀州，德威持詔所往之地當爲銀州而非靈州，遼史疑誤。

③吐蕃王奏事之事，遼史卷一六聖宗本紀繫於統和七年（一〇一八）閏四月。

④遼史卷一六聖宗本紀繫此事於冬十月。

⑤遼史卷一八繫此事於七月癸酉。

⑥夏遣使入遼時間，此同遼史卷一一五西夏外記。遼史卷二二道宗本紀繫於五月癸酉。

⑦改元乾統事，遼史卷二七天祚皇帝本紀繫於二月壬辰朔。

⑧宋夏通好事，遼史卷二七天祚皇帝本紀繫於十月。

⑨遼史卷二七天祚皇帝本紀繫此事於二年。

西夏紀事本末卷二十九

烏程張鑑春治甫著

遼人救援

元祐元年冬十月丁亥，遼遣使詔夏國王秉常子乾順知國事。時遼道宗大安二年也。

三年秋七月丙辰，遼遣使册李乾順爲夏國王。

四年夏六月甲寅，夏遣使如遼謝封册。

七年夏六月乙丑，夏國以朝廷屢次征伐，遣使乞援于遼。

紹聖三年冬十二月乙亥，夏遣使獻金明之俘于遼。

元符元年夏六月，夏遣使求援于遼。

冬十一月辛酉，復遣使求援于遼。時以嵬名阿埋及妹勒都逋見獲于章楶故也。

二年春二月甲申，夏人以國母喪，遣使來告哀，且謝罪。却其使。

戊子，鄜延鈐轄劉安敗夏人于神堆。夏人告敗于遼，以求援。

三月丙辰，遼人爲夏故來請緩師。遼主遣僉書樞密院事蕭德崇來爲夏人議和，〔一〕仍獻玉帶。蕭德崇等見上，遂言：「北朝皇帝敢告南朝皇帝，西夏事早休得，即甚好。」上令答之曰：「西人累年犯順，理應討伐，何故遣使？」德崇等唯唯而退。其國書略曰：「粤惟夏臺，實乃藩輔。累承尚主，迭受封王。近歲以來，連表馳奏，稱南兵之大舉入西界，以深圖懇求救援之師，用濟攻伐之難。理當依允，〔二〕事貴解和。蓋遼之于宋，情重祖孫；〔三〕夏之于遼，義隆甥舅。必欲兩全于保合，豈知一失于綏存？而況于彼慶曆、元豐中，會有披聞，皆爲止退。寧謂輒違先旨，仍事遠征。儻蔽議以無從，慮造端之有自。」因詔遣郭知章報聘。築環慶定邊城。

夏四月辛卯，遼泛使蕭德崇回復，書曰：①「載書藏府，固和好于萬年；使節馳軺，達誠心于二國。既永均于休戚，宜共嫉夫凶奸。惟西夏之小邦，乃本朝之藩鎮。曲加封植，俾獲安完。〔四〕雖于北嘗豫婚姻之親，而在南全居臣子之分。函容浸久，變詐多端。爰自累歲以來，無復事上之禮，賜以金繒而不已，加之封爵而愈驕。殺掠吏民，圍犯城邑。推原罪惡，在所討除。聊飭邊防，稍修武事。築據要害，扼控奔衝。輒于去歲之冬，復驅竭國之衆，來攻近塞，凡涉兩旬。自取死傷，數以萬計。糧盡力屈，衆潰宵歸。更爲詭誕之詞，往求拯救之力。狡猾之甚，于此可知。采聽之間，固應洞曉。必謂深加沮却，乃煩曲爲勸和。示以華緘，將之聘幣。禮雖形于厚意，事實異于前聞。緬料雅懷，誠非得已。顧于信誓，殊不相關。惟昔興宗，致書仁祖，諭協力蕩平之意，深同休外禦之情。至欲全除，使無噍類。謂有稽于一舉，誠無益于兩朝。祖宗詒謀，斯爲善美。子孫繼志，其可弭忘。今者詳味縟詞，有所未諭。輒違先旨，諒不在兹。如永念于前徽，宜益敦于大信。相期固守，傳示無窮。矧彼夏人，自知困蹙。哀祈請命，屢叩邊關。已戒封疆之臣，審觀情僞之狀。儻或徒爲空語，陰蓄奸謀，暫示柔伏之形，終懷窺伺之志，則決須討伐，難議矜容。若出自至誠，深悔前罪，所言可信，聽命無違，即當徐度所宜，開以自新之路。載惟聽達，必亮悃悰。方屬清和，冀加葆嗇。續遣使人，諮謝以次。〔五〕」

又回劄子曰：「夏國自李繼遷之後，建國賜姓，莫非恩出當朝，所有畺土，并是當朝郡縣之地。昨自元豐以來，累次舉兵犯塞。中間亦曾赦其罪戾，加以封册，許令朝貢，兼歲賜金帛，又遣官與之分畫疆界。而狡詐反覆，前來于陝西、河東作過不一，無非母子同行，舉國聚兵，〔六〕攻圍州軍城寨。去冬，又于涇原路攻打城寨近二十日，攻城之人，被殺傷者不啻萬數。勢窮力屈，方肯遁歸，比之日前愆過，不爲不重。以此逐路邊臣，〔七〕各須出兵，討逐捍禦。及于控扼賊馬來路，修築城寨，禦其犇衝。夏人自知罪惡深重，乃更構造詭詞，飾非文過，于告北朝，求爲救助。緣南北兩朝，百年和好，情義至厚，有同一家。夏國犯順，罪惡如此，在北朝所當共怒。

「兼詳慶曆四年，興宗皇帝致書仁宗皇帝云：『蠢爾元昊，早負貴朝。疊遣林牙，齎詔問罪，尚不悛心。近誘過邊民二三百户。今議定秋末親領師徒，直臨賊境。』又云：『恐因北軍深入，却附貴朝。或再乞稱臣，或依常作貢。緬惟英晤，勿賜允從。』又慶曆五年，書云：『元昊縱其凶黨，擾我親鄰，屬友愛之攸深，在蕩平之亦可。』又云：『藩服亂常，式貢修之不謹；親鄰協力，務平定以斯宜。〔八〕』又皇祐元年，再報西征云：『元昊伺窺邊事，特議討除，再幸邊方，欲殲元惡。而夏國馳告，元昊云亡。嗣童未識于矜存，狡佐猶懷于背誕。載念非緣逃户，可致親征。熟料凶頑，終合平蕩。苟有稽于一舉，誠無益于兩朝。』至皇祐二年，報西征回則云：『爰自首秋，親臨寇境。先驅戰艦，直濟洪河。尋構浮梁，洎成戍壘。六軍蓄鋭，千里鼓行。』又云：『專提騎旅，徑趣梟巢。郡牧貨財，〔九〕戈甲印綬。廬帳倉敖，駝橐之餘，焚燒殆盡。蟄毒尋挫，噍類無遺。非苟竄殘，全除必去。〔一〇〕』又云：『兼于恃險之津，已得行軍之路。時加攻擾，日蹙困危。雖悔可追，不亡何待？』」

「載想同休之契，頗協外禦之情。深惟北朝興宗皇帝惇篤歡和，〔一一〕情義兼致。方夏人有罪，則欲協力討除，及西征勝捷，則馳書相慶。慮彼國稱臣修貢，則欲當朝勿賜允從。今來兩朝歡好歲久，契義日深，在于相與之心，宜有加于前日。今乃以夏人窮蹙之故，詭詞干告，既移文計會，又遣使勸和，恐與昔日興宗皇帝書義稍異。况所築城寨，并無與北朝邊界相近之處，即非有違兩朝信誓。必料北朝臣寮，不曾檢會往日書詞及所立誓約。子細聞達，尋具進呈奉旨。據夏人累年于當朝犯邊作過，理合討除，况今來旨，〔一二〕是驅逐備禦，于兩朝信誓，及久來和好，殊不相干。兼夏人近以事力困窮，見累次叫關諭命，且云國母喪亡，奸臣授首，欲遣使告哀謝罪。緣夏國久失臣節，未當開納，今以北朝遣使勸和之故，見令邊臣與之商量。及緣夏人前來，曾一面請款，〔一三〕一面犯邊，慮彼當計窮力屈之時，暫爲恭順，以緩我邊。備候邊臣審察，見得情僞，若依前狡詐，内蓄奸謀，俟後少蘇，復來作過，則理須捍禦，及行討伐。若果是出于至誠，服罪聽命，亦當相度應接，許以自新。〔一四〕」初，德崇堅乞國書内增「退休兵馬，還復土畺」等語，往復議論，卒不從。德崇留京師，凡三十七日乃歸。

丁酉，築威羌城。

戊戌，築鄜延、河東路暖泉、烏龍寨。章惇乞退，遂徑出居僧舍。其家已先出，帝乃令約攔行李，勿受惇乞解機務章奏。

夏五月，以進築畢功赦陝西、河東。先是，夏人三遣使至鄜延，而諜言「梁氏之死，乃北遼遣人酖殺之，使乾順自理國事」。呂惠卿以謂：「若誠有之，則北朝欲西人之歸已可知。我若應答太迂，所求難與，則是怒彼以堅之北歸，而畫河爲界，必無聽從之理。」乃上疏曰：「兩敵之所以在河外者，以有河南爲之限；所以有河南者，以有橫山爲之阻。今若畫河爲界，則皆失之彼，豈不思一葦可渡而據山之險。他路臣不能知，如本路所築九寨與暖泉、金湯二寨，幸皆就緒。東西殆千里，而新築之外，更拓二三十里以爲堡鋪，則形勢膏腴，占據殆盡。乾順因其母死，歸咎奸臣，殺之以謝罪，而請入貢，則我雖未能一舉而覆巢穴，然自有國以來，用兵西方，未有如今日之盛也。」

是春，夏人又四遣使來，其詞滋恭。朝廷亦得其近土首領，道其密謀，以爲急則納土北歸。遂命呂惠卿説諭，漸示接納之意。

庚戌，築鄜延金湯城。

癸亥，建西安州及天都等寨。

六月庚辰，賜蘭會州新寨名會川城。〔一五〕

甲午，賜環慶路之字平。〔一六〕

戊戌，築定邊、白豹城訖工。

秋九月庚子朔，夏人來謝罪。樞密院言，西人近寇涇原，狼狽遁歸，計窮請命，理難便收，假令異日許和，亦當畫河爲界。既而遣使三至，乃詔呂惠卿諭以謝表止是虛文，若將首謀二人先執以獻，方敢受表。

冬十二月庚子，②夏人屢敗，遣其臣令能嵬名濟等來謝罪，且進誓表，略曰：③「伏念臣國起禍之基，由祖母之世。蓋大臣專僭竊之事，〔一七〕故中朝興吊伐之師。〔一八〕今母氏殂殞，〔一九〕奸臣誅竄，故得因馳哀使，附上謝章。願追列祖之前猷，特賜曲全之大德。仍通常貢，獲紹先盟。」

丁未，詔曰：④「敕夏國主乾順：省所上表。具悉。爾國亂常，歷年于此。迨爾母氏，復聽奸謀，屢興甲兵，擾我疆埸。天討有罰，〔二〇〕義何可容？今凶黨殲除，爾既親事，而能抗章引慝，冀得自新。朕嘉爾改圖，姑從矜貸。已指揮諸路經略司，令各據巡綽所至處明立界至，并約束城寨兵將官，如西人不來侵犯，即不得出兵過界。爾亦當嚴戒緣邊首領，毋得侵犯邊境。候施行訖，遣使進納誓表，當議許令收接。」至是來上誓表，有「飭畺吏而永絶争端，誡國人而常遵聖化。若違兹約，則咎凶再降。儻背此盟，則基緒非延」等語。

壬寅，答詔曰：⑤「爾以凶黨造謀，數干邊吏，而能悔過請命，祈紹先盟。爾之種人，亦吾赤子，措之安靖，乃副朕心。嘉爾自新，俯從厥志。爾無爽約，朕不食言。所宜顯諭國人，永遵信誓。除畺界并依已降詔旨，以諸路人馬巡綽所至已立界堠之處爲界，兼邈川青唐已係納土歸順，各有久來界至，今來并依漢界。及本處部族有逃叛入夏國者，即係漢人。并其餘應約束事件，一依慶曆五年正月二十二日誓詔施行。自今後恩禮歲賜，并如舊例。」自是西陲之民少安。

是歲，夏改元永安。

三年夏，帝崩，徽宗登極，賜夏國主銀絹詔曰：⑥「詔夏國主：朕欽承駿命，嗣守丕基，眷西土之世臣，實本朝之蕃衍。宜推慶賜，昭示寵恩。今差左藏庫副使李昭珙賜登極銀絹，具如别録，至可領也。故兹詔示，想宜知悉。夏熱，比平安好否？書指不多及。」

冬十月，賜夏國主曆日詔曰：⑦「詔夏國主：朕始承天命，恭授人時。眷言西陲，世稟正朔。乃前嗣歲，誕布新書。俾我遠民，咸歸一統。尚遵時令，益楙政經。今賜元符四年曆日一卷，至可領也。故兹詔示，想宜知悉。冬寒，比平安好否？書指不多及。」

冬十二月，又賜進登位土物回詔曰：⑧「西夏國主，省表具所賀登位，〔三〕并差人進奉御馬一十匹、長進馬二百匹、駝一百頭事。具悉。朕丕承七聖，光宅萬邦，眷西土之世臣，效本朝之貢職。黄朱布乘，陪隸在廷。備見悃誠，彌嘉恭恪。其差來人所賜物色，亦具賜目。故兹詔示，想宜知悉。冬寒，比平安好否？書指不多及。」

校記

〔一〕蕭德崇：宋大詔令集卷二三二作「蕭崇」。

〔二〕依允：此同長編卷五〇七元符二年（一〇九九）三月壬戌條、宋會要蕃夷二之三〇。宋會要兵八之三四作「告急」。

〔三〕情：此同長編卷五〇七元符二年（一〇九九）三月壬戌條、宋會要蕃夷二之三〇。宋會要兵八之三四作「親」。

〔四〕安完：長編卷五〇九元符二年（一〇九九）夏四月辛卯條作「安全」。

〔五〕以：宋大詔令集卷二三三無此字。

〔六〕聚兵：長編卷五〇九元符二年（一〇九九）夏四月辛卯條作「稱兵」。

〔七〕邊臣：長編卷五〇九元符二年（一〇九九）夏四月辛卯條作「邊城」。

〔八〕斯宜：長編卷五〇九元符二年（一〇九九）夏四月辛卯條作「永綏」。

〔九〕郡牧：長編卷五〇九元符二年（一〇九九）夏四月辛卯條作「群物」。

〔一〇〕去：宋大詔令集卷二三三、長編卷五〇九元符二年（一〇九九）夏四月辛卯條均作「矣」。

〔一一〕歡：原作「勸」，據宋大詔令集卷二三三改。

〔一二〕來旨：長編卷五〇九元符二年（一〇九九）夏四月辛卯條作「來止」。

〔一三〕一面請款：宋大詔令集卷二三三又回札子無此四字，長編卷五〇九元符二年（一〇九九）夏四月辛卯條作「一面修貢」。

〔一四〕自新：此同長編卷五〇九元符二年（一〇九九）夏四月辛卯條。宋大詔令集卷二三三又回札子此二字下有「之路」二字。

〔一五〕會川：原作「會州」，據長編卷五一一元符二年（一〇九九）六月庚辰條、宋史卷一八哲宗本紀改。

〔一六〕之字平：長編卷五一一元符二年(一〇九九)六月甲午條此三字下有「城名曰龍平關」六字。宋史卷一八哲宗本紀此三字下有「曰清平關」四字。

〔一七〕專：原作「等」，據長編卷五一五元符二年(一〇九九)九月庚子條改。

〔一八〕吊：原作「平」，據長編卷五一五元符二年(一〇九九)九月庚子條改。

〔一九〕今：長編卷五一五元符二年(一〇九九)九月庚子條此字下有「又」。

〔二〇〕罰：宋大詔令集卷二三六作「罪」。

〔二一〕所：宋大詔令集卷二三六作「之」。

注　釋

① 此詔令即宋大詔令集卷二三二答契丹勸和西夏書。

② 據長編卷五一五元符二年(一〇九九)九月庚子條、卷五一九元符二年十二月庚子條，夏國進誓表事在十二月壬寅。

③ 以下所載誓表表文乃九月庚子所進。

④ 此詔令即宋大詔令集卷二三六賜夏國詔，繫於九月丁未。

⑤ 此詔令即宋大詔令集卷二三六答夏國詔。

⑥此詔令即宋大詔令集卷二三六登極賜夏國主銀絹詔。

⑦此詔令即宋大詔令集卷二三六賜夏國主并南平王李乾德曆日詔。

⑧此詔令即宋大詔令集卷二三六賜夏國主進登位土物回詔。

西夏紀事本末卷三十

烏程張鑑春治甫著

二蔡構釁

元符三年春三月，王贍留鄯州，縱所部剽掠，羌衆携貳。森摩等結諸族帳謀反，〔一〕贍擊之，悉捕斬城中，羌積級如山，詔棄鄯、湟州。初，王贍諷諸羌酋籍勝兵者皆涅其臂，無應者。籛羅結請歸帥本部爲倡，贍聽之去，遂嘯聚數千人圍邈川，夏衆十萬助之，〔二〕城中危甚。苗履、姚雄帥所部來援，圍始解。

徽宗崇寧元年，夏改元貞觀。

二年夏五月，王厚與童貫及諸將議曰：「南宗寨在州之北，距夏國卓羅右廂監軍司百里，〔三〕而近夏人，交構諸羌，易生邊患。今若城之，可以控制夏人。」

三年春三月壬寅，童貫、王厚帥大軍發熙州，遣知通遠軍潘逢權領湟州，知會州姚師閔權領蘭州，控禦夏國邊面。

夏四月庚午，王厚過湟州并夏國東南境上，耀兵巡邊。

秋九月。初，蔡京使王厚招夏卓羅右廂監軍仁多保忠。厚言：「保忠雖有歸意，而下無附者。」章數上，不聽。京責厚愈急，厚乃遣弟詣保忠，還，爲夏邏者所獲，遂追保忠赴牙帳。厚以「保忠縱不爲夏所殺，亦不能復領軍政，使得之，一匹夫耳，何益于事」，京怒，令以金帛招致之。夏乃點兵延、渭、慶三路各千騎出没，〔四〕聲言假兵于遼。而朝廷用京計，又命西邊能招致夏人者，毋問首從，賞同斬級令。陶節夫經制陝西、河東五路，在延安大加招誘，夏主遣使巽請，皆拒之。又令殺其放牧者。夏人遂入鎮戎，略數萬口而去。既而又遣渭州蕃落兵士翟勝持檄抵鎮戎軍城下，自稱詰斥蔡京、蔡卞主權，故京、卞必欲舉兵討之，實因此檄也。于是羌酋溪賒羅撒居臨哥城，誘夏國入寇，合兵逼宣威城下塞，知鄯州、隴右都護高永年用知河州劉仲武爲統制，發五萬人禦之，出西寧城，未三十里而賊至，仲武欲持重固壘，永年易賊迎戰，遂大敗。永年帳下親兵皆所招納蕃部熟户也，遽執永年以叛。多羅巴謂其下曰：「此人奪我國，使我宗族漂落無處所。」遂殺之，探其心肝以食焉。已而溪賒羅撒羌衆復焚大通河橋以叛，新壘大震。事聞，帝怒，親書五路將帥劉仲武等十八人姓名，敕御史侯蒙往秦州逮治，〔五〕仲武亦引咎自劾，長流嶺表。命未下，會復與夏人戰，傷足，帝閔之，免赴貶所。

四年春閏二月，夏屢遣使請昏于遼。至是，遼封族女爲成安公主嫁夏國王李乾順。遼、夏以鐵錢爲兵器，若雜以錫、鉛，則脆而不可用。〔六〕詔從之。

三月，夏遂乘勝犯熙河。城中羸卒僅四千，城主楊維忠以便宜發常平錢募敢死士。虜有善礮者，所擊樓櫓摧折，維忠以一矢殪之，賊大駭，乃開門出敢死士接戰。時韓世忠在行間，夏以重兵次蒿平嶺，世忠出間道，部敢死士死鬥。一騎士鋭甚，問知爲駙馬兀哆，世忠手斬之而還。樞密院言，鄜延路經略司奏已收復銀州，乞賜名，詔依舊。先是，陶節夫議出師城銀州，官屬皆不願至，有引永樂事以争者。又曰：「夏人東出不過至麟、府，此去不逾旬，奈何？」節夫曰：「我計之熟矣。夏人必西趨涇原，諸君不我從，當以二子與士卒同死生。」遂選耿彦端爲都統制，而節夫二子隨行，疾驅至銀州。夏衆來拒者猶萬人，我師既陣，一擊而敗，遂城之，五日而畢。夏人果趨涇原，擾蕭關築事，洎聞城銀州，亟引兵來争，城成已幾月矣。事聞，節夫、彦端各遷一官。

是月，夏人攻塞門寨。

夏四月辛未，遼遣其簽書樞密院蕭良來爲泛使，〔七〕言：「朝廷出兵侵夏國，今兹大遼以帝妹嫁夏國主，請還所侵夏地。」又遣樞密直學士高端禮來聘，并爲夏人請罷兵也。蔡京謂虜書悖慢，答書甚峻，上令易之，曰：「夷狄當示包容。今西邊方用兵，不宜開北隙。」遣翰林學士林攄報之。

戊寅，夏寇臨宗寨。

己丑，夏人寇順寧寨，鄜延路第二副將劉延慶擊破之，生擒賞屈，并熙河招到僞王子益麻党征。①復攻湟州北蕃市城，知州辛叔獻等擊却之。

冬十一月，林攄使遼。因蔡京密諭見遼主，跪上國書，仰首曰：「夏人數寇邊，朝廷興師問罪，以北朝屢遣講和之使，故務含容。今踰年不進誓表，不遣使賀天寧節，又築虎徑嶺、馬練川兩堡，侵寇不已，北朝若不窮詰，恐非所以踐歡和之意也。」

五年春正月辛丑，②遼又遣知北院樞密使事蕭得里底、〔八〕知南院樞密使事牛温舒來諷歸所侵夏地。〔九〕

三月乙卯，許夏人平，廢銀州爲銀川城，罷五路經制司，徙陶節夫知洪州。

秋七月，夏人納款。李乾順奉表謝罪，詞極恭順，答詔略曰：「除先朝所畫之疆，損崇寧新取之地。」時知樞密院張康國奏：「詔内難爲帶北朝遣使和解之語。」上曰：「北朝于夏國以此爲恩，若不言及，疑中國不信。」乃詔夏國：「其城堡，誓表至則賜之。」夏又言，故事地界先定，載于誓言，所以守之也。未肯進誓表。

八月，以與夏通好，遣禮部侍郎劉正夫如遼報聘。

大觀二年夏五月，以復洮州功，賜蔡京玉帶。

六月甲午，以平夏城爲懷德軍。

冬十二月，夏人入貢。秦州觀察使、知府州折克行沈勇有力，在邊三十三年，〔一〇〕戰功最多，夏人畏其威名，號「折家父」。

四年春正月丁卯，夏人入貢。

西夏紀事本末卷三十

校記

〔一〕等結諸族：原作「結等諸侯」，據宋史紀事本末卷四一熙河之役改。

〔二〕十萬：此同宋史卷四九二瞎征傳。長編卷五一六元符二年（一〇九九）閏九月壬辰條作「十餘萬」，宋史卷四八六夏國傳作「數萬」。

〔三〕監軍：原作「監庫」，據下文及宋史卷四八六夏國傳改。

〔四〕千騎：宋史卷四八六夏國傳作「數千騎」。

〔五〕秦州：原作「秦川」，據綱目備要卷二七、宋史紀事本末卷四〇西夏用兵改。

〔六〕遼夏以鐵錢爲兵器若雜以錫鉛則脆而不可用：此十九字原出續資治通鑑卷八九，但與本處上下文均無關聯，疑衍。

〔七〕簽書：原作「僉書」，據契丹國志卷一〇天祚皇帝、綱目備要卷二七改。

〔八〕事：此字原脱，據遼史卷二七天祚皇帝本紀、卷一〇〇蕭得里底傳補。

〔九〕事：此字原脱，據遼史卷二七天祚皇帝本紀、卷八六牛温舒傳補。

〔一〇〕三十三：宋史卷二五三折克行傳作「三十」。

注釋

①「益麻党征」又音譯作「尼瑪丹津」。中興小紀卷一、文獻通考卷三三五等載，宋朝曾賜益馬党征名「趙懷恩」。

②蕭得里底、牛温舒使宋，遼史卷二七天祚皇帝本紀、卷一一五西夏外記繫於宋崇寧五年即遼乾統六年（一一〇六），卷一〇〇蕭得里底傳繫於宋崇寧三年即遼乾統四年（一一〇四），卷八六牛温舒傳繫於宋崇寧四年即遼乾統五年（一一〇五），紀、傳互異。

西夏紀事本末卷三十一

烏程張鑑春治甫著

橫山進築

政和元年秋九月，童貫既得志于夏，遂并輕遼。

三年夏六月丙辰，夏國貢于遼。

政和四年冬十二月，以童貫爲陝西經略使。初，環慶蕃將李遇昌及其父環州定邊大首領夏人李訛哆，〔一〕以書遺其國統軍梁哆唛曰：「我居漢二十七年，〔二〕每見糧草轉輸，例給空券，方春末秋初，士有飢色。若徑擣定邊，唾手可取。既得定邊，則旁十餘城不攻而下矣。我儲穀累歲，掘地藏之，大兵之來，斗糧無齎，可坐而飽也。〔三〕」哆唛遂以萬人來迎。轉運使任諒先知其謀，募兵盡發窖穀，哆唛圍定邊，失所藏。越七日，訛哆遂以其部萬餘歸夏。①夏主築臧底河城，故詔童貫爲經略以討之。

五年春正月，童貫遣熙河經略使劉法將步騎十五萬出湟州，秦鳳經略使劉仲武將兵五萬出會州，貫以中軍駐蘭州，爲兩路聲援。仲武至清水河，築城屯守而還。法與夏右厢軍戰于古骨龍，大敗之，斬首三千餘級。兵馬鈐轄趙隆以奇兵搗之，虜大潰。

二月庚午，以童貫領六路邊事。時永興、鄜延、環慶、秦鳳、涇原、熙河各置經略安撫司，以貫統領之，于是西兵之柄，皆屬于貫。

三月，夏人寇邊。

秋九月，王厚與劉仲武合涇原、鄜延、環慶、秦鳳之師攻夏臧底河城，敗績，死者十四五，秦鳳等三將全軍萬人皆没。厚懼，重賂童貫，匿不以聞。未幾，夏人深入，過定邊軍，築城佛谷口，名洪夏軍。知西安州种師道率衆往平之。師初臨城，渴甚，師道指山之西麓曰：「是當有水。」命工求之，得水滿谷，夏人以爲神。時姚平仲年十八，從從父在軍，斬獲甚衆，賊不能支，軍中號之爲「小太尉」。夏人大掠蕭關而去。

冬十月戊午，夏人入貢。

是歲，夏改元雍寧。

六年春正月，童貫使劉法、劉仲武合熙、秦之師十萬攻夏仁多泉城。城中力守，援不至，乃降，法受而屠之。又使知渭州种師道節制諸道兵，往城席葦平，方庀工，而賊坌至，據瓠蘆河堅壁老我師。師道陣河滸，若將決戰者，使人揚言曰：「援兵至矣。」賊方疑顧，而楊可世潛軍其後，姚平仲以精甲衷擊之，賊大潰，斬首五千級，〔四〕獲橐駝、馬、牛萬計，其酋僅以身免，卒城而還。又詔師道率陝西、河東七路之師，征臧底河城，期以一旬必克。既薄城下，虜守備甚飭。官軍稍怠，小校有據胡牀自休者，〔五〕立斬之，尸于軍門。令諸將曰：「今日城不下，當視此。」衆股栗，既而登城，即潰去。師道，世衡之孫也。

冬十一月，夏大舉攻涇原靖夏城。時久無雪，夏先使數萬騎繞城踐之，塵起漲天，乃潛穿濠爲地道入城中，城遂陷，屠之而去。

七年春，都統制种師道與殿前劉延慶、步軍劉仲武出蕭關，夏人棄永和、割沓兩城而遁。〔六〕師及鳴沙，無所見而還。以師道爲保靜軍節度使。

秋七月壬辰，熙河、環慶、涇原地震，旬日不止，壞城壁廬舍，居民壓死者甚衆。夏人圍丁星原。築平陽、瞎令古、仁多泉及靖夏、制戎、伏羌等城。

重和元年春二月，夏人寇邊，將官張迪死之。

宣和元年春三月，童貫出師收割牛城，至蕭關古骨龍寨，斥池置烽燧，扼據要害，謂可制賊死命。逼使熙河經略使劉法取朔方，法不欲行，貫强遣之曰：「君在京師時，親受命于上前，自言必成功，今乃以難告，何也？」法不得已，乃引兵二萬出。至統安城，遇夏主弟察哥率步騎爲三陣，以當法前軍，而别遣精騎登山出其後。大戰移七時，前軍楊惟忠敗入中軍，後軍焦安節敗入左軍，朱定國力戰，自朝至暮，兵飢馬渴，死者甚衆，法乘夜遁。比明，走七十里，至盍米峗，〔七〕守兵追之，法墜崖折足，乃斬首而去。是役也，喪師十萬，貫隱其敗而以捷聞，使百官入賀，議者切齒而莫敢言，受賞者數百人，關右爲之擾然。察哥見法首，惻然語其下曰：「劉將軍前敗我于古骨龍、仁多泉，吾嘗避其鋒，〔八〕謂天生神將，豈今日爲一小卒梟首哉。其失在恃勝輕出，不可不戒。」遂乘勝圍震武。震武在山峽中，熙、秦兩路不能餉，自築城三歲間，知軍李明、孟清皆爲夏所殺。至是，城又將陷。時陝西轉運使劉韐攝帥事，出奇兵敗之，圍乃解。察哥曰：「勿破此，留作南朝病塊。」遂自引去。時諸路所築城寨皆不毛，夏所不爭之地，而關輔爲之蕭條矣。夏人來言，國主願納款謝罪，人疑其詐。韐謂：「兵興累年，中國尚不能支，況小邦乎？此實情也，何疑哉？」即受其使，因密疏以聞，朝廷許其自新。

夏四月丙子朔，日有食之。

庚寅，童貫以种師道、劉仲武、劉延慶將鄜延、環慶兵入西界，至蕭關大破夏人，取永和寨、割踏寨、鳴沙，〔九〕平其三城。又破于震威城。〔一〇〕

辛丑，進輔臣官一等。

五月丙辰，敗夏人于震武。〔一一〕

六月己亥，夏人遣使納款，詔童貫六路罷兵。初，夏人恃横山諸族帳强勁善戰，故用以抗中國。慶曆間，姚嗣宗首發收横山之議，范仲淹用之，既而元昊納款。元豐間，种諤亦以爲言，故興靈州之師。及王師失利之後，李憲始獻進築之議。神宗厭兵，不克行。童貫本出憲之門，欲成憲志。政和以來，合諸路兵出塞進築，遂得横山地。夏國失所恃，乃因遼人納款請和，且以誓表進，許之。前所未有也。

秋七月甲寅，以童貫爲太傅。夏人之納款也，童貫因關右既困，實諷之使來。及夏遣使來賀天寧節，授以誓詔，夏使辭不取，貫不能屈，但嚴迫館伴强之。使持還，及境，棄之道中而去。延安帥賈炎得而表上之，〔二〕貫始大沮。尋加太傅，封涇國公。

西夏紀事本末卷三十一

校記

〔一〕定邊：此處及本段下文「若徑擣定邊」「既得定邊」「哆唛圍定邊」三句之「定邊」原皆作「定遠」，均據中華本宋史卷四八六校勘記一八改。

〔二〕二十七：宋史卷四八六夏國傳作「二十」。

〔三〕坐：原作「至」，據宋史卷四八六夏國傳、江蘇本改。

〔四〕五千：宋史卷三三五种師道傳作「五十」。

〔五〕小校：宋史卷三三五种師道傳作「列校」。

〔六〕割沓：本卷下文又作「割踏」。

〔七〕米：宋史卷四八六夏國傳作「朱」。

〔八〕吾嘗避其鋒：此同宋史紀事本末卷九西夏用兵、資治通鑑後編卷一〇〇。宋史卷四八六夏國傳「嘗」作「常」。

〔九〕沙：此字原脱，據東都事略卷一〇七种師道傳、卷一二八西夏傳補。

〔一〇〕城：原作「軍」，據宋史卷四八六夏國傳改。

〔一一〕震武：原作「靈武」，據宋史卷四八六夏國傳改。

〔一二〕賈炎：原作「賈琬」，據宋史卷二八五賈昌朝傳附賈炎傳、卷四八六夏國傳改。

注釋

①李訛哆叛宋事，十朝綱要卷一七繫於政和六年（一一一六）二月、三月。

西夏紀事本末卷三十二

烏程張鑑春治甫著

武朔來歸

宣和二年，遼天慶十年、金天輔四年也。是歲，夏改元元德。

四年夏六月，夏王使李良輔將兵三萬救遼。金將斡魯、婁室敗之于宜水，〔一〕追至野谷，澗水暴至，夏人漂没者不可勝計。

是月，遼主耶律淳殂，遼人立其妻蕭氏爲皇太后。〔二〕

秋七月辛未，夏國遣使如遼，問遼主起居。

八月，金阿骨打追襲天祚于國崖，擒其都統蕭規，天祚脱身去。及夏國引兵數萬襲天德軍，阿骨打遣偏師七千擊破之。

五年夏五月，夏主李乾順遣使請遼主臨其國，遼主從之。中軍都統蕭特烈等切諫，不聽。遂渡河，次于金肅軍北，遣使册乾順爲夏國皇帝。人情惶懼，不知所爲。特烈陰謂耶律兀直曰：〔三〕「事勢如此，億兆離心，正我輩效節之秋，不早爲計，奈社稷何？」乃共劫遼主第二子梁王雅里，走西北部，三日遂立爲帝，改元神曆。金遣使如夏，時斡离不趨天德，聞夏迎護遼主，遼主已渡河，乃遺書于夏，使執送遼主，且許割地。

六年春正月甲戌，夏遣把里公亮奉誓表，請以事遼之禮稱藩于金，且受割賜之地。黏没喝承制，割下寨以北、陰山以南、乙室邪剌部吐禄濼西之地與之。自是兩國信使不絶。

三月辛未，夏國王李乾順進誓表于金。

閏月戊寅朔，金賜夏國誓詔。

辛巳，命置驛上京春、泰之間。

秋七月，遼主延禧復渡河，居于突吕不部。

八月乙卯，譚積罷，復以童貫領樞密院事、兩河燕山路宣撫使。初，金人以拓跋故地雲中二千里遺夏，止以武、朔二州來歸。至是，夏人舉兵侵武、朔二州地界，宣撫使譚積遣李嗣本禦之，兵數交，夏人未退聽。又金人以朝廷納張瑴不給糧，遂攻蔚州，殺守臣陳詡，陷飛狐、靈邱兩縣，逐應州守臣蘇京等，絶山後交割意。朝廷罪積措置乖方，詔致仕，以貫代之。貫約遼主延禧來降，自往迎之。

七年春正月癸酉朔，夏遣使如金賀。

乙未，夏遣使如金奠幣及賀即位。

冬十月壬子，夏遣使如金賀天清節。

己酉，金以宗翰經略西夏。

欽宗靖康元年春，金遣使宗翰如夏，①許割天德、雲内、金肅、河清四軍及武州等八館之地，約攻麟州，以牽河東之勢。

夏四月戊戌，夏人因金兵克朔州，亦應粘罕之約，遂由金肅、河清軍渡河，乘虛盡取天德、雲内、河東八館之地，因攻震威城。攝知城事、兵馬監押府谷朱昭募驍鋭兵卒千餘人，夜縋兵分數隊，身先士卒，驅衆直薄其營，鼓噪乘之。夏酋悟兒思齊介胄持干盾，〔四〕邀昭曰：「大金約我夾攻，自河以北大金得之，自河以西我國得之，京師、太原旦暮且下，麟、府諸壘悉已歸我，公何恃而不降？」答曰：「新君即位，聖政日新，汝輩未知耶？」乃宣登極詔書示之，衆皆眙愕，城上鼓噪，賊軍驚亂。震威距府州三百里，最爲孤遠。諸城既先下，賊怒獨不得昭，遂約金人并力來攻。降將有與昭故人者，語之曰：「天下事已矣，忠安所施？」昭曰：「食人之禄，死人之事。汝既背義偷生，不異犬彘，尚敢以言誘我乎？今日我惟有死耳！」因大駡，矢石亂下，賊衆散走。然賊晝夜攻城不止，後二日，城有攻摧處，昭智思出入，禦之皆得法，衆莫不恫懼。已而下城，坐于廳事，召諸軍議曰：「城且破，妻子不可爲賊汙，汝等幸先殺我家，出城血戰，勝則迤邐西圖大功，不勝則暴骨吾境内，大丈夫平生事畢矣。」因盡殺其家人，納之井中。部將賈宗望母過前，〔五〕昭呼曰：「媪，我鄉人也，吾不欲手刃，請自入井。」媪從之。而軍士有家屬在城中者，亦皆自殺之。昭因謂其衆曰：「我與汝輩俱無累矣！倘我先死，汝有得脱者，願馳至府谷，言我今日事。」會部落子有陰與賊通者，告之曰：「朱昭與其衆各殺其妻子，將出戰，人雖少，皆死士也。」賊大恐，以利啗守陴者，果得登城。昭知之，勒軍士于通衢接戰，自暮達旦，尸填街不能行。遂于城所摧處躍馬出，馬蹶墮城壕中，賊兵四集雷噪曰：「得朱將軍矣！」賊始欲生致昭，昭瞋目仗劍，〔六〕無一人敢向者，既知不可得，矢争發，昭駡賊而死，年四十六。昭字彦明，〔七〕在震威能與士卒同甘苦，以是士心感奮，凡圍百日而城陷。既而粘罕遣將希尹以數萬騎陽爲出獵，奄至天德，逐夏人，復奪夏國所割天德、雲内、河東八館、武州，于是絶好。惟金肅、河清二軍在大河西，不能取之。夏人請和，金人執其使。

秋九月，夏人陷西安州。

冬十月甲辰朔，夏遣使如金謝誓詔。

丁未，〔八〕夏遣使如金賀天清節。

十一月丙寅，夏人陷懷德軍。初，經略使席貢按：南宋書作「席貫」。牒知懷德軍劉銓，銓奉檄即日就道。夏人素聞銓名，乃屯兵綿亘十里而圍之。銓晝夜修戰守之備，賊百計攻城，銓悉以術破之。後矢盡糧絶，銓度力不支，乃同通判杜翊世聚焚府庫，環牙兵爲三匝，出戰譙門中，官軍殲焉。翊世同妻張氏義不受辱，遂火其室，舉家死于烈焰中，翊世自縊死。銓欲自裁，已爲敵所執，夏太子遣人置之别室，將官之。銓罵曰：「我寧死，顧肯降賊耶！我苟不死，决不貸汝！」遂遇害。契丹故將小鞠𧁀者，自其國滅，奔于西戎，至是招集叛亡，雜胡羌數十萬，〔九〕攻麟、府諸城。至建寧寨，兵纔數百。知寨楊震與其子居中、執中死之，②長子沂中從征河、朔，〔一〇〕獨免。

高宗建炎元年秋，金粘罕自草地歸至雲中，〔二〕遣楊天吉約夏國同取陝西，將以所得宋地賜夏國，夏人從之。粘罕已嘗渝盟于夏國，而夏人又從之者，蓋夏人非不知和好不可恃，其時金勢方盛，脅而從之，亦欲因而擄掠耳。

冬十月辛未，夏遣使如金賀天清節。

自是年至天會十二年，凡八年，無不同。

是歲，夏改元正德。

西夏紀事本末卷三十二

校記

〔一〕婁室敗之于宜水：「室」原作「宿」，「宜」原作「宣」，據金史卷二太祖本紀、卷六〇交聘表、卷七二完顏婁室傳、卷一三四西夏傳改。

〔二〕皇：此字原脱，據遼史卷二九天祚皇帝本紀補。

〔三〕兀：原作「元」，據遼史卷一一四蕭特烈傳改。

〔四〕悟兒思齊介胄持干盾：「思」字原脱，據宋史卷四四六朱昭傳補。「干盾」，宋史卷四四六朱昭傳作「氈盾」。

〔五〕賈宗望：原作「賈宗將」，據宋史卷四四六朱昭傳改。

〔六〕瞋目：原作「瞑目」，據宋史卷四四六朱昭傳改。

〔七〕彥明：原作「彥昭」，據宋史卷四四六朱昭傳改。

〔八〕丁未：原作「戊午」，據金史卷三太宗本紀、卷六〇交聘表改。

〔九〕數十：宋史卷四四六楊震傳作「十餘」。

〔一〇〕河朔：宋史卷四四六楊震傳作「河北」。

〔一一〕粘罕：宋史卷四八六夏國傳作「兀朮」。

注釋

①宋史卷四八六夏國傳載，靖康元年（一一二六）春，粘罕遣撒拇使夏國。

②楊震父子死事，宋史卷四四六楊震傳繫於靖康元年（一一二六）十月。

西夏紀事本末卷三十三

烏程張鑑春治甫著

世輔南還

高宗建炎二年春正月丙戌朔，夏遣使如金賀正旦。〔一〕庚子，以主客員外郎謝亮爲陝西撫諭使，持詔書賜西夏主乾順，從事郎何洋爲太學博士偕行。洛索既得長安，〔二〕遂鼓行而西，隴右大震。夏人諜知關陝無備，遂以宥州監軍司檄至延安府，自言：「大金以鄜延割隸本國，須當理索。若敢違拒，當發兵誅討。」鄜延經略使王庶口占檄詞，報曰：「咨爾貪利之臣，何國蔑有，豈意夏國躬蹈覆轍！比聞金人欲自涇原徑擣興、靈，方切爲之寒心，不圖尚欲乘人之急。幕府雖士卒單寡，然類皆節制之師，左支右梧，尚堪一戰。果能辦此，何用多言。」徑檄興中府，夏人遂不敢復言。

時韓世忠以御營左軍統制升定國軍承宣使、鄜延路副總管，加平寇左將軍。〔三〕至銀州，夏人嬰城自固，世忠斬關殺其將，擲首陣外，諸軍乘之，賊大敗。〔四〕會王庶亦遣諜間其用事臣李遇，夏人竟不出。

夏六月，以王庶權陝西制置使，會主客員外郎、陝西撫諭使謝亮西入關，庶移書言：「夏國爲患至小而緩，金人爲患至大而迫。閤下能仗節督諸路協同義舉，亦可徐圖恢復。夏人秋稼未登，飢餓疲困，何暇興兵？庶可保其無它。」亮不聽，遂自環慶入西夏。夏國主乾順已稱制，倨見之。亮留夏國幾匝月，乃與約和罷兵，更爲鈞敵禮，乾順許之。亮歸，夏人隨之以兵掩取定遠軍。明年，亮乃還行在。

秋七月，金人聞宗澤卒，決計用兵。河北諸將欲罷陝西兵，并力南伐。河東諸將不可，曰：「陝西與西夏爲鄰，事重體大，兵不可罷。」左副元帥宗翰曰：〔五〕「初與夏人約夾攻宋，而夏人弗應。而耶律大石在西北交通西夏，吾舍陝西而會師河北，彼必謂我有急難，將乘間竊發，以牽制吾師，非計也。宜先事陝西，略定五路，既戡西夏，然後取宋。」議久不決，奏請于金主。金主曰：「康王當窮其所往。平宋，當立藩輔如張邦昌者。至陝右之地，亦未可置而不取也。」

乙巳，命洛索平陝西。

紹興元年春三月，金兀朮陷鞏、洮、河、樂、蘭、廓、積石、西寧州。①自是，涇原、熙河二路皆爲金有。

夏四月，金聞耶律大石在和州之域，恐與夏人合，遣使索之。夏國報以境土不相接，亦不知大石所往。

秋八月壬辰，詔夏國曆日，自今更不頒賜。

二年秋八月乙巳，德安圍解。李横自夏來圍德安，金族誅契丹統軍諸將河東八館五百户，山金司、兀實王府、南北王府、四部族衙，諸契丹相温酋首率衆蠭起，亡入夏國。兀實至雲中，余覩微覺，父子以遊獵爲名遁入夏國，夏人問以兵幾何，云親兵三二百，遂不納。投韃靼。

四年冬十月庚午朔，宋趙哲將慕洧以環慶附于西夏。

十二月，川陝宣撫副使吴玠奏夏國主數通書，有不忘本朝之意。粘罕既取遼，將謀夏國，夏陰爲備久矣。忽求獸于夏，言欲馬萬匹，夏人從其請。先以所練精兵每一馬以二人御之，紿言于金人曰：「萬馬雖有，然本國乏人牽攏，今以五千人押送，請遣人交之。」粘罕遣人往取，皆善騎射者，其實欲以窺之也。至境，未及交馬，夏人群起，金國之兵悉斃，夏人復持馬歸國。粘罕氣沮，自是不敢西向發矢矣。

五年春正月己巳，金主殂，熙宗即位。

癸酉，金遣使告哀于夏及報即位。

冬十二月癸亥，金始定齊、高麗、西夏朝賀、賜宴、朝辭之儀。

是歲，夏國改元大德。

六年春正月己巳朔，夏遣使如金賀元旦，自是無歲不然。

乙酉，西夏遣使賀金主萬壽節。自是至天盛元年，〔六〕凡十四年無不同。

八年冬十月，鄜延故將李世輔以二十六人奔夏。② 世輔者，綏德青澗人。唐至五代，世爲蘇尾九族都巡檢，〔七〕其父同州觀察使永奇及其家二百口悉爲金人所屠。初，世輔爲鄜延路兵馬都監兼充第六正將，西戎入寇，屢擊敗之，自是無敢犯塞。

九年春三月，夏人乘折可求之喪陷府州。

夏六月初，夏國主所遣鄜延岐雍經略安撫使李世輔欲從乾順借兵，伐延安以復仇。世輔鄉里鄰于夏境，夏人服其家世久矣。及至，夏人甚喜，遣翰林學士楊某郊勞，禮意良厚。楊推誠，世輔亦無隱，自是無彼我之間。楊暇日語及金人自得志中原，恃其强盛，每見侵陵，亦有并吞之意。知君雄傑，故深相結納，將倚爲用。適有間自延安來報，自世輔之西，金人即飭兵分捕世輔家屬二百口，無長幼悉斬之。會大雪，世輔中夜自挈酒壺過楊，楊延之卧内，相與籌酌。世輔因泣數行下，具言父母妻子之亡，切齒疾首，恨不即死，願得二十萬人生擒撒离喝，取陝西五路歸于夏，世輔亦得報不共戴天之仇。楊惻然。翌日，爲世輔請于夏主，夏主曰：「爾能立功，則不靳借兵。」

時有酋豪號「青面夜叉」者，〔八〕有騎射數萬，恃勇桀驁，要索無厭，擾邊十餘年矣，夏國患之。顧國中無能制之者，以是令世輔圖之，世輔欣然自任。問須兵幾何，世輔曰：「當以計取得，精鋭五百足矣！」夏主曰：「此虜未易輕圖，與騎三千。」命裹糧捲甲，晝夜疾驅。既逼其境，遇行者，俘以自隨，奄至其穴，乃伏騎于旁岡阜間，譟其三面，虜倉卒惶駭。野叉者，金冠鐵面具，晝如鬼物，故號「野叉」。未幾，野叉持大刀，跨馬名赤駝，指呼布陣，世輔謂之曰：「汝徒恃犬羊衆，實不勇。果勇，能與我挑戰乎？」野叉問世輔曰：「汝爲誰？」世輔曰：「因汝不臣其主，汝主有請大國，命我伐汝，無多言，速出戰！」野叉怒，揮刀躍馬而前。世輔豫戒一騎：「我與之交馳，從旁過之。」及鋒未接，一騎出焉，野叉顧視間，世輔伺隙投槍，手捽其背，野叉身偃仆，遂挾以歸。其徒窘迫潰走，伏兵乘之，衆悉降。

夏主大悦，將妻以女，世輔辭以父喪。即益兵出二十萬騎，以文臣王樞、武臣哆訛爲陝西招撫使輔之，以世輔爲延安招撫使，鼓行而東。世輔所至，無不望風迎降，獨延安閉門拒守。世輔謂之曰：「吾之此來，止求捕害親者，若得其人，吾于延安之人何憾焉！」已而兵馬都監薛昭縋城見世輔，曰：「始告捕者蘇常、柳仲二人耳。」俄有捕二人以獻者，世輔詰之，遽服，蓋即其仇也，因剖心以祭。

時金人已還宋河南地。簽書樞密院事樓炤出朝廷赦書以示世輔，未之信。有耿焕者，與世輔有舊，爲言真詔也。世輔取赦文觀之，因與官屬南望，列拜大哭。遂説夏人南歸，夏人多懷土，獨與願從者二千人來見王樞、〔九〕哆訛。諭之曰：「世輔已得延安府，見講和赦書招撫，〔一〇〕可以本部軍歸國。」哆訛不從，曰：「初，經略乞兵來取陝西。今既到此，乃令我歸耶？」世輔知勢不可，乃出刀斫哆訛，不及，擒王樞縛之。樞才入境，即望闕遥拜言：「夏國主感聖恩，將遣使入貢。」

既而夏人以鐵鷂子軍來，世輔以所部拒之。馳揮雙刀，所向披靡，夏兵大潰，殺死蹂踐無慮萬人，獲馬四萬匹。世輔揭牓招兵，每得一人，予馬一匹，旬日間得驍勇少壯者萬人。乃復擒害其父母弟侄者，斬于東市，率部下二千人南來。至行在，南宋書五月丙午，鄜延副將李世輔自夏國率所部二十人來歸。賜名顯忠，字君錫，以軍功遷保信、寧國節度使、淮南北京畿河北選鋒招討金吾將軍，加太尉、隴西開國公。卒年六十九。

夏國有芝生于後堂，國主乾順作靈芝歌，③俾中書相王仁宗和之。

丁亥，乾順殂，謚曰聖文皇帝，廟號崇宗，子仁孝嗣立。宋以其屬金，廢封册。

秋八月乙亥，樓炤奏以保安軍寇成知環州。帝曰：「陝西沿邊控制夏國最爲險要，當擇久在軍中者。」

己未，帝又諭大臣曰：「夏人乍臣乍叛，尤難保恃，今日邊防尤不可忽。」

冬十月甲寅，樞密行府準備差遣王晞韓以夏國招撫使王樞至行在，樓炤言：「陝西新復，正與夏國爲鄰，此等留之無益，還之可使知恩。」乃詔閤門引見，令臨安府燕犒，差行在官館伴。秦檜又召樞至都堂，諭以講和意，并還近所獲夏國之俘百九十人歸之，仍命晞韓伴送至境上。晞韓，興化軍人，宣和六年進士，樓炤宣撫關陝，辟爲屬，改京秩。朝廷欲借兵西夏，犄角金人，至是管押生番人口歸夏，道無疏虞。嘗和宣諭陝西方庭實詩云：「誰憐定遠不生還，驛騎翩翩出漢關。未肯西風回馬首，要傳飛檄過千山。」其風趣如此。

冬十月癸酉，夏遣使如金告喪。

十二月，金主以胡盧馬爲招討使，提點夏國市場。文獻通考曰：「繼乾順而立者，正史作『天祈』，建炎以來朝野雜記作『仁孝』，未知孰是。」鑑案：今諸史均作「仁孝」，當是也。〔一〕

十年春三月丙申，宋命胡世將與夏人議入貢，夏人不應。

夏五月，夏人侵金，金詔張奕往征，還奏曰：「折可求世守麟、府，以抗夏人。我朝有其地，遂以與夏。夏夷折氏墳隴而戮其尸，折氏怨入骨髓而不得報。今復守晉寧，故激怒夏人，欲開邊釁，以雪私仇。」金遂移折氏守青州。

西夏紀事本末卷三十三

校記

〔一〕正旦：原作「天清節」，據金史卷六〇交聘表改。又，江蘇本此句下有「自是至天會十二年，凡七年，無不同」句。

〔二〕洛索：宋史卷四八六夏國傳作「婁宿」，金史卷七二完顏婁室傳、卷一三四西夏傳作「婁室」。金史疑是。

〔三〕左：此字原脱，據宋史卷三六四韓世忠傳補。

〔四〕賊大敗：江蘇本此三字下有「俄以重兵次蒿平嶺，世忠鏖戰解去。忽一騎士鋭甚，世忠詢諜者，知爲監軍駙馬兀移，即躍馬斬之，戰大潰」。江蘇本載文參見宋史卷三六四韓世忠傳。按，江蘇本「移」當作「哆」。

〔五〕宗翰：原作「宗瀚」，據金史卷七四宗翰傳改。

〔六〕天盛：原作「天德」，據時間推算，自紹興六年下推十四年，當在「天盛」年間，據改。

〔七〕族：此字原脱，據宋史卷三六七李顯忠傳補。

〔八〕夜叉：本段下文又作「野叉」。

〔九〕二千：宋史卷三六七李顯忠傳作「八百餘騎」，江蘇本作「三千」。

〔一〇〕赦書：此二字原脱，據宋史卷三六七李顯忠傳補。

〔一一〕當是：江蘇本脱此二字。

注釋

①金兀术陷鞏、洮等州事，金史卷三太宗本紀繫於正月。

②李世輔奔夏國事，宋史卷四八六夏國傳繫於紹興七年（一一三七）十月。

③道園學古録卷四西夏相斡公畫像贊載：「興州有帝廟門榜及夏主靈芝歌石刻。」一九七五年，寧夏博物館在西夏陵區七號陵發現靈芝頌殘碑，楷書陰刻，存三行三十一字，碑文爲：「（靈）芝頌一首，其辭曰：于皇□□……俟時效祉，擇地騰芳。金暈曄□……德施率土，賚及多方。既啓有□……」參見李範文編釋西夏陵墓出土殘碑粹編圖版肆陸。

西夏紀事本末卷三十四

烏程張鑑春治甫著

得敬亂邦

紹興十年春正月丁丑朔，〔一〕夏遣使如金賀正旦。

癸巳，夏遣使如金賀萬壽節，自是無歲不然。是時，夏主仁孝初立，改元大慶。

夏五月，金復取河南、陝西地。

己卯，金詔册夏李仁孝爲夏國王。夏人復侵金，金命右監軍撒離合出河中趨陝西。

六月，金平陝西。

秋九月庚申，夏遣使如金謝賻贈。

戊辰，夏遣使如金謝封册。

十一年春正月己未，西夏遣使如金請置榷場，金主許之。

夏四月，金慕容洧破新泉寨，又攻會州，將官朱勇却之。勇在會州嘗與夏人戰，擒其驍將，由是知名。

冬十二月癸巳，夏遣使如金賀受尊號。

十二年春三月，夏國地震，①逾月不止，地裂泉涌，出黑沙。歲大饑，乃立井里以分賑之。

十三年春正月己丑朔，夏使如金。金以皇太子喪，不御正殿，使詣皇極殿遥賀。乙巳，夏使賀金萬壽節，如正旦儀。時夏人始立學校于國中，又立小學于禁中，夏主親爲訓導。

冬十二月，以明年改元人慶。

十五年秋八月，時夏人重建太學，②親釋奠，設弟子員，賜予有差。

十六年春正月庚寅，金以邊地與夏國。

是歲，夏尊孔子爲文宣帝。

十七年。是歲，夏改元天盛。鑑按：陳氏紀元要略當在十九年中，俟再考。③策舉人，始立唱名法。鑄天盛元寶錢。

十八年春二月壬子，金以哥魯葛波古等爲横賜夏國使。是歲，夏復建内學，選名儒主之。增修律成，賜名曰新律。〔二〕

十九年冬，夏使如金賀明年正旦，使中道遣還。

二十年春正月乙巳，金以廢立事報諭西夏。金除胡盧馬鎮夏國、韃靼沿邊招討，提點兩國市場。

秋七月戊戌，夏遣使如金賀即位及受尊號。

二十一年春正月戊子，金主生辰，夏遣賀。自是至大定元年，無歲不然。

秋九月，金以修起居注蕭彭哥爲夏國生日使。

冬十月丁未，宋傳檄出師討金。

二十二年秋九月丙午，金以吏部郎中蕭中立爲夏國生日使。

二十三年，金改元貞元。春正月辛卯朔，〔三〕金主不視朝，詔有司受夏貢獻。

秋九月丁亥，金以翰林待制謀良虎爲夏國生日使。

二十四年春正月甲寅朔，金主不豫，不視朝，夏使至金者賜館燕。

三月，夏遣使賀金還都。

二十七年夏四月戊戌，金以宿直將軍温敦斡喝爲横賜夏國使。

秋九月乙丑，金以宿直將軍僕散烏里黑爲夏國生日使。

二十八年秋九月庚午，金以宿直將軍阿魯保爲夏國生日使。

是歲，夏始立通濟監鑄錢。④

二十九年春三月丙辰朔，〔四〕金遣兵部尚書蕭恭經畫夏國邊界。⑤

夏四月，南宋歸朝官李宗閔上書言：〔五〕「西夏亦與金人爲仇，而金人亦素畏之。金人嘗割天德、雲中、金肅、河清四軍及八館之地以賂夏人矣。丁未之歲，伊實郎領萬騎陽爲出獵，而直犯天德，逼逐夏人，悉奪其地。夏人請和，金人執其使者。臣是時久留雲中，人情稔熟，因得出入雲中。副使李屈移謂臣曰：『昔年大金賂我四軍八館，俾我出軍牽制關中，合從以攻南宋。及其得志，首叛盟約。某昔年兩使南朝，其禮義文法，非它國之比。』自是觀之，則西夏惡金人、喜中國可知。壬子之歲，尼堪聞蜀地富饒，⑥欲提兵親取，令雲中副留守劉思恭條陳書傳所載下蜀故事及圖畫江山形勝，鋭然欲往。夏人聞雲中聚兵，以爲攻己，舉國屯境上以備其來，而尼堪亦不敢出兵，止遣薩里干等以兵攻饒風。今莫若遣辨士諭以盟約，俾以重兵出境上爲吾聲援。」

秋九月，金以宿直將軍加古撻懶爲夏國生日使。

三十年冬十二月，西夏王仁孝之嗣位也，國中多亂。其臣任得敬抗禦有功，遂以爲相，封楚王。

三十一年秋八月癸亥，金以太常博士蕭誼忠爲夏國生日使。

冬十月，宋傳檄遼、夏、高麗、渤海諸國，出師共討金人。先是，于紹興元年，吴玠爲鎮西軍節度，亦嘗遣人通信夏國，四年亦如之。至是，四川宣撫使吴璘因以檄告契丹、西夏。

三十二年春三月癸亥，夏兵二千餘騎至莱園川俘掠，又二百餘騎寇馬家巉。

夏四月乙亥，夏遣使如金賀即位，及進方物，及賀萬春節。

辛巳，金宴夏使貞元殿。故事：外國使三節人從皆坐廡下賜食，金主察其食不精腆，曰：「何以服遠人之心！」掌食官皆杖六十。

癸未，夏使朝辭，乞互市，從之。

秋八月癸酉，夏遣使如金賀尊號。

九月庚子，金以尚書左司員外郎完顔正臣爲夏國生日使。

隆興元年春正月壬辰朔，夏遣使如金賀。

二月庚寅，夏又遣使如金賀萬春節。自是以至大定之末，歲兩使，率以爲常。

夏六月甲申，⑦金以宿直將軍阿勒根和衍爲橫賜夏國使。〔六〕

秋八月戊子，⑧金以宿直將軍僕散習尼列爲夏國生日使。〔七〕

二年秋九月己亥，金以宿直將軍烏里雅爲夏國生日使。

孝宗乾道元年秋八月，夏遣使如金賀尊號。

九月庚戌，以宿直將軍朮虎蒲查爲夏國生日使。

二年夏四月戊戌，金以宿直將軍斜卯摑剌爲橫賜夏國使。

秋九月辛亥，金以翰林待制移剌熙載爲夏國生日使。

三年秋九月乙亥，金以宿直將軍唐括鶻魯爲夏國生日使。

四年夏五月，夏國相任得敬專政，欲謀亂。是月，遣間使至四川宣撫司，⑨約發兵攻西蕃，虞允文報以蠟書。

秋九月，金以引進使高希甫爲夏國生日使。

冬，夏以明年改元乾祐。⑩

五年夏五月，金以宿直將軍完顏賽也爲横賜夏國使。

秋九月甲寅朔，金以宿直將軍僕散守中爲夏國生日使。〔八〕

六年夏閏五月庚辰，⑪月、日據金史。夏國相任得敬脇其主李仁孝，中分其國，請命于金，金主不許。初，仁孝之嗣位也，國多内亂，任得敬乃仁孝之外王父，抗禦有功，遂相夏國。專政二十餘年，陰蓄異志，欲圖夏國，誣殺宗親大臣，其勢漸逼，仁孝不能制。得敬嘗遣使至蜀，既而知宋不足恃。

閏五月庚辰，脅仁孝上表于金，請分西南路及靈州囉瘂嶺地與得敬，自爲國。金主以問宰相，尚書令李石等曰：「事係彼國，我何預焉，不如因而許之。」金主曰：「有國之主，豈肯無故分國與人，此必權臣逼奪，非夏主本意。况夏國稱藩歲久，一旦逼于賊臣，朕爲四海主，寧容此耶？若彼不能自正，則當以兵誅之，不可許也。」乃却其貢物，賜仁孝詔曰：「先業所傳，亦當固守。今兹請命，事頗乖常，未知措意之由來，續當遣使以詢爾。」得敬始有懼心，仁孝乃謀誅之。

秋八月，夏任得敬以謀篡伏誅。

九月庚寅，金以户部郎中夾谷阿里補爲夏國生日使。

冬十一月癸巳，夏以誅任得敬使金謝，金詔慰諭之。

七年秋八月，金以近侍局使劉玠爲夏國生日使。

八年春三月壬午，帝謂虞允文曰：「西夏小邦，當時亦自枝梧不及，〔九〕所以馴致丙午之耻。」

夏四月癸亥，金以宿直將軍唐括阿忽里爲横賜夏國使。

秋七月，金罷保安、蘭州榷場。〔一〇〕金主謂宰臣曰：「夏國以珠玉易我絲帛，是以無用易我有用也。」命罷之。

九月辛巳，〔一一〕金以右衛將軍粘割斡特剌爲夏國生日使。

戊寅，以虞允文爲四川宣撫使，封雍國公。

壬辰，〔一二〕允文入辭，帝諭以進取之方，刻日會師河南。允文言：「異時或内外不甚應。」帝曰：「若西師出而朕遲回，即朕負卿，若朕已動而卿遲回，即卿負朕。」

九年秋九月辛卯朔，金以宿直將軍胡什賚爲夏國生日使。〔一三〕

淳熙元年秋九月乙未，金以宿直將軍崇肅爲夏國生日使。

二年秋九月，金以符寶郎斜卯和尚爲夏國生日使。

三年春三月丙午朔，日有食之。夏遣使賀金萬春節，改用次日。

秋九月，金以宿直將軍完顔覿古速爲夏國生日使。

四年秋九月癸卯，金以兵部郎中石抹忽土爲夏國生日使。

冬十月己巳，夏國進百頭帳于金，金主詔却之境上。

十一月庚戌，〔一四〕有司復奏，夏國進御帳使因邊臣懇求進入，乃許之。

八年春正月壬子，金以夏國請互市，復綏德軍榷場。

西夏紀事本末卷三十四

校記

〔一〕朔：此字原脱，據金史卷四熙宗本紀、卷六〇交聘表及本書體例補。

〔二〕曰新律：宋史卷四八六夏國傳作「鼎新」。俄羅斯藏西夏法律文獻天盛改舊新定律令約頒行於夏仁宗天盛元年至八年（一一四九至一一五六）間，疑與此「新律」關繫密切。參見史金波著西夏社會第七章法律第一節有創意的皇朝法典天盛律令，史金波、聶鴻音、白濱譯注天盛改舊新定律令。

〔三〕辛卯：此二字原脱，據金史卷五海陵本紀、卷六〇交聘表補。

〔四〕三月：此二字原脱，據金史卷五海陵本紀、卷六〇交聘表補。

〔五〕李宗閔上書言：「李宗閔」，宋史卷四八六夏國傳作「李宗閏」。「言」，原作「有」，據宋史卷四八六夏國傳改。

〔六〕衍：此字原脱，據金史卷六世宗本紀、卷六一交聘表補。

〔七〕僕散習尼列：此同金史卷六世宗本紀。金史卷六一交聘表原作「僕散習尼」。

〔八〕守中：此同金史卷六世宗本紀。金史卷六一交聘表作「守忠」。

〔九〕自：原作「白」，據續資治通鑑卷一四三、江蘇本改。

〔一〇〕蘭州：原作「蘭安」，據金史卷二六地理志、卷五〇食貨志、卷六一交聘表改。

〔一一〕辛巳：原作「丙子」，據金史卷七世宗本紀、卷六一交聘表改。

〔一二〕壬辰：原作「己丑」，據宋史卷三四孝宗本紀改。

〔一三〕賫：原作「麥」，據金史卷七世宗本紀、卷六一交聘表改。

〔一四〕庚戌：原作「戊戌」，據金史卷七世宗本紀改。

注　釋

① 夏國地震事，宋史卷四八六夏國傳繫於紹興十三年（一一四三）。

② 宋史卷四八六夏國傳載，紹興「十五年八月，夏重大漢太學，親釋奠，弟子員賜予有差。」俄藏黑水城文獻中有西夏文新修太學歌，記西夏仁宗乾祐二十三年（即宋光宗紹熙三年，一一九二）重修太學之事。參見聶鴻音撰西夏文新修太學歌考釋，第八頁至第一二頁。

③據中華本宋史卷四八六校勘記二五，當在紹興十九年（一一四九）中。

④據出土西夏錢幣實物資料可知，西夏國至少自第二代國主諒祚起就開始鑄錢。西夏錢有銅質和鐵質兩種，錢幣上的文字有西夏文和漢文兩種。已發現了西夏六代皇帝的錢幣，西夏文錢主要有福聖寶錢、大安寶錢、貞觀寶錢、乾祐寶錢、天慶寶錢等，漢文錢主要有大安通寶、元德通寶、元德重寶、大德通寶、天盛元寶、乾祐元寶、天慶元寶、皇建元寶、光定元寶等。參見李範文主編西夏通史第十章第五節，史金波著西夏社會第五章第三節，牛達生著西夏錢幣研究。

⑤一九八七年六月二十三日，陝西省吴旗縣長官廟鄉白溝村出土金與西夏劃界碑三通，一號界碑碑文三行，其内容爲「分畫定／韋娘原界堠宣差兵部尚書光禄／正隆四年五月」，共二十二字。二、三號界碑碑文亦爲三行，内容均相同，爲「分畫定／界堠宣差兵部尚書光禄／正隆四年五月」，共十九字。參見姬乃軍撰陝西吴旗出土金與西夏劃界碑，第九二頁至第九三頁。

⑥尼堪，即粘罕。

⑦阿勒根和衍使夏事，金史卷六一交聘表繫於五月。

⑧金史卷六世宗本紀、卷六一交聘表繫此事於九月癸巳。

⑨任得敬遣間使至四川宣撫司事，宋史卷三四孝宗本紀繫於乾道四年（一一六八）。遣間使者之名，宋史孝宗本紀載爲「任敬德」。據宋史卷四八六夏國傳、金史卷一三四西夏傳，此時夏國任得敬

爲相專權，宋史孝宗本紀疑誤。

⑩ 據宋史卷四八六夏國傳校勘記二七和金史卷六世宗本紀、卷一三四西夏傳載，西夏改元「乾祐」當在宋乾道六年（一一七〇）、金大定十年。故「冬夏以明年改元乾祐」句當移於下文「金以宿直將軍僕散守中爲夏國生日使」句後。

⑪ 據中華本金史卷六校勘記一七，「庚辰」二字下疑有闕文，且脱「乙未」二字。

西夏紀事本末卷三十五

烏程張鑑春治甫著

安全廢立

淳熙五年、金大定十八年秋九月辛未，金以侍御史完顔蒲魯虎爲夏國生日使。西夏遣將蒲魯合野攻金麟州，至宕遵源，有邛都部之酋名禄東賀者，密與之通，使番僧諦剌者約日爲應。兵與戰，禄東賀從中而叛，與西夏兵首尾夾擊之，師熸。

戊子，麟州城陷，夏人擄金帛、子女數萬，毁城而去。

六年秋九月，金以太子左衛率府率裴滿胡剌爲夏國生日使。

七年秋九月壬戌，金以少府少監賽補爲夏國生日使。

八年春正月壬子，金以夏國請復綏德軍榷場，詔仍許就館市易。

秋八月乙丑，金以吏部郎中奚胡失海爲夏國生日使。

九年秋九月戊寅，金以尚輦局使僕散曷速罕爲夏國生日使。

十年秋九月己巳，金以宿直將軍完顔斜里虎爲夏國生日使。

十一年春二月丙戌，金以器物局使亩爲横賜夏國使。

秋八月癸亥，金以侍御史遥里特末哥爲夏國生日使。

十二年夏四月丙子，邊諜言故遼大石林牙假道夏人以伐金。

十三年夏四月辛亥，詔吴挺結約夏人。

秋八月，金以宿直將軍李達可爲夏國生日使。〔一〕

十四年秋九月己酉，〔二〕金以武器署令斜卯阿土爲夏國生日使。

十五年秋九月甲午朔，金以鷹房使崇夔爲夏國生日使。

十六年春正月壬辰朔，金主大漸，夏國賀正旦使未至遣還。

癸巳，金世宗殂。

甲辰，報哀于夏。

三月癸丑，夏遣使如金吊。

夏四月，夏遣使如金祭。

五月壬寅，夏遣使賀金即位。

六月乙卯，金敕有司移夏天壽節于九月一日來賀。

秋九月戊辰，金以隆慶宫衛尉把思忠爲夏國生日使。

冬十二月甲寅，夏遣使如金賀正旦。

光宗紹熙元年、金明昌元年夏五月丙辰，〔三〕金以鷹坊使移剌寧爲横賜夏國使。〔四〕

夏兵寇金嵐州，又寇石州。

秋八月己酉，夏遣使如金賀天壽節。金主以喪次，不受朝。①

己未，以武衛軍副都指揮使烏林答謀甲爲夏國生日使。〔五〕

冬十二月丁未，夏遣使之金賀正旦。

二年春正月庚戌朔，金諭夏國使，可令館内貿易一日。尚書省言，故事許貿易三日，從之。②

辛酉，金皇太后殂。

丙寅，金以左副都點檢亶等報哀于夏。

三月丁巳，夏遣使如金吊。

丁卯，夏遣使如金祭。

夏五月，西夏陷金鄜、坊州，又攻金保安軍。

秋八月乙巳，夏遣使之金賀天壽節。

九月丁巳，〔六〕金以西上閤門使白琬爲夏生日使。

冬十一月，夏人肆牧于鎮戎之境，邏卒逐之，夏人執邏卒而去。金邊將阿魯帶率兵詰之，夏廂官吴明契、信陵都、卜祥、徐餘立伏兵三千于澗中。戊午，阿魯帶口中流矢死，〔七〕金詔夏索殺阿魯帶者，夏人處以徒刑。索之不已，乃殺明契等。

十二月癸卯，夏遣使之金賀正旦。

三年秋八月丁卯，夏遣使之金賀天壽節。

九月甲戌，金以郊社署令唐括合達爲夏國生日使。

冬十二月，夏遣使之金賀正旦。

四年夏五月丙寅，金以尚廐局使石抹貞爲横賜夏國使。

秋九月甲子朔，金主以天壽節御大安殿，受夏及親王、百官朝賀。

戊辰，以西上閤門使大磐爲夏國生日使。

癸未，夏國主仁孝殂，年七十。在位五十五年，國人謚爲聖德皇帝，廟號仁宗，陵號壽陵。仁孝重文學，然權臣擅國，兵政衰弱。子純佑立，改元天慶。

冬十一月庚寅，夏嗣子李純佑遣使訃告于金。

十二月甲午朔，夏李純佑遣使奉故王仁孝遺表進金。

甲辰，金以西上閤門使大礐等爲夏國敕祭慰問使。

是歲，有亦剌哈走西邊，日剽掠以自資。既而亦爲西夏所攻，走至龜兹國，爲其國人所殺。

五年春正月癸亥朔，夏遣使如金賀。

辛巳，金遣國子祭酒劉璣册李純佑爲夏國王。

秋九月戊午朔，〔八〕夏遣使之金賀天壽節。

冬閏十月，〔九〕金以引進使完顔朿爲夏國生日使。

寧宗慶元元年春正月丁亥朔，夏遣使如金賀。

秋九月壬午朔，夏遣使之金賀天壽節。

辛卯，金以尚書左司郎中粘割胡上爲夏國生日使。

二年春正月辛巳朔，夏遣使如金賀。

夏五月壬辰，金以尚藥局副使粘割忠爲横賜夏國使。
秋九月丁丑朔，夏遣使如金賀天壽節。
乙巳，金以國子監丞烏古論達吉不爲夏國生日使。

三年春正月乙亥朔，夏遣使之金賀。
秋九月辛丑朔，夏遣使之金賀天壽節。
乙巳，金以夏使朝辭，詔答許保安、蘭州榷場。
冬十月丙申，金以禮部員外郎蒙括仁本爲夏國生日使。

四年春正月己亥朔，日有食之。
辛丑，夏遣使如金賀。
夏五月戊申，金以客省使移剌都爲夏國生日使。〔一〇〕
秋九月丙申朔，夏遣使如金賀天壽節。

五年春正月癸巳朔，夏遣使如金賀。

夏五月壬寅，金以兵部郎中完顔撒里合爲夏國生日使。

庚申，金以宿直將軍徒單仲華爲横賜夏國使。

秋九月庚寅朔，〔一一〕夏遣使之金賀天壽節。

六年春正月戊子朔，夏遣使之金賀。

秋九月甲寅朔，夏遣使之金賀天壽節。

冬十月丁未，金以宿直將軍完顔觀音奴爲夏國生日使。

嘉泰元年春正月壬子，夏遣使如金賀。

三月乙丑，夏國遣使如金謝。

秋九月戊申朔，夏遣使之金賀天壽節。

冬十月甲辰，金以刑部員外郎完顔綱爲夏國生日使。〔一二〕

二年春正月丁未，夏遣使之金賀。

秋九月壬寅，夏遣使之金賀天壽節。

冬十月壬辰，金以宿直將軍紇石烈毅爲夏國生日使，瀛王府司馬獨吉温爲横賜使。

三年春正月辛未，夏遣使之金賀。
秋九月丙寅朔，夏遣使如金賀天壽節。
冬十月壬戌，金以薊州刺史完顔太平爲夏國生日使。〔一三〕

四年春正月乙丑，夏遣使如金賀。
秋九月庚申朔，夏遣使之金賀天壽節。
冬十月甲寅，金以提點尚衣局完顔爕爲夏國生日使。

開禧元年春正月己未朔，〔一四〕夏遣使之金賀。
秋九月甲申朔，夏遣使之金賀天壽節。
冬十一月，蒙古軍聞西夏之警，乃回師。
十二月。是歲，蒙古奇渥温鐵木真伐西夏，拔力吉里寨，經落思城，大掠人民及其橐駝而還。〔一五〕

二年春正月癸未朔，夏遣使如金賀。夏鎮夷郡王安全廢其主純佑而自立，純佑殂于廢所，年三十。③謚昭簡皇帝，廟號桓宗，墓曰莊陵。安全，崇宗之孫，〔一六〕越王仁友之子，純佑兄之子也。

秋七月丙申，夏鎮夷郡王安全使桓宗母羅氏上表于金，言純佑不能自守，〔一七〕與大臣定議立安全爲王。金主賜羅氏詔詢其意。

九月辛丑，夏人復以羅氏表來，金始命。遣尚書左司郎中温廸罕思敬册安全爲夏國王。

冬十二月。是歲，蒙古奇渥温鐵木真稱帝于斡難河，號成吉思皇帝。西夏改元應天。

三年春正月丁丑朔，夏遣使如金賀。

秋七月乙未，金詔贖西夏人口，盡贖放還，敢有藏匿者以違制論。

九月甲戌朔，夏遣使之金賀天壽節。

是月，蒙古伐西夏，克斡羅孩城。

冬十二月丙午，金以符寶郎烏古論福齡爲夏國生日使。

嘉定元年春正月辛未朔，夏遣使如金賀。

夏五月，西夏遣使求援于金。先是，金泰和六年，大發兵侵西北諸乣。生蕃也鄰接比號曰驍騎，有衆三萬，盡數起發侵江南。次年，罷兵和好如初。諸乣還歸，因賞不均，皆叛北歸。又李藻及午逢辰、白綸、田廣明皆以上書言事，杖一百，四人挈其家亡之北地，相與獻謀。又有諸乣輸其力，于是元軍益鋭。恐西夏議其後，乃大舉兵攻之。至是，西夏遣使求援，金主不應，其臣僚諫曰：「西夏既亡，必來加我，不如與西夏首尾夾攻，可以進取而退守。」金主曰：「敵人相攻，中國之福，吾何患焉？」不聽。

冬十月辛巳，夏遣使賀金天壽節。先是，金詔移天壽節于十月，故至是始行。是時夏國有兵，復遣使告金。

二年春三月，蒙古主入河西，夏主安全遣其世子率師拒戰。敗之，獲其副元帥高令公，克兀剌海城，俘其太傅西壁氏。進至克夷門，復敗夏師，〔一八〕獲其將嵬名令公。薄其中興府，引河水灌之。隄決，水外潰，遂撤圍還。〔一九〕遣太傅訛答入中興，招諭夏主，安全納女請降于蒙古，夏自是益衰。

秋七月，西夏及北方稻麥皆熟。

三年。是春，西夏始爲元軍所攻，遣使求援，金國主新立，不能救。元軍至興、靈而反，夏人恨之。時金國亦爲所擾，勢益衰，夏人因此遂叛。乃改元皇建。

秋八月，夏侵金葭州。夏自天會初，與金議和，八十餘年未嘗交兵。至是爲蒙古所攻，求救于金。金主永濟新立，不能出師，夏人怨之，遂侵葭州，金慶山奴擊敗之而去。

九月，金納哈買住曰：「近見蒙古諸部附從，西夏獻女，而造箭制楯，非圖我而何？」

四年春正月乙酉朔，夏遣使如金賀。西域哈剌魯部主阿昔蘭罕降于蒙古。〔二〇〕

秋八月，夏國主安全殂，年四十二。謚爲敬穆皇帝，廟號襄宗，墓曰康陵。族子大都督府主遵頊立。改元光定。

西夏紀事本末卷三十五

校記

〔一〕李達可：原作「李逵可」，據金史卷八世宗本紀、卷六一交聘表改。
〔二〕己酉：原作「己亥」，據金史卷八世宗本紀、卷六一交聘表改。
〔三〕五月：原作「四月」，據金史卷九章宗本紀改。
〔四〕寧：此字上原衍「爲」，據金史卷九章宗本紀删。
〔五〕甲：此字原脱，據金史卷九章宗本紀補。
〔六〕九月：此二字原脱，據金史卷九章宗本紀補。
〔七〕帶：金史卷一三四西夏傳此字下有「口」。
〔八〕戊午：原作「壬午」，據金史卷一〇章宗本紀改。
〔九〕閏：原脱，據金史卷一〇章宗本紀補。
〔一〇〕移剌都：金史卷一一章宗本紀作「移剌郁」。
〔一一〕庚寅：原作「庚申」，據金史卷一一章宗本紀改。
〔一二〕郎：此字原脱，據金史卷一一章宗本紀補。
〔一三〕平：此字原脱，據金史卷一一章宗本紀補。
〔一四〕朔：江蘇本此字後有「大雪」二字。

〔一五〕人民：此二字原脱，據元史卷一太祖本紀補。

〔一六〕宗：此字原脱，據宋史卷四八六夏國傳補。

〔一七〕自守：金史卷一三四西夏傳作「嗣守」。

〔一八〕師：原作「帥」，據元史卷一太祖本紀、江蘇本改。

〔一九〕撒圍：原作「撒圍」，據元史卷一太祖本紀改。

〔二〇〕蘭罕：此二字原脱，據元史卷一太祖本紀補。

注釋

① 金主以喪次不受朝事，金史卷九章宗本紀繫於九月壬子朔。

② 金史卷九章宗本紀繫此事於正月癸丑。

③ 宋史卷四八六夏國傳載，純佑於「開禧二年（一二〇六）正月二十日廢，遂殂」。金史卷一三四西夏傳載純佑於泰和六年三月被安全廢，四月，純佑死。

西夏紀事本末卷三十六

烏程張鑑春治甫著

夾攻覆亡

嘉定四年冬十一月，金都城受圍。夏人連陷邠、涇，金陝西安撫使檄同知轉運使燕人韓玉以鳳翔總管判官爲都統府募軍，〔一〕旬日得萬人。藉秦州塲買馬、官香，及鳳翔冒買馬七百，賣鷄埋没官鐵，他州郡弓弩數千以給軍。出屯華亭，與夏人戰，敗之，①獲牛、馬千餘。玉毅然有勤王志，因傳檄州郡有云：「事推其本，禍有所基。始自賊臣貪容奸賂，繼緣二帥貪錮威權。既止夏臺之師，旋致會河之敗。」又云：「齊魏以高壘爲能堅，蒲絳以穿空爲得計。裹糧坐甲，〔二〕盡膏血于生民；棄甲復來，竭資儲于國計。要權力而望形勢，連歲月而守妻孥。」又云：「命令不至，京師奈何？盼盼四集之師，懸懸半載之上。人誰無死，有臣子之當然。事至于今，忍君親之弗顧。勿謂百年身後，虚名一聽史臣。只如今日目前，何顔以居人世。王侯將相，寧有種乎？富貴功名，當自致耳！」時夏兵五萬方圍平凉，又戰于北原。夏人疑元軍至，是夜解去。當路者忌其功，或誣玉有異志，驛奏玉與夏人通謀。金人疑之，囚玉，鞫死郡學獄中。有白厮波者益强，起兵攻河西，不數年，河西州郡悉爲所破。又獲夏國公主而去，夏人反臣事之。

五年春正月，夏遣使如金賀正旦。

三月，金册李遵頊爲夏國王。夏人旋攻金葭州，金延安路兵馬總管完顔奴婢禦之。時金人方有蒙古之難，夏人乘其兵敗侵掠邊境，而通聘如故。

冬十二月，遵頊遣使如金謝封册。

六年夏六月，夏破金之保安州及慶陽府。

冬十一月戊辰，夏人攻金會州，金徒單醜兒出兵擊之。

十二月，夏取金鞏州。〔三〕

七年秋七月，夏左樞密使萬慶義勇遣二僧齎蠟書來四川，議夾攻金，以恢復故疆。時制置使董居誼初入蜀，〔四〕不之報。由是虜訊中絶。

八月丁未，夏人侵金，金移文責之。

冬十一月辛未，金詔有司答夏國諜。

丙子，金蘭州譯人程陳僧叛，②西結夏人爲援。

八年春正月乙亥，夏人攻金環州。

二月辛卯，金環州刺史烏古論延壽及斜卯毛良虎等擊却之于州境，詔進官有差。

夏六月戊子，金謀伐夏。③

秋七月，蒙古主駐軍魚兒濼，遣三哥拔都帥萬騎自西夏趨京兆以攻金。

九月庚辰，金陝西宣撫司來上第五將城萬户楊再興擊走夏人之捷。

壬午，以空名宣敕付陝西宣撫司，凡夏人入寇，有能臨陳立功者，五品以下并聽遷授。

冬十月丁亥，夏人攻金保安，金都統完顏國家奴破之。攻延安，〔五〕戍將又敗之。是日，捷至。

丙午，夏陷臨洮，金陝西宣撫副使完顏胡失利被執。

庚戌，金詔尚書左丞相僕散端兼都元帥，行尚書省于陝西。

十一月，夏人攻金綏德之克戎寨，金人敗之。犯綏平，又敗之。金賞有功將士及來告捷者。

甲戌，金移剌塔不也以軍萬人破夏人數萬于熟羊寨。

丙子，金知臨洮府陀滿胡土門破夏人八萬于城下。〔六〕

九年夏四月己亥，夏人葩俄族都官汪三郎率其蕃户歸于金，以千羊進，金詔納之，優給其直。

五月己巳，金來遠鎮獲夏諜者陳昷等，知夏人將圖臨洮、鞏州，窺長安。命陝西行省嚴爲之備。

丙子，夏人修來羌城界河橋。金元帥右都監完顏賽不遣兵焚之，俘馘甚衆。

秋閏七月甲寅，夏人入金安塞堡，元帥左監軍烏古論慶壽遣軍敗之。④

己卯，夏人入金結耶觜川，守將擊走之。

九月壬辰，蒙古攻金代州，蒙古繖格巴圖魯率師由西夏趨關下。

冬十一月乙酉，金元帥右都監完顏賽不奏提控石盞合喜、楊斡烈等大敗夏人于定西，〔七〕金命行省視其功賞之。

十二月丙寅，金皇太子議伐西夏。

十年夏四月，金主以南北用兵，西夏復擾，財匱兵弱爲憂，集百官議守禦之策。

五月戊寅，陝西行省破夏人于大北岔。是日捷至。

秋七月甲辰，夏人犯金黄鶴岔，守將敗之。

乙巳，夏人圍金羊狼寨，〔八〕帥府發諸鎮兵擊走之。

九月戊寅，夏人犯綏德之克戎寨，金都統羅世暉逆擊，却之。

冬十二月，蒙古圍夏□州，⑤夏主遵頊出奔西凉，命其子居守。

十一年春二月丙午，⑥金人破皂郊堡，死者五萬人。先是，安丙嘗納夏人合從之請，會師攻秦、鞏，而夏人不至，遂有皂郊之敗。

夏五月丙子，夏人自葭州入鄜延，金元帥承立遣兵敗之馬吉峰。是日捷至。

秋七月辛未，夏人攻龕谷，金提控夾谷瑞及其副趙防擊走之。

甲午，夏人復犯龕谷，夾谷瑞大破之。

冬十一月戊子，金龕谷提控夾谷瑞敗夏人于質孤堡。

十二年春二月庚戌，〔九〕金元帥右都監承立以綏德、保安之境各獲夏人統軍司文移來上，其詞雖涉不遜，而皆有保境息民之言，詔尚書省議之。宰臣言：「鎮戎、靈平等鎮近耗，夏人數犯疆場。此文正緩我爾，宜嚴備禦，以破奸計。」上然其言。又曰：「朕惜生靈，惟和議早成爲佳爾。」

二月乙丑，夏人復以書來四川，議夾攻金人。是時西夏以金兵不應援，已折而歸北，益懷二心。始遣使于南宋，往議夾攻，宋安撫丁焴許之。

閏三月戊午，夏人破金葭州之通秦寨，金刺史紇石烈王家奴戰没。

夏四月乙酉，夏人據通秦寨，提控納合買住擊敗之。

辛卯，夏人犯金通秦寨，元帥完顏合達出兵安塞堡以擣其巢。〔一〇〕至隆州，夏人逆戰，守軍擊之，衆潰，進薄城，俄陷其西南隅，會日暮還。

六月癸巳，宋利州路安撫丁焴復以書約夏人伐金。

冬十一月癸巳朔，金前嵐州倉使張祐自夏國歸金。

十三年春正月戊午，夏人復以書來四川，議夾攻金人。

夏四月癸亥，夏人侵金，金元帥石盞合喜破之。

秋八月庚午，夏人陷會州，金刺史烏古論世顯降。

壬申，四川宣撫使安丙遺夏人書，定議夾攻金人，以夏兵野戰，我師攻城。

癸未，遂命利州統制王仕信帥師赴熙、秦、鞏、鳳翔，委丁焴節制，以會夏人，且傳檄招諭陝西五路官吏軍民。夏取金會州。

甲戌，金陝西行省報龕谷敗夏人之捷。

丙子，金陝西行省遣使如夏議和。

九月辛卯，夏人遣其樞密院寧子寧率衆二十萬圍金鞏州，且促宋師來會。

甲午，統制王仕信引兵發宕昌。

乙未，統制質俊、李實引兵發下城。

戊戌，四川宣撫司命都統張威等分道進兵，張威出天水，程信出長道，陳立出大散關，田冑出子午谷，陳昱出上津。太白晝見。克金來遠鎮，繼又克鹽川鎮，〔二〕進攻定邊城，金兵往救，不利。

庚子，夏人入定西州。

癸卯，夏復侵金。

乙巳，宋程信、王仕信引兵與西夏會于金鞏州城下。

丁未，遣董炤等攻城不克，宋程信引兵趨秦州。

己酉，夏人陷西寧州。

壬子，程信及夏人攻鞏州，又不克。安丙命張威出秦州。及夏人侵金，威謂金人尚强，夏人反覆，未可輕動，丙不聽。威勉行至城下，無功而還。

丙辰，夏人自安遠寨退師，金鞏州行元帥府事石盞合喜報定西州之捷。

冬十月丁巳朔，程信復邀夏人共攻秦州，夏人不從。信遂自伏羌城引兵還，諸將皆罷兵。

戊寅，〔一二〕宋程信以宣撫司之命，斬王仕信于西和州，張威罷軍職。

十四年春正月壬辰，金議禦西夏及征南事。

三月己亥，夏因叛人竇趙兒之招，入據來羌城。金孛术魯合住以重賞誘脅從人爲内應，督兵急攻城，拔之。

冬十月壬戌，夏人復侵金龕谷。

丙寅，夏人復以書至四川趣宋會師伐金。初，蒙古主征西夏，太師國王木華黎從駐青冢，大饗將士，遂由東勝州涉河引兵而西。夏主聞之，遣塔海監府等宴木華黎于河南，且遣塔哥甘普將兵五萬屬焉。木華黎引兵東行，蒙古將石天應攻葭州，拔之。金將王公佐遁。木華黎攻綏德。破馬蹄、克戎兩寨，夏主遣迷僕帥衆會之。迷僕問木華黎相見之儀，曰：「汝見汝主，汝主見我主，即其禮也。」迷僕曰：「未受主命，不敢拜。」因引衆去。

丁卯，夏人犯金定西、積石之境。

冬十一月癸未，金陝西東路行省報安塞堡敗夏人之捷。

乙未，夏人攻金龕谷。

是月，木華黎進攻延安，迷僕始贊馬而拜。西夏世將野蒲甘卜率所屬降于蒙古。

十五年春二月，金賈天安上書有曰：「請以夏人觀之，向日弓箭手之在西邊者，則搏而戰，袒而射，彼已奔北之不暇。今乃陷吾城而擄守臣，敗吾軍而擒主將。曩則畏我如彼，今則侮吾如此。夫以夏人既非前日，奈何視宋人猶如前日哉！」金主不省。

癸酉，金提控李師林敗夏人于永木嶺。金郭文振奏，近得俘者言，南北合兵將攻河南、陝西。金詔樞密備禦。

秋八月甲申，積石州蕃族叛金附于夏。

癸巳，夏人攻金德順，旋又掠其神林堡。

九月。是時，元軍自去年收復陝西，至是鳳翔、邠、涇及南山一帶堡寨皆陷。

冬十二月己丑，金蘭州提控唐括昉敗夏人于質孤壘。

十六年秋七月壬寅朔，夏人攻金積石州，羌界寺族多陷没。惟桑逋寺僧看逋、昭逋、斯没及答那寺僧奔鞠等拒而不從。金詔賞諸僧鈐轄、正將等官，而給以廪禄。

丁巳，金陰坡族之骨鞠門等叛歸夏。金元帥夾谷瑞發兵討之，以捷聞。

冬十一月辛酉，金鞏州行元帥府報會州破夏人之捷。

十二月，蒙古兵攻夏。夏主遵頊傳國于其子德旺，遵頊自號上皇。德旺改元乾定。時蒙古主使史天祥徇西夏，破賀蘭山還，遇敵射傷額，出血，目爲之昏。

十七年秋九月。先是，蒙古主在西域，夏國主陰結外援，蓄異圖，蒙古主密詔孛魯討之。至是攻銀州，克之。斬首數萬級，獲生口、馬、駝、牛、羊數十萬，俘監府塔海，命都元帥蒙古不花將兵守其要害而還。夏及金平，金以夏爲北兵所逼，將立新主，以翰林趙周臣爲詔册使。既遣至界上，朝議罷其事，飛驛卒追回。初，夏人與金通好，不交兵者八十年。至貞祐初，以小故生釁，構難十年，一勝一負，遂至精鋭俱盡，兩國皆弊。至是，夏人請和，金馮子駿往議，李獻甫預行。夏使有口辯，馮無以折之，往復之際，至以歲幣爲言。獻甫曰：「夏國與本朝和好百年，今雖易君臣之名而爲兄弟之國，使兄而輸幣，寧有據耶？」曰：「兄弟且不論。宋日曾與吾家二十五萬匹，典故具在，君獨不知耶？金朝必欲修舊好，非此例不可。」獻甫作色曰：「使者尚忍言之耶？宋以歲幣餌君家而賜之姓，岸然以君父自居，夏國君臣無一悟者，誠謂使者當以爲諱，乃今公言之。使者果能主此議，以從賜姓之例，敝邑雖歲捐五十萬無不可，某請以身任之。」使者語塞，和議乃定。夏以兄事金，遣其吏部尚書李仲諤修好于金，各用本國年號來聘，奉國書稱弟。

理宗寶慶元年冬十月，金以夏國修好，詔中外，新軍政。〔一三〕癸亥，遣禮部尚書奥敦良弼、〔一四〕大理卿裴滿欽甫、〔一五〕侍御史烏古孫弘毅爲夏國報成使，〔一六〕國書稱兄。

是月，蒙古鐵木真伐夏，取甘、肅州、西涼府。

十一月，取靈州，進次鹽州川，〔一七〕以西夏納仇人亦臘喝翔昆及不入質子也。〔一八〕有守兀納剌城者，〔一九〕夏主之子也，城陷，不屈而死。子惟忠，方七歲，求從父死。蒙古將異之，執以獻其宗王合撒兒，王留養之。李恒其後也。

二年春正月丁巳朔，夏國遣使如金賀正旦。蒙古主鐵木真以夏納仇人，又不遣質子，自將兵伐西夏，取黑水等城。

三月，夏主父遵頊殂，年六十四。謚曰英文皇帝，號曰神宗。

夏五月，蒙古主避暑于渾垂山，取夏甘、肅等州。蒙古有察罕者，父曲也怯律，爲夏臣。其妾方懷察罕，不容于嫡母，配以掌羊群者。及長，武勇過人，爲蒙古主所知。及從攻西夏，破肅州，師次甘州。察罕父曲也怯律居守城中，察罕射書招之，且求見其弟。時弟年十三，命登城于高處示之，且遣使諭城中，使早降。其副阿綽等三十六人合謀，殺曲也怯律父子，并殺使者，并力拒守。及城破，蒙古主欲盡坑之，察罕言百姓無辜，止罪三十六人。

秋七月，蒙古主取夏西涼府搠羅、河羅等縣。夏掌國史寧州斡札簣守西涼，率父老以城降。遂踰沙陀，至黄河九渡，取應里等縣。夏國主德旺驚悸而卒，年四十六，號曰獻宗。國人立其弟南平王睍，以兵事方殷告于金，各停使聘。

冬十月丁酉，夏遣使報哀于金。

十一月庚申，蒙古主進攻夏靈州，夏遣嵬名令公以十萬衆來援。

丙寅，蒙古主渡河擊夏師，敗之。

甲戌，金遣使之夏國賀正旦。

丙子，夏以兵事方殷報金，各停使聘。蒙古主駐鹽州，還次六盤。夏人堅守中興，蒙古主遣察罕入城諭以禍福。金遣中奉大夫完顏履信等爲吊祭夏國使。〔二〇〕

十二月，金人聞夏師屢敗，召諸臣議兵事。西夏改元寶慶。⑦

三年春正月，蒙古主留兵攻夏王城，自率兵渡河攻金積石州。

夏六月戊申朔，日有食之。蒙古鐵木真盡克夏城邑，其民穿鑿土石以避鋒鏑，免者百無一二，白骨蔽野。蒙古主避暑于六盤山，仍命阿朮魯總兵，與賜銀印懷都等與敵大戰于合剌合察兒之地。逾月，夏國主晛力屈出降，遂縶以歸，太宗殺之。⑧ 時議屠中興，察罕力諫止之，馳人安集遺民，蒙古太祖因命以夏主遺物盡賜懷都。

夏立國凡二百餘年，抗衡宋、遼、金、元四國，偭鄉無常，視四國之强弱以爲異同，至是乃亡。元諸將多掠子女、財帛，耶律楚材獨取書數部、大黄藥物兩駝而已。是時，實金之正大四年、元太祖之二十有二年也。

進士高智耀，河西人也，〔二二〕世仕夏國。夏亡，隱賀蘭山中。元太宗訪求河西故家子弟之賢者，〔二三〕得之。元史自有傳。

西夏紀事本末卷三十六

校記

〔一〕官：此字原脱，據金史卷一一〇韓玉傳補。
〔二〕甲：金史卷一一〇韓玉傳作「費」。
〔三〕鞏州：此原同金史卷一三四西夏傳作「涇州」，據金史卷六二交聘表、卷一二一夾谷守中傳改。
〔四〕董居誼：此同宋史卷三九寧宗本紀。建炎雜記乙集卷一九作「董仁父」，宋史卷四八六夏國傳作「黄誼」。
〔五〕攻：此字原脱，據金史卷一四宣宗本紀補。
〔六〕知：此字原脱，據金史卷一四宣宗本紀補。

〔七〕楊斡烈：原作「楊斡烈」，據金史卷一四宣宗本紀改。

〔八〕羊狼寨：此同金史卷一五宣宗本紀。金史卷一三四西夏傳作「羊狠寨」。

〔九〕二月：此二字原脱，據金史卷一五宣宗本紀補。

〔一〇〕安塞堡：此同金史卷一五宣宗本紀、卷一一一完顔合達傳。金史卷一三四西夏傳作「安寨堡」。

〔一一〕鹽川：原作「鹽州」，據宋史卷四〇寧宗本紀改。

〔一二〕戊寅：此二字原脱，據宋史卷四〇寧宗本紀補。

〔一三〕詔中外：此三字下原衍「新軍政」三字，據金史卷一七哀宗本紀删。

〔一四〕弼：此字原脱，據金史卷一七哀宗本紀、卷六二交聘表補。

〔一五〕欽：原作「叙」，據金史卷一七哀宗本紀、卷六二交聘表改。

〔一六〕弘毅：原避清高宗弘曆名諱改作「宏毅」，據金史卷一七哀宗本紀、卷六二交聘表回改。

〔一七〕鹽州川：原作「鹽川州」，據元史卷一太祖本紀改。

〔一八〕臘：原作「臈」，據中華本元史卷一校勘記二三改。

〔一九〕兀：此字原脱，據元史卷一二九李恒傳補。

〔二〇〕中奉大夫完顔履信等：「奉」「等」二字原脱，據金史卷一七哀宗本紀校勘記五、卷六二交聘表補。

〔二一〕河：此字原脱，據下文、元史卷一二五高智耀傳補。

〔三三〕子弟：元史卷一二五高智耀傳作「子孫」。

注　釋

①中州集卷八所載爲紀念韓玉而作的臨終二詩小序，對韓玉事迹介紹甚詳，多與歸潛志卷五同，且有些史料可補其闕。金史卷一一〇韓玉傳、中州集載，韓玉由同知陝西東路轉運使檄授都統，與歸潛志言由鳳翔府判官被檄異。金史不言其出屯之地爲華亭。

②蘭州譯人程陳僧叛入於夏事，金史卷一四宣宗本紀繫於貞祐二年（一二一四）十一月丙子，卷六二交聘表繫於貞祐二年十一月乙卯，紀、表互異。

③金史卷一四宣宗本紀繫此事於五月戊子。

④金史卷一四宣宗本紀繫此事於秋八月。

⑤據金史卷一五宣宗本紀、元史卷一太祖本紀，疑指西夏國王城興州。

⑥金人破皂郊堡事，宋史卷四〇寧宗本紀繫於嘉定十三年（一二二〇）九月庚戌。

⑦「寶慶」乃宋理宗年號。夏國末主晛年號史書不載。參見本書卷首西夏紀事年表「西夏國末主李晛年號」條注釋。

⑧元史譯文證補卷一下記載，元太祖死前李晛請降但未至。太祖死後秘不發喪，俟李晛來謁時殺之。

附録

江蘇書局本西夏紀事本末地圖

載於天津圖書館藏清光緒十年（一八八四）江蘇書局本西夏紀事本末

陝西五路之圖

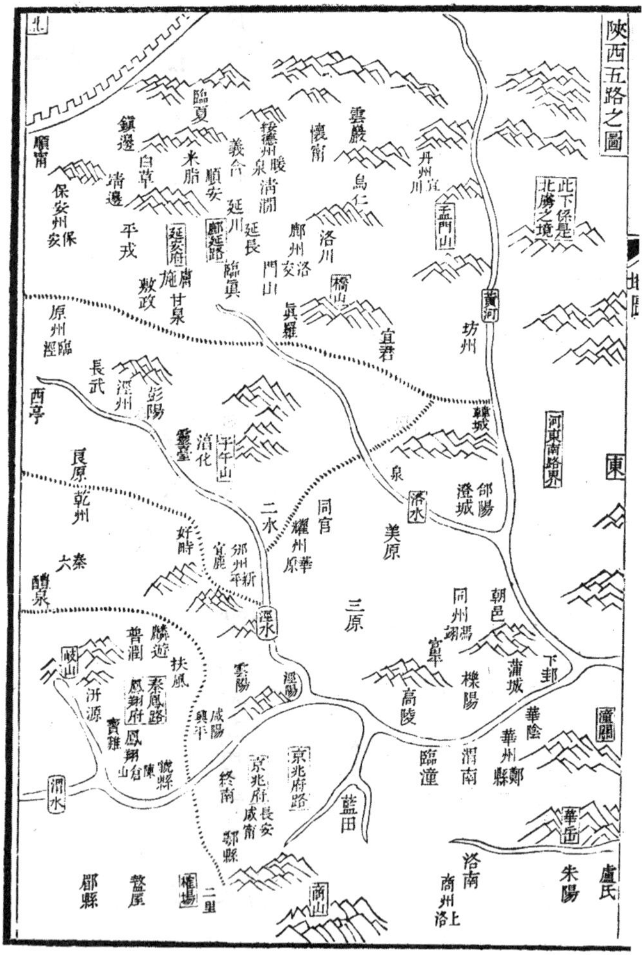
陝西五路之圖
北
此下係是北虜之境
鎮邊
臨夏
順甯
保安州
保安
清邊
白草
米脂
順安
義合
綏德州
暖泉
清澗
懷甯
雲巖
烏仁
丹州
宜川
孟門山
延川
延長
鄜延路
延安府
膚施
平戎
敷政
甘泉
臨真
鄜州
洛交
洛川
門山
橋山
宜君
坊州
黃河
原州
臨涇
長武
涇州
彭陽
西亭
靈臺
淳化
子午山
韓城
河東南路界
東
良原
乾州
二水
同官
澄城
郃陽
洛水
美原
耀州
華原
好畤
邠州
新平
醴泉
三原
同州
馮翊
朝邑
涇水
麟遊
普潤
扶風
岐山
秦鳳路
鳳翔府
汧源
寶雞
鳳翔
虢縣
陳倉
雲陽
涇陽
富平
高陵
櫟陽
蒲城
下邽
興平
咸陽
華陰
華州
鄭縣
潼關
臨潼
渭南
京兆府路
京兆府
長安
咸甯
終南
鄠縣
藍田
渭水
華岳
洛南
朱陽
盧氏
商州
上洛
商山
郿縣
盩厔

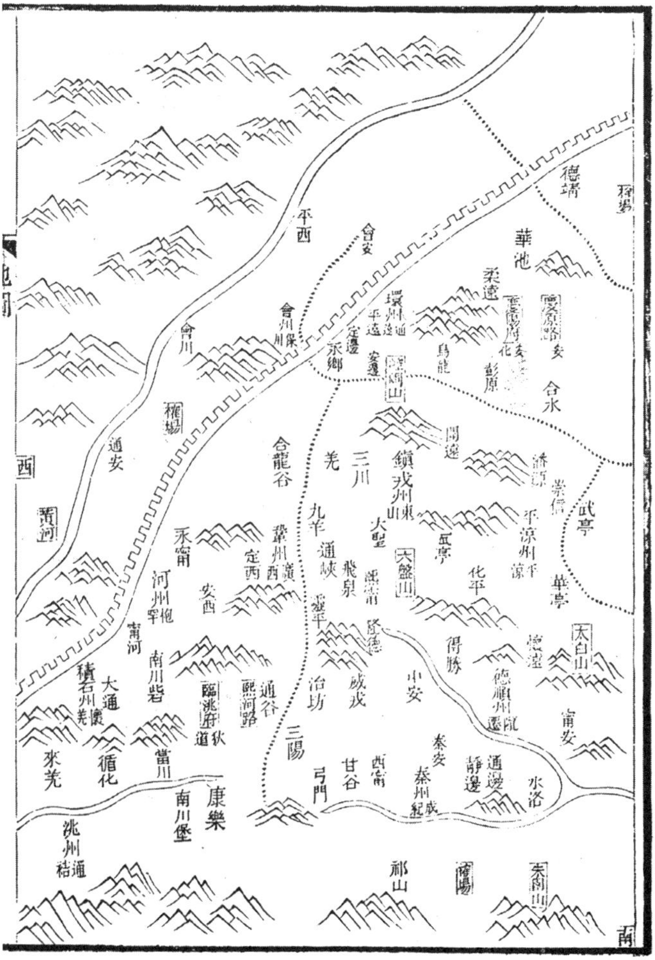
平西
會安
會川
通安
黃河
權場
華池
柔遠
德靖
彭原
合水
合龍谷
三川
羌
鎮戎
九羊
通峽
飛泉
大聖
六盤山
瓦亭
化平
平涼
崇信
武亭
華亭
太白山
永寧
河州
定西
安西
南川砦
臨洮府
熙河路
通谷
治坊
威戎
中安
得勝
德順州
寧安
大通
循化
當川
來羌
三陽
甘谷
弓門
西寧
秦安
通邊
靜邊
水洛
康樂
南川堡
祁山

西夏地形圖

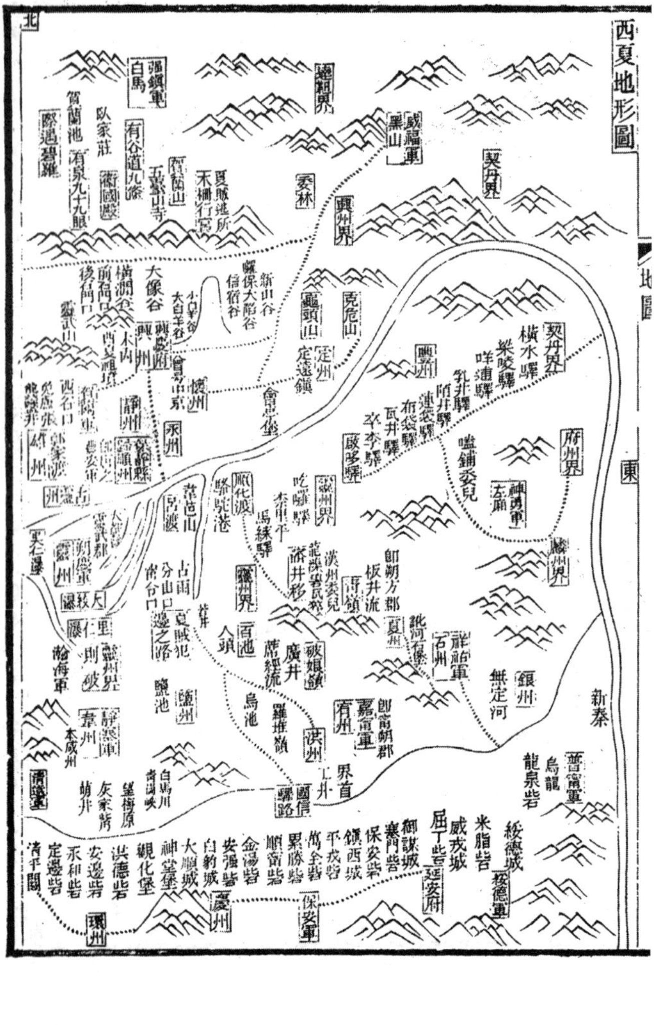
西夏地形圖
北
東
強鎮軍
白馬
賀蘭池
有泉九十九眼
有谷道九條
衛國殿
賀蘭山
五臺山寺
夏賊避所
委林
威福軍
黑山
契丹界
興州界
大像谷
克危山
定遠鎮
懷州
永州
靜州
興州
橫水驛
府州界
麟州界
神勇軍
順化渡
鹽州界
吃囉驛
馬練驛
廣井
烏池
羅堆嶺
洪州
宥州
嘉甯軍
祥祐軍
石州
銀州
無定河
新秦
破娘嶺
百池
靈州
鹽池
韋州
榆海軍
清遠軍
龍泉砦
綏德城
綏德軍
米脂砦
威戎城
延安府
屈丁砦
御謀城
塞門砦
保安砦
鎮西城
平戎砦
萬全砦
累勝砦
順甯砦
金湯砦
安疆砦
白豹城
大順城
神堂堡
觀化堡
洪德砦
安邊砦
永和砦
定邊砦
清平關
保安軍
慶州
環州

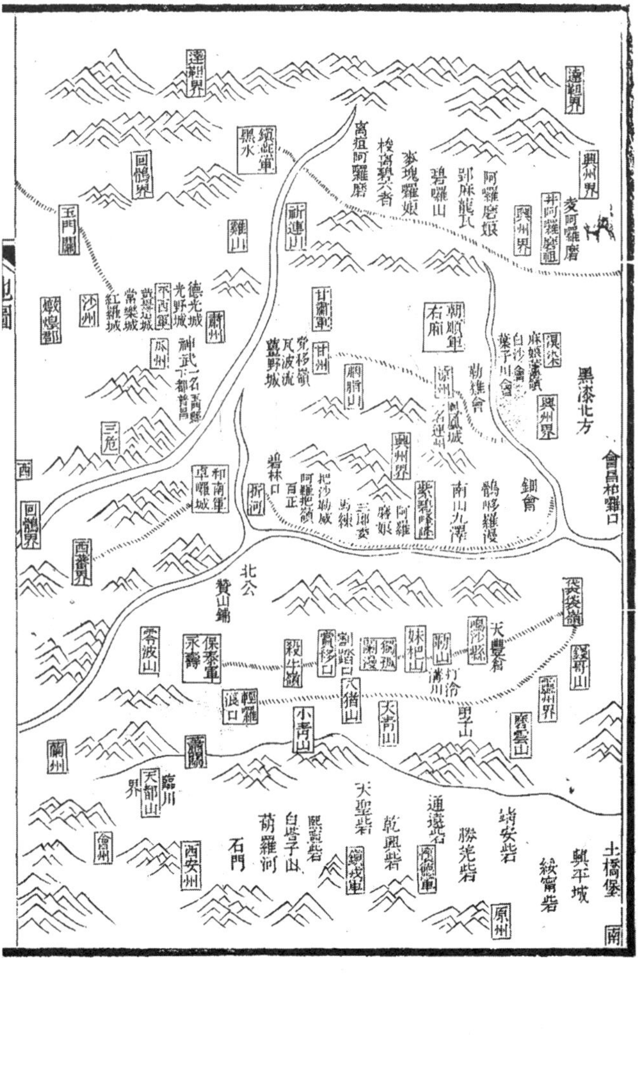
達靼界
達靼界
興州界
回鶻界
玉門關
沙州
燉煌郡
肅州
瓜州
三危
甘州
涼州
西
回鶻界
西蕃界
黑漆北方
北公
零波山
保泰軍
永壽
小青山
大青山
蘭州
天都山
臨川
會州
西安州
石門
天聖砦
乾興砦
勝羌砦
鎮戎軍
原州
綏寧砦
南

參考文獻

古代文獻

按漢語拼音排序

安陽集：宋韓琦撰，宋集珍本叢刊影印明刻安氏校正本，綫裝書局，二〇〇四年。

悲華經：北凉曇無讖譯，上海古籍出版社，一九九五年。

册府元龜：宋王欽若等撰，中華書局，一九六〇年。

仇池筆記：宋蘇軾撰，華東師範大學古籍研究所點校注釋，華東師範大學出版社，一九八三年。

崇古文訣：宋樓昉輯，影印文淵閣四庫全書本，臺灣商務印書館，一九八六年。

春明退朝録：宋宋敏求撰，誠剛點校，中華書局，一九八〇年。

春秋左傳注：楊伯峻編著，中華書局，一九八一年。

大金國志校證：題宋宇文懋昭撰，崔文印校證，中華書局，一九八六年。

道鄉集：宋鄒浩撰，影印文淵閣四庫全書本，臺灣商務印書館，一九八六年。

道園學古録：元虞集撰，四部叢刊初編影印明景泰覆元小字本，商務印書館，一九二九年。
東都事略：宋王稱撰，趙鐵寒主編宋史資料萃編第一輯，臺灣文海出版社，一九七九年。
東坡全集：宋蘇軾撰，影印文淵閣四庫全書本，臺灣商務印書館，一九八六年。
東原録：宋龔鼎臣撰，叢書集成初編據藝海珠塵本排印，中華書局，一九八五年。
端明集：宋蔡襄撰，影印文淵閣四庫全書本，臺灣商務印書館，一九八六年。
范太史集：宋范祖禹撰，影印文淵閣四庫全書本，臺灣商務印書館，一九八六年。
范文正公集：宋范仲淹撰，四部叢刊初編影印明覆元刻本，商務印書館，一九二九年。
范文正奏議：宋范仲淹撰，影印文淵閣四庫全書本，臺灣商務印書館，一九八六年。
范忠宣公文集：宋范純仁撰，宋集珍本叢刊影印元刻明修本，綫裝書局，二〇〇四年。
古今紀要：宋黄震撰，筆記小説大觀本，江蘇廣陵古籍刻印社，一九八三年。
歸潛志：金劉祁撰，崔文印點校，中華書局，一九八三年。
貴耳集：宋張端義撰，影印文淵閣四庫全書本，臺灣商務印書館，一九八六年。
韓魏公集：宋韓琦撰，叢書集成初編據正誼堂全書本排印，中華書局，一九八五年。
河南先生文集：宋尹洙撰，四部叢刊初編影印春岑閣鈔本，商務印書館，一九二九年；
河南集：影印文淵閣四庫全書本，臺灣商務印書館，一九八六年。

華陽集：宋王珪撰，影印文淵閣四庫全書本，臺灣商務印書館，一九八六年。
畫墁録：宋張舜民撰，影印文淵閣四庫全書本，臺灣商務印書館，一九八六年。
淮海集箋注：宋秦觀撰，徐培均箋注，上海古籍出版社，二〇〇〇年。
皇宋十朝綱要校正：宋李𡌴撰，燕永成校正，中華書局，二〇一三年。簡稱十朝綱要。
皇朝編年綱目備要：宋陳均編，許沛藻等點校，中華書局，二〇〇六年。簡稱綱目備要。
揮麈録：宋王明清撰，中華書局，一九六一年。
稽古録：宋司馬光撰，吉書時點校，北京師範大學出版社，一九八八年。
鷄肋集：明王佐撰，影印文淵閣四庫全書本，臺灣商務印書館，一九八六年。
紀元要略：清陳景云撰，四庫全書存目叢書影印山東圖書館藏清乾隆刻本，齊魯書社，一九九六年。
建炎以來朝野雜記：宋李心傳撰，徐規點校，中華書局，二〇〇〇年。簡稱建炎雜記。
建炎以來繫年要録：宋李心傳撰，中華書局，一九八八年。簡稱建炎要録。
江鄰幾雜志：宋江休復撰，儲玲玲整理，全宋筆記第一編，大象出版社，二〇〇三年。
金史：元脱脱等撰，中華書局「點校本二十四史修訂本」，二〇二〇年。
錦繡萬花谷：佚名撰，影印文淵閣四庫全書本，臺灣商務印書館，一九八六年。

近事會元：宋李上交撰，虞雲國、吴愛芬整理，全宋筆記第一編，大象出版社，二〇〇三年。
净德集：宋吕陶撰，影印文淵閣四庫全書本，臺灣商務印書館，一九八六年。
舊唐書：後晋劉昫撰，中華書局，一九七五年。
舊五代史：宋薛居正等撰，中華書局「點校本二十四史修訂本」，二〇一五年。
郡齋讀書志：宋晁公武撰，孫猛校證，上海古籍出版社，一九九〇年。
孔氏談苑：宋孔平仲撰，楊倩描、徐立群點校，中華書局，二〇一二年。
樂全集：宋張方平撰，影印文淵閣四庫全書本，臺灣商務印書館，一九八六年。
類説：宋曾慥編，影印文淵閣四庫全書本，臺灣商務印書館，一九八六年。
禮記：元陳澔注，金曉東點校，上海古籍出版社，二〇一六年。
歷代名臣奏議：明黄淮、楊士奇編，上海古籍出版社，一九八九年。
遼史：元脱脱等撰，中華書局「點校本二十四史修訂本」，二〇一六年。
隆平集校證：宋曾鞏撰，王瑞來校證，中華書局，二〇一二年。
欒城集：宋蘇轍撰，上海古籍出版社，二〇〇九年。
夢溪筆談：宋沈括撰，金良年整理，上海書店出版社，二〇〇三年。
名臣碑傳琬琰集：宋杜大珪撰，趙鐵寒主編宋史資料萃編第二輯，臺灣文海出版社，一九六九年。簡稱琬琰集。
名賢氏族言行類稿：宋章定撰，影印文淵閣四庫全書本，臺灣商務印書館，一九八六年。
南陽集：宋韓維撰，影印文淵閣四庫全書本，臺灣商務印書館，一九八六年。
能改齋漫録：宋吴曾撰，影印文淵閣四庫全書本，臺灣商務印書館，一九八六年。
耆舊續聞：宋陳鵠撰，影印文淵閣四庫全書本，臺灣商務印書館，一九八六年。
容齋隨筆：宋洪邁撰，孔凡禮點校，中華書局，二〇〇五年。
儒林公議：宋田況撰，張其凡點校，中華書局，二〇一七年。
石林燕語：宋葉夢得撰，宋宇文紹奕考異，侯忠義點校，中華書局，一九八四年。
釋氏稽古略：元釋覺岸撰，影印文淵閣四庫全書本，臺灣商務印書館，一九八六年。
司馬文正公傳家集：宋司馬光撰，天津圖書館藏乾隆六年（一七四一）陳氏培遠堂刻本。簡稱傳家集。
澠水燕談録：宋王闢之撰，吕友仁點校，中華書局，一九八一年。
詩人玉屑：宋魏慶之編，影印文淵閣四庫全書本，臺灣商務印書館，一九八六年。
宋朝事實類苑：宋江少虞撰，瞿濟基點校，上海古籍出版社，一九八一年。簡稱事實類苑。
宋朝諸臣奏議：宋趙汝愚撰，上海古籍出版社，一九九九年；宋名臣奏議：影印文淵閣四庫全書本，臺灣商務印書館，一九八六年。簡稱諸臣奏議。
宋大詔令集：中華書局，一九六二年。
宋會要輯稿：清徐松等輯，中華書局，一九五七年。簡稱宋會要。
宋兩名相集：中國國家圖書館藏明萬曆三十六年（一六〇八）康丕揚刻本。
宋名臣言行録：前集、後集，宋朱熹撰；續集、别集、外集，宋李幼武撰，影印文淵閣四
庫全書本，臺灣商務印書館，一九八六年。
宋史：元脱脱等撰，中華書局，一九七七年。
宋史紀事本末：明陳邦瞻撰，中華書局，一九七七年。
宋史全文：元佚名撰，汪聖鐸點校，中華書局，二〇一六年。
宋文鑑：宋吕祖謙撰，齊治平點校，中華書局，一九九二年。
宋元資治通鑑：明薛應旂撰，四庫全書存目叢書，齊魯書社，一九九六年。
宋宰輔編年録校補：宋徐自明撰，王瑞來校補，中華書局，一九八六年。
涑水記聞：宋司馬光撰，鄧廣銘、張希清點校，中華書局，一九八九年。
太平治迹統類：宋彭百川撰，影印民國間刊本，江蘇廣陵古籍刻印社，一九九〇年；影
印文淵閣四庫全書本，臺灣商務印書館，一九八六年。簡稱治迹統類。

太宗皇帝實録：宋錢若水等撰，四部叢刊三編影印宋館閣鈔本配舊鈔本，商務印書館，一九三六年。
談苑：宋孔平仲撰，池潔整理，全宋筆記第二編，大象出版社，二〇〇六年。
天盛改舊新定律令：西夏佚名編，史金波等譯注，法律出版社，二〇〇〇年。
鐵圍山叢談：宋蔡絛撰，馮惠民、沈錫麟點校，中華書局，一九八三年。
通鑑紀事本末：宋袁樞撰，中華書局，二〇一五年。
通鑑續編：元陳桱撰，國家圖書館藏元刻本。
文獻通考：元馬端臨撰，上海師範大學古籍整理研究所、華東師範大學古籍研究所點校，中華書局，二〇一一年。
文忠集：宋歐陽修撰，影印文淵閣四庫全書本，臺灣商務印書館，一九八六年。
聞見近録：宋王鞏撰，古逸叢書三編影印南宋刻本，中華書局，一九八四年。
武經總要：宋曾公亮撰，中國兵書集成影印明金陵書林唐富春刻本，解放軍出版社、遼沈書社，一九八八年。
西夏紀事本末：清張鑑撰，天津圖書館藏清光緒十年（一八八四）江蘇書局本；續修四庫全書影印清光緒十一年（一八八五）半厂叢書初編本，上海古籍出版社，二〇〇二年；龔世俊、陳廣恩、朱巧雲校點本，甘肅文化出版社，一九九八年；龔世俊、王偉偉點校本，浙江古籍出版社，二〇一八年。
西夏書校補：清周春撰，胡玉冰校補，中華書局，二〇一四年。
西夏書事校注：清吴廣成撰，胡玉冰校注，上海古籍出版社，二〇二一年。
新唐書：宋宋祁、歐陽修撰，中華書局，一九七五年。
新五代史：宋歐陽修撰，中華書局「點校本二十四史修訂本」，二〇一五年。
續湘山野録：宋文瑩撰，鄭世剛、楊立揚點校，中華書局，一九八四年。
續資治通鑑：清畢沅撰，中華書局，一九五七年。
續資治通鑑長編：宋李燾撰，中華書局，二〇〇四年第二版；影印文淵閣四庫全書本，臺灣商務印書館，一九八六年。簡稱長編。
續資治通鑑長編拾補：清黄以周等撰，顧吉辰點校，中華書局，二〇〇四年。簡稱長編拾補。
續資治通鑑綱目：明商輅等編撰，周禮發明，張時泰廣義，日本國立公文書館藏明刊本。
漁隱叢話：宋胡仔撰，影印文淵閣四庫全書本，臺灣商務印書館，一九八六年。
玉海：宋王應麟撰，江蘇古籍出版社、上海書店，一九八七年；明修元刻本。

元史：明宋濂等編，中華書局，一九七六年。
元史譯文證補校注：清洪鈞撰，田虎注，河北人民出版社，一九九〇年。
中興小紀：宋熊克撰，叢書集成初編本，中華書局，一九八五年。
中州集：金元好問撰，影印文淵閣四庫全書本，臺灣商務印書館，一九八六年。
資治通鑑：宋司馬光編著，元胡三省音注，中華書局，一九五六年。
資治通鑑後編：清徐乾學撰，天津圖書館藏清光緒年間浙江書局刻本。
資治通鑑長編紀事本末：宋楊仲良撰，趙鐵寒主編宋史資料萃編第二輯，臺灣文海出版社，一九六七年。簡稱長編紀事本末。
自警編：宋趙善璙撰，影印文淵閣四庫全書本，臺灣商務印書館，一九八六年。

現當代文獻

按出版發表時間排序

著作

西夏研究論集：李範文著，寧夏人民出版社，一九八三年。
西夏陵墓出土殘碑粹編：李範文編釋，文物出版社，一九八四年。

西夏佛教史略：史金波著，寧夏人民出版社，一九八八年。
西夏戰史：王天順主編，寧夏人民出版社，一九九三年。
貞觀玉鏡將研究：陳炳應著，寧夏人民出版社，一九九五年。
宋夏關係史：李華瑞著，河北人民出版社，一九九八年。
西夏遼金音樂史稿：孫星群著，中國青年出版社，一九九八年。
天盛改舊新定律令：史金波、聶鴻音、白濱譯注，法律出版社，二〇〇〇年。
党項與西夏資料匯編：韓蔭晟編，寧夏人民出版社，二〇〇〇年。
遼金西夏史：李錫厚、白濱著，上海人民出版社，二〇〇三年。
西夏軍事制度研究：胡若飛著，内蒙古大學出版社，二〇〇三年。
榆林碑石：康蘭英主編，三秦出版社，二〇〇三年。
史金波文集：史金波著，上海辭書出版社，二〇〇五年。
西夏通史：李範文主編，寧夏人民出版社，二〇〇五年。
党項西夏史探微：湯開建著，允晨文化出版社，二〇〇五年。
西夏史稿：吴天墀著，廣西師範大學出版社，二〇〇六年。
西夏社會：史金波著，上海人民出版社，二〇〇七年。

傳統典籍中漢文西夏文獻研究：胡玉冰著，中國社會科學出版社，二〇〇七年。
李範文西夏學論文集：李範文著，中國社會科學出版社，二〇一二年。
西夏錢幣研究：牛達生著，寧夏人民出版社，二〇一三年。

論文

西夏文新修太學歌考釋：聶鴻音撰，寧夏社會科學一九九〇年第三期。
陝西吴旗出土金與西夏劃界碑：姬乃軍撰，文物一九九四年第九期。
從宋史夏國傳譯音二題看西夏語輔音韵尾問題：聶鴻音撰，寧夏社會科學一九九五年第四期。
漢文史籍中的西羌語和党項語：聶鴻音撰，語言研究二〇〇〇年第四期。
内蒙古烏審旗發現的五代至北宋夏州拓拔部李氏家族墓誌銘考釋：鄧輝、白慶元撰，載唐研究第八卷，北京大學出版社，二〇〇二年。
西夏紀年綜考：李華瑞撰，國家圖書館學刊二〇〇二年增刊西夏研究專號。
漢文西夏地圖文獻述要：胡玉冰撰，文獻二〇〇五年第一期。
讀史札記五則：彭向前撰，西夏學第六輯，上海古籍出版社二〇一〇年。